文化自信视域下
我国大学生思想政治教育研究

刘　帅　著

Wuhan University Press
武汉大学出版社

图书在版编目(CIP)数据

文化自信视域下我国大学生思想政治教育研究/刘帅著.—武汉：武汉大学出版社,2024.3(2024.12 重印)
ISBN 978-7-307-23819-0

Ⅰ.文…　Ⅱ.刘…　Ⅲ.大学生—思想政治教育—研究—中国　Ⅳ.G641

中国国家版本馆 CIP 数据核字(2023)第 110851 号

责任编辑:周媛媛　冯红彩　　责任校对:牟　丹　　版式设计:潘新柳

出版发行:**武汉大学出版社**　(430072　武昌　珞珈山)
(电子邮箱:cbs22@ whu.edu.cn　网址:www.wdp. com.cn)
印刷:武汉邮科印务有限公司
开本:720×1000　1/16　印张:13.75　字数:203 千字
版次:2024 年 3 月第 1 版　　2024 年 12 月第 2 次印刷
ISBN 978-7-307-23819-0　　定价:68.00 元

前　言

站在人类社会发展的角度来看，只有依赖文化、教育、法律环境、制度建设等软实力才能切实地提升国家的综合实力，才能实现强国的发展目标。因此，文化自信在我国发展中扮演着重要的角色。党的十八大以来，我国在各种类型的国际事务中发挥了重要的作用，受到了国际社会的广泛关注与重视。坚定文化自信，才能充分彰显中华文化的引领功能，才能保证我国在国际事务中做出更多的贡献。大学生作为我国社会主义事业建设的中坚力量，思想政治教育是指导大学生树立正确价值观念的核心课程，文化自信视域下的大学生思想政治教育转换了思想政治教育一贯的研究侧重点，强调思想政治教育的文化属性。从文化自信着手探索大学生思想政治教育，有利于拓宽大学生的思想政治教育视野，有利于丰富新时代大学生思想教育的内容，有利于厘清增强大学生思想政治教育实效性的路径，同时，对于促进中国特色社会主义文化新发展具有重要意义。因此，实现文化自信与大学生思想政治教育之间的深度融合至关重要。基于此，本书对文化自信、思想政治教育的基本内涵进行了解读，探索了文化自信与大学生思想政治教育之间的关联，剖析了目前大学生文化自信缺失的主要表现，并根据上述研究成果制定了完善的解决措施，以期为大学生思想政治教育提供新的思路与理念。

本书共分为六章：第一章为绪论，本部分对国内外学者关于大学生思想政治教育的理论成果进行整理与分析，奠定本书良好的理论基础；第二章为核心概念及理论运用，阐述了文化自信、大学生思想政治教育的基本内涵，对本书研究的理论基础进行总结；第三章为文化自信与大学生思想政治教育之间的关系，从不同的角度阐述了文化自信与大学生思想政治教育之间的紧密联系，以及思想政治教育对提升大学生文化自信的意义；第四章为现阶段大学生文化自信缺失的主要表现，包括缺乏对中华传统文化的正确认知、对革命文化自信的弱化、对社会主义文化先进性认同感较低、对西方文化盲目崇拜等并剖析了影响大学生文化自信的主要因素；第五章为文化自信视域下大学生思想政治教育的新发展，围绕新要求、新内容、新目标三个方面展开论述；第六章为文化自信视域下大学生思想政治教育发展的有效策略，明确了应遵循的基本原则，提出了发展的有效策略。

总而言之，将文化自信与大学生思想政治教育进行紧密结合，具有较强的现实价值与意义，不仅能有效地补充和丰富大学生思想政治教育的内容，也能用高校浓厚的学术氛围与成熟的教育体系促进中国特色社会主义文化的发展与进步；不仅能帮助大学生坚定文化自信，也能切实地提高大学生思想政治教育的实效性。青年强则国强，世界正处于百年未有之大变局之中，全社会应当竭力培养全面发展的大学生，鼓励大学生奋发向上，成为中国特色社会主义伟大事业的追梦人。文化自信为大学生思想政治教育话语体系建设提供了新的视角与方法，推动了思想政治教育话语理论层面与实践层面的有机结合。借鉴文化自信发展的要求与特征，构建多维的、系统的大学生思想政治教育工作体系，可以进一步增强大学生思想政治教育的吸引力与实效性，以此促进大学生思想政治教育的创新性发展。

本书在梳理文化自信重要内容与意义的基础之上，旨在将文化自信融入大学生思想政治教育中，实现大学生思想政治教育内容与方式的创新，但是由于多种因素的影响，加上本人才疏学浅，研究结果尚存在不足之处，恳请学术专家给予指导与建议，以便在今后的研究中进行补充与优化。

目　录

第一章　绪　论 …………………………………………………………… 1

第一节　研究背景与意义 ………………………………………………… 1

第二节　国内外研究现状综述 …………………………………………… 4

第三节　研究的整体思路与内容 ………………………………………… 14

第四节　研究方法 ………………………………………………………… 16

第二章　核心概念及理论运用 ………………………………………… 17

第一节　文化自信的概念 ………………………………………………… 17

第二节　大学生思想政治教育概论 ……………………………………… 34

第三节　理论基础 ………………………………………………………… 45

第四节　理论借鉴 ………………………………………………………… 53

第三章　文化自信与大学生思想政治教育之间的关系 ……………… 57

第一节　文化自信与大学生思想政治教育的紧密联系 ………………… 58

第二节　思想政治教育对提升大学生文化自信的意义 ………………… 73

第四章　现阶段大学生文化自信缺失的主要表现 …………………… 88

第一节　大学生文化自信缺失的主要表现 ……………………………… 88

第二节　影响大学生文化自信的主要因素 ……………………………… 102

第五章　文化自信视域下大学生思想政治教育的新发展 …… 125
第一节　大学生思想政治教育发展的新要求 …… 126
第二节　大学生思想政治教育的新内容 …… 142
第三节　大学生思想政治教育的新目标 …… 159

第六章　文化自信视域下大学生思想政治教育发展的有效策略 …… 167
第一节　文化自信视域下大学生思想政治教育发展应遵循的基本原则 …… 167
第二节　文化自信视域下大学生思想政治教育发展的有效策略 …… 180

参考文献 …… 207

后　　记 …… 213

第一章　绪　论

第一节　研究背景与意义

一、研究背景

习近平总书记在党的十九大报告中指出："文化是一个国家、一个民族的灵魂。"培育大学生高度的文化自信，推动传承、创新中国特色社会主义文化，需要高校主动担当，并且在大学生思想政治教育中积极推进。2016年，《中共中央 国务院关于加强和改进新形势下高校思想政治工作的意见》指出："坚持全员全过程全方位育人。把思想价值引领贯穿教育教学全过程和各环节，形成教书育人、科研育人、实践育人、管理育人、服务育人、文化育人、组织育人长效机制。"2017年12月，教育部为贯彻党的十九大精神，为了进一步把贯彻落实全国高校思想政治工作会议和《中共中央 国务院关于加强和改进新形势下高校思想政治工作的意见》精神引向深入，大力提升高校思想政治工作质量，发布了《高校思想政治工作质量提升工程实施纲要》。[1]《高校思想政治工作质量提升工程实施纲要》指出：要形成"三全育人"格局，还要切实构建文化育人等"十大育人"体系。

德国哲学人类学家马克斯·舍勒提出："每个人首先为文化所塑造，只是然后，他或许也会成为一个文化的塑造者。"就此看来，大学生的社会化也是一个不断接受文化教育和影响的过程，但是大多数时候他们并没有切身的体会。[2]具体地说，大学生也生活在某一特定的社会环境中，但是他们并不能深刻地感受到文化的力量，因为他们已经习惯了这些文化习俗、价值观念、思维方式、行为准则等。这就像我们难以感受到空气的重要性一样，因为从我们一出生来到这个世界空气就存在，而且我们从没想过空气会消失，

---

[1] 陈媛媛．思想政治教育维度下的新时代大学生文化自信培养路径研究 [J]. 产业与科技论坛，2022,21(15):160−162.

[2] 张颖春，刘森．基于思想政治理论课的大学生文化自信提升路径研究 [J]. 江苏第二师范学院学报，2022,38(3):79−83.

更不会知道假如空气真的消失了，人类将如何在地球上生存。文化的作用也是这样，就是帮助大学生找到集体归属感和社会认同感。

新时代新要求，大学生身负国家、民族的期望，有非常强大的潜力。大学生文化自信的提高，不但有利于维护国家的长治久安，也有利于维护社会的稳定，而且还能够不断地提升国家的文化软实力。[1]提升大学生思想政治教育的实效，不仅关系到大学生的成长成才，也关系到文化的传承、创新，还关系到中国特色社会主义事业的发展。

二、研究意义

（一）理论意义

一方面，对文化自信视域下我国大学生思想政治教育进行研究，可为思想政治教育研究提供新的视角。思想政治教育主要以马克思主义理论、哲学、政治学、法学为理论依据，还需要运用教育学、心理学、社会学、伦理学、文化学等学科的基本知识和方法。将文化自信融入大学生思想政治教育教学过程中，有利于构建完善的文化育人质量提升体系。另一方面，高校通过对大学生进行思想政治教育，能够对文化资源进行选择、整合。也可以通过教育，让大学生明确自身的文化使命，自发地进行文艺创作，还可以不断地丰富中国特色社会主义文化的内容，更好地发挥大学生思想政治教育的文化传承、创新功能。

（二）现实意义

首先，有利于大学生思想政治教育内涵的创新。我国很多高校在加强大学生思想政治教育方面，不仅方法死板，而且内容单一。高校要想为国家培养高素质人才，就要不断更新工作理念，只有这样，大学生思想政治教育工作的实际效果才会得到有效的提升。高校要善于将文化自信寓于日常的教学工作中，潜移默化地影响大学生的学习和生活，提高其时效性，全面创新大学生思想政治教育的内涵。

其次，有利于拓宽大学生思想政治教育的视野。习近平总书记提出的“四个自信”创造性地拓展了“三个自信”，更加彰显了文化自信的重要

[1] 于彩玲．文化自信融入大学生思想政治教育研究 [D]. 锦州：渤海大学，2021.

性。只有将最新的理论研究成果应用到大学生思想政治教育过程中，才能更好地让大学生在接受先进理论熏陶的同时，不断加强自己的理论素养，不仅如此，大学生的思考能力、分析和判断能力也在这个过程中得到明显提升。

最后，有利于大学生深入学习中华传统文化及理性对待西方外来文化。部分大学生缺乏对中华传统文化的认知，盲目地追随西方外来文化，习近平总书记提出文化自信，意在说明只有把握了文化自信，道路自信、理论自信、制度自信才能有更强大的支撑。因此，引导当代大学生理性对待外来文化，加强对中华传统文化的学习，扎实推进中国特色社会主义文化自信教育是高校思想政治教育工作的历史使命和文化责任。

第二节　国内外研究现状综述

一、国外研究现状综述

（一）关于文化自信的研究

文化自信是我国提出的概念。国外没有关于文化自信的说法，但国外也注重文化的建设与发展，关注文化价值及文化认同问题。美国政治学家塞缪尔·亨廷顿认为文化认同对国家与民族的发展意义重大，并提出在冷战后的世界中，各国人民之间最主要的区别不在于意识形态，而在于文化，也就是说，文化的多样性及差异性会导致文化冲突。[1]克利福德·格尔茨作为国外文化认同研究的代表性人物，曾提出这样的观点，文化认同的前提是由三部分构成的，分别为一个人出生的社区、所处的语言群体、当地的社会风俗。[2]法国著名思想家埃德加·莫兰曾指出，西方文明的福祉隐藏了它的祸根，盲目地发展经济给人类带来的不仅是心理上的迟钝，还有面对复杂问题时的不知所措，往往对隐藏的问题视而不见。美国著名人类学家乔纳森·弗里德曼在《文化认同与全球性过程》一书中提到，认同的表现有不同之处，人的某些类型的认同是个人身体特征表现出来的，其他类型的认同体现在社会实践形式或群体所采用的象征上。此外，他还主张将文化认同上升到国家层面，认为增强个体文化认同，对维护社会秩序有重要作用。英国文化研究领域知名学者安德鲁·埃德加和彼得·赛奇维克在《文化理论：关键概念》一书中指出："文化是复杂的日常生活世界，我们每个人都会遇到，并且通过这一世界我们得以活动。当人类优于自然遗产所赋予的一切，文化便开始形成。"其实作为文化存在的我们的自我意识就基于一种对峙状态，我们努力坚守着自己的价值观以应对源自"他者"的攻击。[3]

也有不少外国学者从全球化背景下文化发展的角度，分析了文化发展的可能性结果，引起了学术界的广泛关注。英国文化史学家彼得·伯克在《文

[1] 贺兰英．思想政治教育中文化自信的三重呈现 [J]. 未来与发展 ,2022,46(6):97−102.

[2] 包华军．文化自信视域下高校思想政治理论课改革创新的路径 [J]. 西部素质教育 ,2022,8(9):47−50.

[3] 陈功力，李贞．思想政治教育与学生文化自信培育 [J]. 中学政治教学参考 ,2022(20):103.

化杂交》一书中指出，对于全球文化而言，其未来可能存在四种不同的发展前景，分别是同质化、反全球化、文化复语现象、新型文化的形成。随着经济全球化的不断深入，文化全球化也将是一种不可避免的发展趋势，怎样在这样的情况下保持本民族的优秀文化传统、科学的文化知识体系才是专家学者和教育者应该关注的重点。[1]

国外还有许多学者从文化传播角度提出在文化交流中要坚定信仰。英国学者埃利奥特·史密斯在《文化的扩散》一书中主要介绍了欧洲、中国与印度之间文化扩散的历史事件，认为“只有当正统信仰掌控了原始的创造动力的时候，这样的进步才能变得稳定”。澳大利亚昆士兰大学教授西蒙·杜林指出：“当今文化，流动性才是关键。”“文化跨越了地理界限；它们融合又分开，它们跨越和颠覆了政治和社会分化，有时甚至加强了两者的关系。”文化正趋向于超越空间和边界，从文化与社会和物质环境（经济、政治、教育、科技等领域）的关系来说也是如此。[2]

综上所述，国外对于文化自信的研究，无论是研究角度还是研究的深度，都有待进一步提高，其研究方式较为单一，缺乏多样性。

（二）关于思想政治教育的研究

国外并没有关于思想政治教育的说法，但有公民教育的概念，这与思想政治教育异曲同工。以英国为例，英国拥有诸多世界知名的高等学府，教育教学资源十分优越，公民素质较高，这与其一直以来的思想政治教育有着密切的关联。英国的思想政治教育注重从娃娃抓起，虽然英国中小学并没有叫作思想政治教育的课程，但其课程设置上有关于思想政治教育的内容，如“个人、社会和健康教育”“宗教教育”“公民教育”等。这些课程根据学生的年龄不同而各有侧重点，授课形式也有所区别，其教育内容涉及广泛，概括起来大致有三方面：①培养社会和道德责任感。学习什么是社会和道德的责任行为，如何对他人和社区成员负责。②参与社区活动。学习帮助社区中的人，先从家庭开始，然后考虑如何为学校、邻居、地方、国家甚至全球

[1] 张玉康．文化自信融入大学生思想政治教育的路径探究 [J]. 科学咨询（科技·管理）,2022(6):155–157.

[2] 丁天全，于丹．思想政治教育视域中高校大学生文化自信培育研究：以广西中医药大学为例 [J]. 科教文汇 ,2022(7):41–44.

服务。③发展参政议政能力。学习关于地方、国家与国际的民主制度，学习在社区生活中扮演有效角色所必需的技能和价值观，鼓励学生就所关心的问题进行辩论。[1]英国高校对思想政治教育的重视体现在各个方面，其将本国的文化传统与高等学府的教育特色相结合，形成自己的思想政治教育体系，其教育内容强调对别人的尊重、公正与合理、诚实和有用，以及处理好与最亲近的人的关系、与社区和社会的关系、与人类的关系、与自己的关系、与非人类的关系和与上帝的关系。英国高校注重宗教教育、其他学科和课外活动的渗透教育、校园环境和文化精神的熏陶，并且实行学生指导机制和严格的管理机制。再以法国和新加坡为例。法国的思想政治教育为国民教育，从基础教育开始便注重培养学生的独立和健全的人格，“使孩子们了解什么是权力、自由和尊重他人”“教师也有比较好的传统，无论在课堂上还是课外，都能把学生当作平等的人来看待，与之对话”，且法国注重知识在社会中的实际应用。[2]新加坡的国民素质很高，这与其制度密切相关，随着国家工业化进程的加快，新加坡建立了一套与经济发展相适应的完善的职业技术教育体系。这个完善的、具有自己特色的职业技术教育体系，既是新加坡工业化进程的产物，又对新加坡工业化的进程产生重大而深远的影响。新加坡高校注重培养大学生的价值观和世界观，认为价值观和世界观关系到大学生的成长成才，形成正确的世界观和价值观有助于大学生养成良好的道德品质。

二、国内研究现状综述

（一）关于文化自信的研究

1.文化自信内涵的相关研究

李琰（2022）认为文化与自信相结合的文化自信，是一种“价值判断”，是主体对文化认可和接受的程度，也是推进文化创新实践的社会心理过程。文化自信是由外部的情境和主观的认识综合作用形成的。文化自信包含文化认同。换言之，只有实现了对文化的认同，才能展现文化自信。因

[1] 肖李伟．基于思想政治教育的大学生文化自信培育研究 [D]. 合肥：合肥工业大学，2021.

[2] 雷莉．文化自信融入大学生思想政治教育研究 [D]. 西安：西安理工大学，2020.

此，文化自信不仅意味着文化主体对文化本身的主观感受，而且包括由此引发的实践行为。[1]

庄得宝和魏颖卓（2022）认为“文化自信”是习近平新时代中国特色社会主义思想的重要组成部分，关乎新时代中华民族未来的繁荣发展，要想文化自信就必须真正理解文化的本质和内容。新时代文化自信是指中华民族内在地认同中华民族历史上产生的一切优秀文化，肯定自身优秀文化的价值，坚信自身优秀文化具有持久的生命力，并在其引领下实现新时代中华民族伟大复兴。[2]

冯贝（2022）认为文化自信主要指基于我国优秀传统文化内容体系和优秀传统文化内涵与价值的自信，在马克思主义中国化道路发展过程中对优秀传统文化足够自信，充分了解优秀传统文化的内涵与价值，能够帮助国家建设的承担者与国家发展思路的引导者更加充分利用既有的文化和思想资源，做好中国化道路方向规划，使马克思主义中国化道路的实践工作开展有更加明确的思想支撑，这对于长期的马克思主义中国化道路进程来说，具有非常关键的指引和保障作用。[3]

陆丽琼（2021）认为文化自信就是树立本国文化观的正确心态，是一种基于理性认识上的精神成熟的体现。新时代的文化自信是文化主体对本民族文化的无比热爱，对本民族文化价值的充分肯定，对本民族文化的生命力与发展前景保持坚定的信心，并能自觉实践本民族的文化精神。[4]

王秀红和汪健（2021）认为文化是国家社会发展的不竭动力和源泉。文化自信是一国执政党与其人民对自身文化的坚定认同和理性信仰，是社会可持续发展的精神支撑。[5]

赵长亮等（2021）认为文化自信可释义为人们源于历史，着眼未来对国家、民族与政党在思想信念和价值选择方面的文化认同，是推动新时代中国

[1] 李琰．高职院校教师的文化自信：理论内涵与培育策略 [J]. 内蒙古财经大学学报，2022，20(4):31–35.
[2] 庄得宝，魏颖卓．新时代文化自信的丰富内涵探析 [J]. 学理论，2022(6):4–7.
[3] 冯贝．马克思主义中国化进程中推进文化自信的路径探析 [J]. 大学，2022(3):20–23.
[4] 陆丽琼．文化自信的内涵和表现 [J]. 商业文化，2021(27):15–17.
[5] 王秀红，汪健．文化自信：意义·内涵·判断 [J]. 延边党校学报，2021，37(4):61–65.

特色社会主义事业健康蓬勃发展的指路明灯，是人们干事创业的指南。[1]

耿立军和张伟鹏（2020）认为文化是民族屹立之魂，是国家发展进步的保证。文化自信不仅是一个政党、一个民族与一个国家在面对全球化浪潮及日益复杂的国际国内形势时，对自身文化价值的充分肯定和积极践行，也是对其文化所具有的理论和实践活力抱有的坚定信心。[2]

2.文化自信教育的相关研究

刘浩（2022）认为文化自信是落实中华民族复兴与繁荣发展的奠基石，而研习中共党史是打开文化自信的钥匙，两者密切相关。学校应积极建设第一课堂，完善党史课程建设，深入且系统地帮助大学生深刻认知中共党史；创新党史学习教育形式，借助重大事件、节日与信息技术手段，丰富党史学习教育载体；组织学生进行实地体验，发挥红色文化主题教育基地优势，切实延伸党史学习教育空间。[3]

王倩玉和解宇宁（2022）认为文化自信的有效落实可以让高校学生更好地增强爱国情怀与民族自豪感，认同社会主义核心教育观。因此，加强文化自信下大学生的社会主义核心价值观认同教育，是高职院校目前的重要任务。[4]

高鑫雨（2022）认为“四史”教育所涵盖的内容与过去的优秀传统文化本质上是一脉相承的，革命文化吸收优秀传统文化中的精髓部分，结合我国历史在新时代进一步深化，结合历史时代和社会发展需要进行吸收归纳、相互链接、有机融通、继承发扬，是不断增强中华文化自信的重要底蕴和文化根基。[5]

张蕾和陈磊（2021）认为在文化自信背景下，大学生党员教育面临目标统一化、内容丰富化、方式多元化等多种新趋势。作为红色文化的重要组成

[1] 赵长亮，包伟，齐乐，等.文化自信的理论内涵、实质特征与实践途径[J].吉林省教育学院学报，2021，37(8):168−172.

[2] 耿立军，张伟鹏.新时代文化自信的理论内涵与使命担当[J].哈尔滨职业技术学院学报，2020(6):74−76.

[3] 刘浩.文化自信视域下的党史教育研究[J].产业与科技论坛，2022，21(17):100−101.

[4] 王倩玉，解宇宁.文化自信视域下高职院校大学生社会主义核心价值观认同教育研究[J].产业与科技论坛，2022，21(17):102−103.

[5] 高鑫雨.“四史”教育融入文化自信的价值意蕴与实践路径[J].晋城职业技术学院学报，2022，15(4):13−15.

部分和表现形式，红色戏剧是丰富红色土壤、传承红色基因的“金钥匙”。把红色戏剧应用于大学生党员教育之中，是加强和改进大学生党员教育的有效途径与方法，能够适应大学生党员教育发展的新趋势，对新时代丰富大学生党员教育形式与内容、坚定大学生党员的文化自信、培育社会主义核心价值观、培养德智体美劳全面发展的社会主义合格建设者和可靠接班人具有重要价值与意义。[1]

冯相磊和王凤祥（2021）认为文化自信有助于理想信念的树立和坚定，是培育理想信念的基石和支撑，与理想信念教育具有内在的关联性。这种内在的关联性对当代大学生正确认识中国文化，从而塑造崇高的理想信念具有重要意义。在当代大学生的理想信念教育上，高校要坚定文化自信，以中国特色社会主义文化为引领，激发大学生强烈的民族精神和时代精神，立志成为有理想、有追求、有担当的时代新人。[2]

邓萱（2021）认为在思想政治教育中融入文化教育，引导学生秉持文化自信，加强思想政治教育改革工作，能够坚定学生的信念，激发学生对祖国和民族的热爱之情。基于社会发展现状，秉持文化自信强化教育改革，能够避免学生在成长中受到不良思想的影响。文化教育的积极开展，可以为教育机制的更新和发展贡献应有的力量，有效解决学生思想政治态度不端正的痛点和难点，助力教育改革的有效推进。[3]

乔木（2020）认为从整体来看，新时代大学生文化自信教育取得了可喜的成绩，但也存在学校文化自信教育引领不够、社会和家庭文化自信教育氛围不浓、大学生文化自信自我教育意识不强等问题。新时代大学生文化自信的提升策略是强化学校教育的正向引领功能、培育浓厚的社会和家庭教育文化氛围、提升大学生的自我教育意识，只有如此才能确保新时代大学生文化自信教育收到更好的成效。[4]

[1] 张蕾，陈磊．文化自信视阈下红色戏剧对大学生党员教育的作用 [J]. 老区建设，2021(24):78–84.
[2] 冯相磊，王凤祥．文化自信视野下当代大学生理想信念教育研究 [J]. 贵州社会主义学院学报，2021(4):58–62.
[3] 邓萱．秉承文化自信的教育改革思路 [J]. 中国多媒体与网络教学学报（上旬刊），2021(12):103–105.
[4] 乔木．新时代大学生文化自信教育研究 [J]. 教育理论与实践，2020，40(36):35–37.

（二）关于大学生思想政治教育的研究

1.大学生思想政治教育问题的相关研究

何秀成等（2022）认为新时代大学生思想政治教育面临的主要问题体现在以下几个方面：一是学生理想信念模糊，责任意识淡薄；二是网络侵蚀严重，学生身心健康受损；三是学生自主意识薄弱，心理素质堪忧；四是诚信品质弱化，价值取向功利化。这些问题的存在使得大学生思想政治教育的整体质量偏低。[1]

徐国光（2022）认为青海省高校大学生的思想政治教育工作中还存在一些比较突出的问题，需要引起高度重视。主要表现为：①大学生的思想政治教育力度稍有欠缺；②大学生思想政治教育缺乏较强的针对性；③大学生思想政治教育工作的观念过于传统；④大学生思想政治教育的方法相对落后；⑤文化基础教育比较薄弱。[2]

黄靖文（2022）认为当今我国大学生思想政治教育内容缺乏感染力，很多思想政治教育课堂往往采用传统单一的信息输出模式，教师采取"一言堂"的方法进行课堂知识的讲授，没有适应当今网络发展的变化，不能结合网络信息来创新自身的教学内容，不能配合微信、微博等新媒体平台开展工作，授课内容较为老套，不能准确地把握学生的思想动态和行为特点，教育内容缺乏针对性和实效性，使学生的学习积极性和课堂注意力不断下降。[3]

孙小南（2021）认为新形势下，国家意识形态要求高，思想政治教育要求严，但很多高校辅导员思想政治理论知识体系较弱，这给辅导员思想政治教育工作的开展带来了较大的阻碍。现在辅导员工作任务繁重，以及受旧思想的影响，导致其忽略了思想政治工作。思想政治工作不像专业课一样是学生将来赖以生存的谋生手段，同时，部分思想政治课与辅导员思想政治工作的教育方式方法落后，无法引起学生对思想政治学习的重视。[4]

[1] 何秀成，唐致刚，朱文涛，等．新时代大学生思想政治教育工作面临的问题及对策 [J]. 高教学刊，2022，8(18):182–185.

[2] 徐国光．新时代高校大学生思想政治教育问题探析：以青海省高校为例 [J]. 公关世界，2022(12):27–28.

[3] 黄靖文．网络环境下大学生思想政治教育的困境与突围之道 [J]. 公关世界，2022(10):94–95.

[4] 孙小南．新形势下大学生思想政治教育问题及对策研究 [J]. 现代商贸工业，2021，42(36):114–115.

2.文化自信与大学生思想政治教育的相关研究

陈媛媛（2022）认为，要完善思想政治教育文化自信类课程体系，指导学生深入学习我国优秀传统文化、革命文化与先进社会主义文化，引导学生培养爱国情怀，做到文化自觉，提升文化自信。[1]

刘妙祎（2022）认为，在大学生思想政治教育中融入红色影视作品，能够加强大学生的主旋律价值认同、坚定大学生社会主义文化自信、提升大学生“四史”学习教育实效、激发高校思想政治教育活力。具体来说，高校可以通过融合高校第一课堂教育、创新第二课堂活动形式、助力学生骨干队伍培养和辅助搭建网络育人矩阵，在大学生思想政治教育中发挥红色影视作品的作用。[2]

张玉康（2022）认为，为了使文化自信教育顺利融入高校思想政治教育，应丰富思想政治教育课程内容的文化部分，加大我国优秀传统文化、革命文化、中国特色社会主义文化在教材中的比重，让学生了解我国的历史、国情。通过学习，将社会主义核心价值观渗透到思想政治教育中，发挥文化的感染力，避免大学生对单调的理论学习产生抵触心理。[3]

李迪（2021）认为，文化自信引领新时代大学生思想政治教育是一项长期的、复杂性工作，需要多方共同努力，具体路径包括：弘扬中华优秀传统文化，践行社会主义核心价值观；传承红色革命文化，培育理想信念和爱国主义情怀；实践社会主义先进文化，彰显思想政治教育时代性；开展文化安全教育，坚决抵制西方错误的意识形态渗透；加强校园文化建设，营造文化自信教育的良好环境；以思想政治理论课为主渠道，优化涵养文化自信的路径。[4]

康卉（2021）认为文化自信不仅有助于增强思想政治教育成效，同时对我国社会主义文化繁荣发展有着积极推动作用。基于文化自信维度，应不断创新大学

[1] 陈媛媛．思想政治教育维度下的新时代大学生文化自信培养路径研究 [J]. 产业与科技论坛，2022，21(15):160−162.

[2] 刘妙祎．红色影视作品应用于大学生思想政治教育的路径研究 [J]. 教育观察，2022，11(19):61−64.

[3] 张玉康．文化自信融入大学生思想政治教育的路径探究 [J]. 科学咨询(科技·管理),2022(6):155−157.

[4] 李迪．文化自信引领大学生思想政治教育的路径选择 [J]. 山西经济管理干部学院学报 ,2021,29(4):71−74.

生思想政治教育，加强大学生的文化自信培育，促进其健康、全面发展。[1]

周敏（2020）认为红色革命文化是文化自信的重要组成部分，传承和弘扬红色革命文化是实现中华民族伟大复兴的强大精神力量。为此，要采取有效措施加强红色革命文化与大学生思想政治教育的深度融合，包括课堂理论宣讲与课内活动相结合、开展丰富多彩的校园文化活动、营造浓厚的红色革命文化氛围、利用地方红色资源建立教育实践基地四个方面，从而帮助学生树立正确的世界观、人生观、价值观，成为合格的接班人。[2]

刘宏芳和王利明（2020）认为在文化自信的新时代情境下，将革命文化融入大学生日常思想政治教育过程，事实上是一个对革命文化传承、发展、超越的过程，最终实现革命文化的思想政治教育功能和价值。在此，必须强调理论教育和实践教育相辅相成，自我教育和榜样教育紧密契合，线上教育和线下教育有机链接。[3]

汪金英和于明明（2019）认为文化自信能够切实地增强国家的软实力，要在大学生思想政治教育中融入文化自信，借助传统文化的渗透来提升大学生的文化自信心，保证大学生能够认同和支持优秀传统文化，帮助大学生树立正确的价值理念。此外，文化自信与思想政治教育的有机结合，能够帮助思想政治教育打破传统教学模式的局限性，实现大学生思想政治教育的创新与优化。[4]

辛世俊和刘艳芳（2019）认为文化自信与中华民族伟大复兴具有紧密联系，只有坚定文化自信，才能实现中国特色社会主义道路自信。据此要采取有效的方式指引大学生始终坚定文化自信，在思想政治教育中重视大学生文化自信缺失这一现象，将传统文化与思想政治教育的方式和内容紧密结合，帮助大学生理性地对待西方文化，大力开展历史文化教育活动。[5]

---

[1] 康卉．文化自信维度下大学生思想政治教育实践思考 [J]. 淮南职业技术学院学报 ,2021,21(6):30−31+42.

[2] 周敏．红色革命文化与大学生思想政治教育的融合 [J]. 现代交际 ,2020(24):126−128.

[3] 刘宏芳, 王利明．文化自信视域下革命文化融入思想政治教育的思考 [J]. 潍坊工程职业学院学报 ,2020,33(6):28−32+95.

[4] 汪金英 , 于明明．文化自信融入大学生思想政治教育的路径探析 [J]. 湖南科技学院学报 ,2019,40(12):44−45.

[5] 辛世俊 , 刘艳芳．文化自信语境下大学生思想政治教育研究 [J]. 高校辅导员 ,2019(5):17−21.

费青梅（2019）认为文化自信融入大学生思想政治教育中具有鲜明的时代价值与意义，不仅能够帮助大学生从心理层面上认同中华优秀传统文化，也能够推进文化强国战略的实施进程，因此，应该从文化自信的观念出发，立足于文化改革高校思想政治教育的理念、方式与内容，以此实现大学生思想政治教育的创新目标。[1]

曾捷（2018）认为文化自信与大学生思想政治教育都体现了较强的意识形态特征，是传承中华优秀传统文化、弘扬中华民族精神、实现社会主义事业繁荣昌盛的重要手段，借助思想政治教育来提升大学生的文化自信，能够塑造大学生良好的自信心理与姿态。总之，文化自信已经成为大学生思想政治教育的核心内容。[2]

[1] 费青梅．文化自信视域下大学生思想政治教育的创新路径[J]．湖北开放职业学院学报，2019,32(15):11-12.

[2] 曾捷．涵养文化自信与大学生思想政治教育的内在联系[J]．佳木斯职业学院学报，2018(12):185+187.

第三节　研究的整体思路与内容

本书研究的整体思路与内容主要体现在以下几个方面：

第一章，绪论。采取文献资料法等多种研究方法搜集与整理国内外学者关于大学生思想政治教育、文化自信等方面的理论研究成果，对不同学者的不同观点进行梳理，明晰学者态度，并且对本书研究的背景、意义、内容、思路及方法等方面进行简要论述，确保本书的研究具有较强的理论基础。

第二章，核心概念及理论运用。本章围绕文化自信，大学生思想政治教育的基本内涵、特征、方法等方面展开相关论述，将马克思主义关于人的全面发展理论、习近平关于社会主义文化建设论述、思想政治教育主客体理论、思想政治教育内容理论等作为本书研究的理论基础，同时借鉴马斯洛需求层次理论、塞利格曼的积极心理学理论，为本书的撰写提供必要的理论保障。

第三章，文化自信与大学生思想政治教育之间的关系。文化自信与大学生思想政治教育之间具有紧密的联系，文化自信是大学生思想政治教育的重要内容，而思想政治教育则是提高大学生文化自信的重要手段，在思想政治教育中提升大学生文化自信具有鲜明的价值与意义。

第四章，现阶段大学生文化自信缺失的主要表现。目前大学生文化自信缺失主要体现在大学生对中华传统文化缺乏正确的认知，对革命文化的自信不断弱化，对社会主义文化先进性认同感比较低，以及对西方文化盲目崇拜。影响大学生文化自信的主要因素包括国际环境因素、社会现实因素、高校思想政治教育因素、大学生自身因素。这些因素的存在使得大学生文化自信存在一定的缺失现象。

第五章，文化自信视域下大学生思想政治教育的新发展。围绕大学生思想政治教育发展的新要求、新内容、新目标三个方面论述了文化自信视域下大学生思想政治教育发展的理念与方式。

第六章，文化自信视域下大学生思想政治教育发展的有效策略。文化自信视域下大学生思想政治教育发展需要遵循政治性原则、实践性原则、融合性原则，具体可以从弘扬中华优秀传统文化、积极传承革命文化、实践社会主义先进文化等角度来制定完善的解决方案，为文化自信与大学生思想政治教育的深度融合奠定良好的基础。

第四节 研究方法

文献资料法。笔者查阅电子期刊、网络信息等资料，借鉴最新的研究成果，对学者的观点进行分析和整合，对大学生思想政治教育相关领域的研究进行全面的了解和分析，开拓研究思路，为本书写作奠定了基础。

归纳分析法。在文献研究和调查访谈的基础上，坚持以马克思主义基本理论为指导，以党和国家、教育管理部门颁布的文化建设和思想政治教育工作的政策为依据，归纳现状，分析原因，并且从开展文化自信教育的角度，提出加强大学生思想政治教育的对策和措施。

学科交叉法。本研究涉及政治学、哲学、教育学等相关学科的基本问题，归纳了相关学科涉及的理论成果，使研究更为全面与科学。

第二章　核心概念及理论运用

第一节　文化自信的概念

一、文化自信的内涵

（一）对民族文化传统的自信

1.中华文明屹立东方

我国历经上下五千年的文明，缔造出无比光辉灿烂的文化。在不同时代的演进和社会变迁中，中国特色的民族共识逐渐形成。我国的现代文明离不开传统文化的浸润与滋养。在中华民族传统文化宝库里，我们可以一路俯拾先贤的志趣，了解他们的喜怒哀乐，寻觅华夏文明的共性。面对纷繁复杂的国际文化形势，我们应当保持一份理性认知和清醒抉择，不随意评价，不盲从跟风，警惕文化殖民。

汲取传统文化的精华、剔除传统文化的糟粕，是我国现代文明在国际舞台上得以百舸争流的基础。[1]因此，只有与传统文明建立信任而非排斥或敌对关系，我们才能继承好老祖宗遗留下的文化遗产。但传统文化的发展与积淀并非一帆风顺，民族文化在不断蔓延的战火里（征服与被征服）发生了无数次大碰撞、大融合。充满血与火的历史一次次见证人民对华夏统一的渴望。中华民族作为一个统一的整体，早已镌刻在为历史抒写宏大叙事的丰碑上。

东西方文明的互鉴彰显出中华优秀传统文化的独特魅力。这是所有炎黄子孙可以共享的一个精神家园和心灵家园。我们绝不可忽视来自优秀传统文化的贡献与力量，人文关怀始终闪耀于千古。从儒家代表人物敢于做出积极入世、求新求变的努力，到党中央竭力为广大人民群众谋福祉，中华民族在历史更迭与淬炼中既大胆迈出了昂扬坚定的步伐，也培养出以革命主义和乐

[1] 刘怡宁．大学生思想政治教育中文化自信的培育研究 [D]．济南：济南大学，2020.

观主义为核心的精神与气度。

若追根溯源的话，中华文明的发源之地地势地貌复杂多变，平原、盆地和高山遍布于中华大地的每一个角落，与欧洲文明发源地以平原为主的自然环境存在天壤之别。[1]千百年以来，战争的阴影一直让欧洲处于四分五裂的状态，而中华大地却拥有一统天下的政权优势。突厥人、蒙古人与匈奴人的身影曾出没于中华大地，这些形形色色的民族在我国历史上粉墨登场，或为了大肆劫掠领土或为了避难。他们当中的任何一个民族一旦发动远征，必将掀起腥风血雨，令欧洲人闻之胆寒。但中原文化逐渐对少数民族政权产生了强大的吸引力，并以广博胸襟和包容姿态吸收少数民族政权的归附，汉族与少数民族之间的大融合在唐朝达到巅峰。少数民族在服饰、礼仪、制度上追随汉族，汉化成为一股新的潮流，中华文化的风俗就这样被代代传承下来。由此可见，中华文明的强盛举世无双。

中华文明作为世界四大文明之一，并未步古埃及文明、古两河流域文明和古印度河文明的历史后尘。创立古埃及文明、古两河流域文明和古印度河文明的民族，早已荡然无存或被异族统治兼并，只留下文明遗迹向世人诉说曾经的风雨沧桑。那些意义深奥的古文字不再流行于民间，只成为专家研究和破译的对象。中华文明依然屹立于世界的东方主要有以下三个原因：第一，得天独厚的地理环境为中华文明的世代延续提供了有力保障；第二，汉族和少数民族共同为中华文明的生生不息创造不竭的动力；第三，汉字是中华文明的文化基因，并播撒一颗颗传承的种子。

2.没有硝烟的文化之争

针对优秀传统文化所输出的价值模板和道德范式，我们要拒绝一切不适宜的断章取义，提取具有社会和历史进步意义的经典内容，使它们充分为社会主义现代化建设所用，让挺起中华民族的脊梁不再停留于一句空泛的口号，巩固和增强对中华优秀传统文化的自信，乃是千千万万中华儿女的担当与使命。

古老中国曾深受西方殖民的耻辱，西方文明从一开始就对东方文明采取

[1] 郑何.高校思想政治理论课教师文化自信的意义及构建[J].黑河学院学报,2022,13(2):97–98+115.

全盘压制的态度。这一状态即使在中华人民共和国成立之后也没能在短时期内得到改变。西方文明对“东方醒狮”长期保持警觉的背后，隐藏着打压和钳制东方文明的私欲。一场永远不会结束且没有硝烟的文化之争就此拉开序幕。在网络信息发达的今天，信息化战争作为一种新的战争形态开始登上人类战争的舞台。信息化战争抢夺的是国家的文化话语权。国民倘若缺少民族文化自信的加持，轻则受不法之人蛊惑，质疑中华文明存在的合理性；重则甘愿为西方国家效“犬马之劳”，从此背叛、出卖养育自己的祖国。

相比于硝烟弥漫的战场交锋，异质文明之间展开的网络“武斗”往往表现得较为隐蔽。西方国家一直重视“文化输出”和“文化侵略”，网络世界理所当然成为其摇旗呐喊的主要阵地。因此，我们一定要时刻擦亮自己的眼睛，把握好网络文化舆情的风向，学会利用辩证法和批判性思维看待西方文化的问题与缺陷。西方文明意欲对中华文明进行“围追堵截”，甚至不惜血本“栽培”“代言人”。对于那些缺乏分辨力和意志力的人来说，他们更容易在思想上受到西方国家的影响。我们需要当心西方国家所策划的种种文化阴谋，不要被一时的利益和诱惑蒙蔽了双眼。

东西方文化之间打响的是一场社会主义价值观和资本主义价值观之间的战役。西方国家所仇视的正是中国蒸蒸日上的社会主义价值观。意识形态领域的斗争来得比以往任何时候都要复杂、激烈和残酷。西方国家担忧资本主义价值观的没落，想尽办法拉拢经济和政治上的附庸国加入或干预或诋毁中国的队伍，借此机会妄图以人多势众打压中华民族由来已久的文化自信。[1]面对来自西方国家的嚣张气焰和重重施压，中国要做好长期在经济政治领域反制裁的心理准备。东西方文化上演的这场惊心动魄的“龙虎斗”，也许永远也不会在历史舞台上落幕。

民心所向的社会主义价值观使我们获得与西方国家在文化上相与竞争的资本。西方文化所遭遇到的历史问题和困境，以中国为代表的东方文化却可以举重若轻、迎刃而解。西方文化因此对挺立于潮头的东方文化包藏祸心。

[1] 王承庆 . 中国特色社会主义文化自信融入大学生思想政治教育的实施路径 [J]. 海南广播电视大学学报 ,2021,22(4):22–27.

西方政府甚至公开怂恿反华势力倾尽一切手段抹黑中华文明，因此，我们务必牢牢把握意识形态领域的主动权、占有权和话语权，绝不松懈对意识形态领域的审查、监督和管理，坚定不移地维护中国特色社会主义文化阵地。

（二）对中国现实发展道路的自信

1.坚定社会主义道路

习近平总书记提倡“道路自信、理论自信、制度自信、文化自信”，坚定不移维护好中国特色社会主义道路，弘扬中国特色社会主义价值观。中华人民共和国成立后，为摆脱长期积贫积弱的处境，为推翻由来已久的阶级压迫，为彻底消灭半封建半殖民主义，党领导人民并齐心合力举起革命斗争的旗帜。[1]几代共产党人和仁人志士为美好的革命理想而鞠躬尽瘁、前赴后继。中国特色社会主义道路来之不易，在泥沙俱下的历史洪流中千淘万漉，离不开亿万人民的无私奉献与牺牲，又与勇于反抗和斗争的历史文化传统息息相关。

中国特色社会主义道路并不专指某一特殊的历史阶段，而是将优秀传统文化、革命文化和社会主义先进文化融为一体。19世纪中叶以来，西方文明非理性使用“坚船”和“利炮”打破东方文明的宁静，整个中华民族被推上任人宰割的“断头台”。[2]在西方人眼中妄自尊大又暮气沉沉的中国，站在历史新旧转折的十字路口上不停徘徊。仁人志士纷纷拿起“思想”和“主义”的武器，甘愿为中国的前途奔走呼告。新旧文化的剧烈碰撞孕育并催生了马克思主义思潮。中国共产党从中国国情和现实条件的判断出发，果断带领广大人民群众走出一条中国特色社会主义道路。

持续创新是社会主义现代化发展不可或缺的动力要素。我们有责任和义务对优秀传统文化进行再利用、再改造，对革命文化和社会主义先进文化进行再宣传、再弘扬。这三种既相互借鉴又相互依存的文化资源，成为社会主义现代化建设中唯一不变的主旋律。中国革命、建设与改革的道路无不充满艰辛与曲折，甚至还要抵御来自西方不良文化的诱惑。现代西方文明由于资

[1] 李迪．文化自信引领大学生思想政治教育的路径选择 [J]. 山西经济管理干部学院学报 ,2021,29(4):71–74.

[2] 韩杨．文化自信融入高校思想政治教育的路径探析 [J]. 连云港职业技术学院学报 ,2018,31(4):61–63.

本主义意识形态的原因，常与以中国为代表的社会主义国家为仇为敌。中国特色社会主义和西方资本主义是两条性质截然不同的道路。西方资本主义屡屡试图用“糖衣炮弹”颠覆我国的社会主义政权，我们的党、政府和社会各界人士不得不心怀警惕。我们只有继续坚持走符合中国发展现实的社会主义道路，拒绝接受西方国家别有用心的煽动，才能真正无愧于祖国，无愧于先辈，无愧于时代，无愧于人民。[1]

2.打造工业化和现代化

中国要想完成从弱小到富强的转变，需尊重人类社会的发展规律。建立健全现代化工业体系，是中华民族追求进步和繁荣不可逾越的一个历史阶段。中国特色社会主义道路必然会选择增强生产效益的工业化和现代化的手段，以此达到加快经济发展和改善人民生活水平的目的。历史的实践证明，中国在短短几十年的时间内就完成了发达国家几百年的工业化目标，创造出前所未有、举世瞩目的中国式奇迹。

党和政府情系各类贫困县、贫困村，以精准扶贫的方式扶助贫困人口渡过一个个生活的难关。亿万民众在党中央的坚强领导和亲切关怀下，更加坚定了对走中国特色社会主义道路的信心，道路的自信本质上源于一份逻辑魅力和价值关怀。[2]党和政府遇到突出的现实矛盾和问题不回避，使中国特色社会主义思想和现代化道路的实践深入人心。

中国特色社会主义道路必须接受实践的检验，考察因素多集中于战略性的抉择、目标任务的定位、路径手段的借用及结果成效的搜集。习近平总书记在党的二十大报告中指出：“中国共产党为什么能，中国特色社会主义为什么好，归根到底是因为马克思主义行！”中国实现从农业国转型为工业国，制度建设和理论探索缺一不可。[3]中国特色社会主义制度和国家治理体系日臻完善，人民拥有更多的幸福感、获得感和成就感。国家综合实力的提升使中国特色社会主义道路发展得更加公平、更可持续、更为安全。

[1] 孙泽海，王维国．新时代文化自信融入高校思想政治教育的思考 [J]. 西安文理学院学报（社会科学版）,2018,21(6):68–72.

[2] 胥青．文化自信视域下高校思想政治教育路径探究 [J]. 吉林广播电视大学学报 ,2019(4):126–127.

[3] 石梅梅．高校思想政治理论课培育大学生文化自信研究 [D]. 昆明：昆明理工大学 ,2020.

（三）对中国未来发展前景的自信

1.文化的趋向性

事实证明，中国因为经济的崛起在国际舞台上获得了更多话语权。中国特色社会主义经济在增强国家软实力的过程中扮演着举足轻重的角色，也是切实保障中国未来取得长远发展的根本利益和底线。中国的过去、现在和未来一脉相承。古老的中华文明再度焕发新的生机与活力，给未来的发展规划提供理论和实践上的指导。中国在敞开国门的同时，也面对不少的问题和挑战。相较于西方文化咄咄逼人的强势，中华文化更能体现出开放、平等和包容的精神，摒弃了狭隘见解和自私自利。

当今世界正处于百年未有之大变局，中华文明已融入多国家多种族的文化评价体系。西方社会非此即彼的二元理论开始凸显其局限性，而中国传统意义上的儒家思想却并未因时代的更迭而过时，与西方国家大放厥词恰恰相反的是，中华优秀传统文化有益于解决人类当前面临的危机和矛盾。这种日久弥坚的文化优越性注定会跨越历史时空，影响到处理人与自然、民族与民族、国家与国家之间关系的决策。譬如以人为本的仁爱思维、君子和而不同的处世原则，皆为中国对外关系的发展提供源源不断的智力支持。

反观西方国家一味唱衰中国经济，并奉行单边主义的外交政策，损害的则是发展中国家的利益，而中国深知海纳百川和双赢的道理。中国自改革开放以来，从不拒绝他国参与自身经济发展的轨道中来，也一直努力向外寻找协商与合作的机遇。现代儒学的开放性直接影响一切经济活动的开展和经济规则的制定，2020年9月4日，习近平总书记在北京召开的中国国际服务贸易交易会上指出："纵观人类社会发展史，世界经济开放则兴，封闭则衰。"[1]

2.描绘未来蓝图

谈及"中国经验"或"中国智慧"，中国作为最大的发展中国家，在破解国际政治困局方面出乎西方国家的意料。中国在金砖国家领导人会晤和构建"一带一路"倡议上的卓越表现，向世界充分展现出中国独一无二的魅

[1] 引自国务院公报2020年第26号《在2020年中国国际服务贸易交易会全球服务贸易峰会上的致辞》。

力，在国际社会上中国能够团结可以团结的大多数。我们应付出百倍的努力，使文化自信渗透到广阔社会生活的各个领域。我们应不负先辈的夙愿与期盼，在汲取他国文化精华和长处的同时，始终保持民族文化的主体性、先进性和前瞻性，以自我的实际行动践行文化自信的理念，才能让薪火相传、绵延不绝的中华文明在世界舞台上赢得更多的欣赏与尊重。[1]我们坚信中国未来的发展前景一片光明，面对反社会主义先进文化恶势力抬头的倾向，将不惜一切代价予以坚决抵制。

中国正踏着强健有力的步伐迈向国际舞台中央，积极为构建人类命运共同体与未来和平发展出谋划策。然而，不少西方国家在不能破解全球性结构性矛盾的形势之下，开始把责难的矛头对准中国。这些国家大肆鼓吹所谓的放之四海而皆准的西方哲学论，企图利用网络的“灰色地带”实施文化性颠覆。殊不知，中国未来发展的方向盘始终掌握在党中央和人民群众手中，社会主义核心价值观容不得半点侵袭与亵渎。拓展文化自信的版图在历史长河里任重而道远，我们每一个人都有可能成为中国未来发展的“燎原之火”。

任何一个国家背弃本民族的历史文化信仰，否定本民族历史文化的价值，动摇本民族历史文化的影响力，不仅在经济和政治上得不到应有的发展，而且很可能会加速国家制度的坍塌，谁也不愿让这样的历史性悲剧上演。中华民族记住了一个历史的逻辑或信条——“落后就要挨打”，饱受外来侵略的苦难后重塑文化自信却历经磨难。文化自信是一次信仰的回归，是原本应该挺直的脊梁。曾几何时，中国的社会精英思考着民族的出路，从鸦片战争到洋务运动，从洋务运动到五四运动，复制西方三权分立又接连失败，直至十月革命一声炮响送来了马克思主义和社会主义。

正是中国共产党挽救了岌岌可危的民族文化。中国共产党人以不怕流血、不畏牺牲的长征精神，在艰苦卓绝的战斗中，充分展现了中华文明的柔韧性和顽强性。历史铁一样的事实告诉我们，中国共产党领导下的军队创造了革命战争史上的奇迹。到了社会主义建设时期，雷锋精神、焦裕禄精神又再次展现出中国人不屈的高贵气节和精神风貌。中国共产党在筚路蓝缕中亲手开创了屡建

[1] 牛磊磊.解构与重塑：文化自信视域下思想政治教育的文化价值[J].卫生职业教育,2019,37(12):15-17.

功绩的红色文化，一以贯之秉承优秀传统文化的血脉和气质。改革开放的精神依然是中华文化引以为豪的组成部分，中国繁荣昌盛的背后有着一个必然的文化逻辑。习近平总书记在2016年5月17日的哲学社会科学工作座谈会上指出，欧洲文化的诞生培育了一大批思想家和哲学家，这样的文化生态和局势实质上与国家经济政治的发展程度相匹配。文化自信理应把不同历史阶段丰富的经验和实践转化成新的精神标识和新的理论概括。

二、文化自信的本质特征

文化自信的特征是由它的本质决定的。文化自信从根本上来说是中国特色社会主义文化自信，而中国特色社会主义文化是以马克思主义为指导，在坚持中国立场、立足中国实际、把握时代动向中发展的文化。在中华文化的发展道路中，面向现代化、面向世界、面向未来是中华文化自信的重要内涵。同时，文化自信是主体对自身文化价值、对外来文化的一种理性态度。文化自信的本质特征主要体现在以下几个方面。

（一）彰显民族特色

1.历史传承

文化自信基于对传统的崇尚和敬仰。博大精深的中华文化见证了春秋战国时期的百家争鸣等历史性大事件。儒家伦理、道法之术、法家思想为治国平天下的宏大愿景提供了相应的理论解释和现实依据，为华夏大地留下了浓墨重彩的一笔。这些闪烁着智慧光芒的思想结晶，又不断地丰富、发展其内涵，谱写出时代新篇应有的精彩与辉煌，呈现出中华文化非同一般的底蕴与气势磅礴的张力。文化符号也在历史沿革中完成从幼稚到成熟的转型与蜕变，如汉字的发明、绘画的演绎、建筑的规制、饮食的精髓等。[1]其中，汉字作为语言文化的重要载体流传至今，折射出人文历史等深层次的话语信息，给中华民族的集体记忆打上深深烙印。

文化自信定位于独树一帜的价值坐标体系。“民惟邦本，本固邦宁”“德不孤，必有邻”“舍生取义”等具备远见卓识的思想见解，真实反

[1] 汪金英，于明明．文化自信融入大学生思想政治教育的路径探析 [J]. 湖南科技学院学报，2019,40(12):44–45.

映出中华民族注重考察民生、倾听民意、修养道德的心理倾向。中华文化叩问人生与现实的关系，求索宇宙成因和社会规律，拥有五彩斑斓又个性鲜明的民族风情。孔孟之道、老庄哲学等如浪花朵朵流淌在华夏五千年的历史长河，古往今来构筑起中国人别样的精神观和世界观，为中国特色社会主义文化自信夯实了思想基础。

考古实证，中华民族先祖的步履早在五千多年前就遍布黄河、长江中下游、西辽河等地。气势恢宏的城邦遗址、精雅绝伦的玉器及充足的粮食储备等，无一不是用勤劳与勇气、智慧与汗水浇灌而出的文明成果。多姿多彩的文明在历史上轮番出现，最终指向兼收并蓄的中原地区，中华文明的涓涓细流由此汇聚成了大江大河。中华文明的发展壮大并不称道于“小国寡民”式的保守与封闭，先祖开辟出陆上丝绸之路、海上丝绸之路便于人民迁徙、交流和贸易。中华民族身披璀璨的文化星光一次次推动历史车轮的转动。这种民族生存的自信强烈无比，拥有广泛而深沉的民族情感，也从未丢掉“居安思危”的民族忧患意识，激发蓬勃向上而又坚韧不拔的民族生命力。[1]

2.马克思主义中国化

马克思主义中国化的一次次理论创新，离不开中华优秀传统文化的滋养和启发。毛泽东思想引用了大量的民谚俗语，使老百姓念得懂、读得通，比如“愚公移山”的精神，鼓舞广大劳苦大众敢于从此翻身做主人；比如“星星之火，可以燎原”的气势，书写共产主义革命者奋勇杀敌的魄力。邓小平理论也不例外，灵活运用古代盛世中的“小康”概念，以期在社会主义现代化建设中实现共同富裕的目标。“三个代表”重要思想和科学发展观的提出，也是从古老的“和谐文化”理念中获取灵感，实现中华民族伟大复兴的中国梦，秉承“刚健有为、自强不息”的传统脉络。[2]中国作风或中国气派成为马克思主义中国化的重要成果。

假如没有积淀深厚、根繁叶茂的传统文化，我们就很难在世界文化的碰

[1] 康卉．文化自信维度下大学生思想政治教育实践思考 [J]. 淮南职业技术学院学报 ,2021,21(6):30–31+42.

[2] 崔小云．文化自信融入思想政治教育的践行路径探析 [J]. 长春师范大学学报 ,2019,38(5):7–9.

撞中立于不败之地。坚定马克思主义中国化的自信，并不等于否定马克思主义作为真理的普遍性。马克思主义的伟大之处在于它可以和任何国情的实际相结合。当马克思主义这种解放民生的纯粹理想被移植到中国的土壤，如果不经过二次拆解、学习和改造，只顾着想当然死抠字眼或照搬教条，那么必然会以失败而告终。[1]马克思主义中国化的现实意义不言而喻。社会主义国家仍然面临西方敌对势力的围攻，如何在“总体和平、局部斗争”的国际局势下，充分注重马克思主义哲学的应用，考验着我们是否还在新时期和新环境下坚定文化自信的立场。

马克思主义中国化是现代化进程极其宝贵的思想资源，既要完成中华传统文化向现代化的转型，又要对西方文明的理论进行批判性吸收。中国特色社会主义道路需要在马克思主义、中华文化和西方文化三者之间寻找一个最合适的平衡点。只有将优秀传统文化与马克思主义思想融会贯通，才能使中华民族永续国力的强大和人民的幸福，中国共产党人对马克思主义由陌生到熟悉，不仅切实地指导着中国革命和建设，而且不断探索马克思主义具体的实践形式。马克思主义理论层面、实践层面和文化层面是一个层层递进的关系。宏观建构和微观建构在马克思主义中国化的道路上兼而有之。马克思主义中国化从最根本上改变了中华民族整体的生产状貌与生存方式，对背后文化图景的表达、阐述和解读远比思想理论和实践探索所辐射的影响更有研究价值。

（二）给予现代指导

1.国家治理

文化自信依靠的是民族自觉、自察和自悟的意识。实现中华民族伟大复兴的中国梦是文化自信的内在逻辑和外在要求。文化自信在引领社会主义现代化建设和社会主义文化建设领域具有较强的现实指导意义。国家治理不可忽视重大的历史经验和教训。从古代社会治理中汲取必要的养料，是当今增强文化自信的一个科学途径。历史就像一面折射社会文化的多棱镜，后人既可观览“盛世之气象万千”，又可叹惋“末世之哀怨凄惶”。古代治世涌现出异彩纷呈的思想流派，儒家主张以“德治”和“仁政”赢得民心和地位，

[1] 王阳．文化自信视域下新时代大学生思想政治教育研究 [D].哈尔滨：哈尔滨工程大学，2020.

法家主张以“德刑并用，德主刑辅”获取一席之地，墨家主张以“兼爱”和“非攻”在乱世剑走偏锋。各家各派在底层设计和主张实践上虽存在诸多历史局限性，但都能最大限度维护和巩固国家政局的稳定，为中华民族的发展和前进奠定理论基石。

中国共产党从不倡导所谓的“历史虚无主义”和“文化虚无主义”，有必要对历史经验和教训进行创造性转化并为现代化建设所用。当今的国家战略思想和战略布局多脱胎于中国传统优秀的治国理念，习近平总书记提出的“创新、协调、绿色、开放、共享”五大发展理念，正是继承和发展中国传统优秀治国理念的成果。我国政治体制改革亟须从古代社会治理经验的反思中得出具体方案，继而更好地完善现代国家治理体系，以当今社会现实为立足点和出发点，进一步提升现代化治理的能力和水平。

由此可见，文化自信是政治自信的基石。缺少了文化自信，所谓的国家治理也定会成为一座“空中楼阁”。不了解过去，就无从把握现在和将来。如果国家治理与社会历史在衔接上出现了裂痕或断层，那么也就难以得到广大人民群众的尊重、支持和信任。自古以来，主流文化和政治所传达的价值观无不息息相通，现代化国家治理的高效率离不开对优秀传统文化的借鉴。传统儒学向现代儒学的递进、转型和升级，极大拓宽了现代化国家治理的思路和空间。

牟宗三和张君劢这两位现代新儒家的代表皆强调民主政治，却彻底否决了儒家的“外王”学说。儒学并未切实融合于20世纪前期的现代中国治理，这种“貌合神离”的现象直到20世纪90年代才开始在社会和人民的呼吁下得到扭转。国家治理开始逐步重视优秀传统文化对现代社会产生的影响和作用。学术界刮起了一股以蒋庆、陈明、干春松、姚中秋等为代表的新儒风。[1]新儒学建议将传统君子风尚与当下民主政治所提倡的公民美德相糅合，以有助于改善现代政府的治理方式，有助于树立宪法至高无上的权威，有助于弘扬中华文明所敬仰的道义。

[1] 柴艳萍．新时代中华优秀传统文化融入大学生思想政治教育路径：评《传统文化视域下大学生文化自信探究》[J]．科技管理研究，2021,41(23):239.

2.精神境界

中国精神是实现中华民族伟大复兴的强大内核。社会主义现代化建设还需依靠广大人民群众发挥积极性和主动性。习近平总书记由此强调培育和践行社会主义核心价值观这一“最大公约数”。[1]文化自信根本上是价值观自信的问题。任何民族和国家价值观的形成并不是一蹴而就的，都应遵循历史发展规律所运行的一切偶发性和必然性。这些史据与民族文化传统的源流是紧密结合在一起的。中国特色社会主义文化必将承载古代优秀的价值观，为社会主义现代化建设提供更丰富的史料资源作参鉴。中国精神，即仁爱、民本、诚信、正义、和合、大同等价值精髓的集合与延伸，是社会主义核心价值观践行的思想支柱，起到统一社会共识、引领价值追求的作用。

我们可以从三个维度来解释中国精神：第一个是社会发展的维度；第二个是人发展的维度；第三个是文化发展的维度。社会主义核心价值观受到人民群众的普遍认可与拥护。然而，受市场经济浪潮冲击的影响，人民群众的精神文化需求仍然是一块短板。因此，促进人的发展是文化建设的重中之重，用共同的梦想和信念武装人民的头脑，把个体命运同国家、民族命运紧密相连。建立并守护好来之不易的精神家园和心灵家园，比以往任何时候都要来得紧急和迫切，使人人敢于谈论梦想，希求梦想成真，抓住每一个可以和时代共同进步的机遇，而提升精神境界是坚定文化自信和实现执政蓝图上最关键的一环。

2014年5月4日，习近平总书记在同北京大学师生座谈时指出：“人类社会发展的历史表明，对一个民族、一个国家来说，最持久、最深层的力量是全社会共同认可的核心价值观，核心价值观承载着一个民族、一个国家的精神追求，体现着一个社会评判是非曲直的价值标准。”[2]以表彰道德楷模的方式向全社会传播真善美和正能量，符合社会主义核心价值观的标准和要求，理当被视为提升人民精神境界的一个重要渠道。

2014年10月15日，习近平总书记在文艺工作座谈会上指出，必须把创作

[1] 高竞男 . 文化自信融入大学生思想政治教育路径探析 [J]. 吉林化工学院学报 ,2018,35(12):45-47.
[2] 引自中央政府门户网站内《习近平在北京大学师生座谈会上的讲话》一文。

生产优秀产品作为文艺工作的中心环节，努力创作生产更多传播当代中国价值观念，体现中华文化精神，反映中国人审美追求，思想性、艺术性、观赏性有机统一的优秀作品。[1]这不仅体现了社会主义核心价值观的要求，更反映了时代和人民的需要。

（三）打造文化吸引力

1.放眼全球视角

文化自信还在中外双向交流中显得至关重要。相比于直接有效、成果可见的经济交流，文化交流似乎成了一门与显学相反的隐学。其实，一个缺少文化自信的民族或国家，很难在对外交流中获得赞赏、尊重与平等相待。英国的哲学家罗素敏锐捕捉到西方国家在整个现代化发展过程中的问题和矛盾所在，将中华文化摆在和西方文化平起平坐的位置上，甚至开始了解中华文化有别于西方文化所拥有的绝对优势：儒家的民本思想和西方国家的霸权思想形成鲜明对比；中国奉行统一的多民族理论和西方国家以偏概全搞分裂的理论形成鲜明对比；中国采纳绿色经济的发展模式和西方国家滥用资源、破坏环境的发展模式形成鲜明对比。

为了促进历史悠久的中华文化走向全球，拓宽中华文化对外输出的传播渠道，使中华文化在新时代背景下拥有更多的国际受众，我们通过举办各种文化节、文化年等活动，让外国人有机会接触到原汁原味的中华文化，甚至是喜欢上中华文化，爱上中华文化。[2]文化交流的内容丰富多样，代表中国国粹的中国京剧、中国书法、中国医学和中国武术，一时间风靡世界。中国的图书出版业也获得了难能可贵的发展机遇，不少译介作品畅销国外市场。随着我国与周边国家贸易往来的增加，中华文化正在日益扩大它的影响范围，中华文化的核心竞争力在全球化视野下得到显著提升。

中华文化之所以在世界舞台上崭露头角，正是因为它始终保持“和合”的文化本色，给很容易引发矛盾、冲突和战争的国际关系吹来了一股久违的清新之风。中国人骨子里自然生发的浩然之气形成了中华文化几千年来的底

[1] 引自新华网《习近平：坚持以人民为中心的创作导向　创作更多无愧于时代的优秀作品》一文。

[2] 徐阳，高雅静，鲍慧玮．文化自信下的高校思想政治辅导员之责 [J]．教育教学论坛，2018(47):27-28.

色。虽然历史上曾一度出现过“西学东渐”的现象，但是中华文化的长远发展并未受西方文明的强烈冲击。换句话说，西方文明取代或吞并中华民族的狼子野心始终没能得逞。中华文化所代表的东方哲学意蕴深厚，讲究和平、发展与繁荣。[1]这三个基本要素正是当代国际关系这个“火药桶”长期所缺乏的。国家无论大小、贫富、强弱，要想实现和平、发展与繁荣，就要走放下成见、摆脱偏执、共同商议的新路。中华文化在某种程度上给那些看似无解的国际难题提供了新思维、新理念、新方案。

2.开启文明对话

中国秉持与西方国家不同的世界秩序观，为解释国际现实失序现象提供了不可多得的理论模型。19世纪的德国哲学家雅斯贝斯曾预见到人类历史将进入一个新轴心时代：人类拒绝使用任何暴力的手段，各个国家和民族在和平友好的氛围中增进对彼此的了解并达成跨文化的共识。[2]这种跨文化共识的背后反映出文明互鉴的一系列规则，其核心是懂得用一种赏识品评的眼光看待异质文化的价值所在。[3]中华文明天然拥有自我创造和更新的能力，也敢于敞开怀抱接纳来自不同文明的四海宾朋。雅斯贝斯所描述的新轴心时代图景和中华文化在外交上所倡导的理念有着惊人的相似之处。

中华文明作为发起文明对话的主体，本质上已克服了文化霸权主义和文化相对主义这两种极端化的倾向。中华文明的存在一改西方文明霸权的话语及思维模式，以减少他国认知上的疑虑和阻碍为目标，向世界表明一种承认世界文明多样性的自信观。我国致力于在全球范围内传播中华文化，将有益于推进整个世界历史朝着新轴心时代迈进并贡献出宝贵的文化价值和精神价值。中国向世界树立了一个文明对话的典范和标杆，早已跳出发生在其他西方国家身上的“修昔底德陷阱”，避免在“大国政治悲剧”的问题上重蹈历史覆辙，赋予中华文化的全球化传播以道德崛起的战略意义。

中国以特有的东方文化为世界文明的多样性做出巨大贡献，在尊重西方

[1] 娄嘉琪．文化自信融入高校思想政治教育路径研究[J].赤峰学院学报(汉文哲学社会科学版),2021,42(11):88-90.

[2] 刘洋．当代中西文化交流中的意识形态问题[M].北京：社会科学文献出版社，2014.

[3] 翟楠．文化自信融入大学生思想政治教育研究[D].太原：山西师范大学,2019.

国家意识形态和制度文化的同时，也以自尊自爱、自立自强的姿态屹立于世界民族之林。不管西方国家实际承认与否，中华文明已步入世界人民的视野之中，几乎达到与西方文明双峰并峙的局面，然而，文明的对话总是不可避免地伴随来自西方国家的“心理排挤”。这种形势给东西方文明交流的共融共通制造了不小的障碍，但并未使中华文明前行的脚步在现实困境和责难中有半点退缩。中华文化所包含的对人、社会、国家之间关系某些超前性的理解和洞见，也遭致不少西方政客的嫉妒、敌意和攻击。尽管如此，中华文明作为世界文明的一分子，仍然积极为推进民主、公平和正义的国际新秩序而努力奋斗。

三、文化自信的基础性地位

（一）文化自信的核心功能

习近平总书记在理论自信、道路自信、制度自信的基础上又增加了一个文化自信。这四个自信构成相辅相成、不可分割的整体，文化自信被视为最根本的要素，为其他三个自信的形成奠定基础。文化自信来源于五千多年文明史的传承与积淀。自人类社会诞生以来，文化作为一个独立的功能系统，与政治、经济等子系统共同参与并履行维持整个社会正常运转的责任和义务。文化是某个文明价值观的抽象体现，成员之间拥有相同或相近的社会意识，在一定的价值体系和规范框架下进行活动。如果缺少文化这一灵魂，政治的“骨骼”和经济的“血肉”也就不复存在。

社会主义国家的成熟发展与价值构建、信仰追求、理想树立、目标达成有着必然的联系。国家所尊崇的价值体系及所期望的目标达成，将直接决定今后发展道路和制度框架的选择。中国特色社会主义发展道路和制度框架是中国特色社会主义文化价值和理想目标的外化。因此，只有坚定文化自信，才能坚定理论自信、道路自信和制度自信。[1]为了中国特色社会主义共同理想的最终实现，我们必须始终维护好文化自信这个不变的立场。中国特色社会主义文化是一种无形的力量，激励着全国上下在不同的发展时期选择相应

[1] 黄宝玉.思想政治教育提升大学生文化自信的路径研究[J].开封文化艺术职业学院学报,2021,41(11):71–73.

的价值理想和奋斗目标。

中国特色社会主义文化的兴盛与否关系到中华民族未来发展的前景。中国特色社会主义文化指导我们如何分阶段推进社会主义现代化进程；中国特色社会主义文化指导我们如何把阶段化的探索和实践升华成理论总结；中国特色社会主义文化指导我们如何用科学客观的眼光看待中国特色社会主义制度体系。习近平总书记在党的十九大报告中做出这样的论断："文化是一个国家、一个民族的灵魂。文化兴国运兴，文化强民族强。没有高度的文化自信，没有文化的繁荣兴盛，就没有中华民族伟大复兴。"[1]

（二）文化的核心价值

中华文化早在先秦时代就显现出朴实刚健、与众不同的面貌与特质。这种文化基因嵌入古往今来国家发展的脉搏，盘亘在中华民族经久不衰、代代相传的集体印象之中。中华民族即使面临民族危难、风雨飘摇，也依然能够化险为夷、力挽狂澜，其背后所依靠的正是中华文化这一棵深受滋养、枝繁叶茂的大树。历史证明了一个绝不可篡改的事实：中华文化并未淹没在战火和岁月的烟尘里，而是不断汲取异质文明的各种养分，敢于自我审视、自我检讨、自我完善和自我发展。中华文化与生俱来的包容性特质完全有别于西方基督教主义的排外特质，在国际关系政策上更倾向于采取平等对话、搁置争议的方式进行交流。

由中华文化提炼而出的系列核心价值，彰显古圣先贤非同一般的历史智慧，成为中国特色社会主义的思想源泉。中国特色社会主义在继承思想遗产的基础上继续开拓创新，正如习近平总书记在党的十八大报告中正式提出的，要"倡导富强、民主、文明、和谐，倡导自由、平等、公正、法治，倡导爱国、敬业、诚信、友善，积极培育和践行社会主义核心价值观"，对国家、社会和个人三者之间荣辱与共的关系做出了高度概括。践行社会主义核心价值观不能不遵守社会主义文化建设的客观规律，我们不但要肯定一切有益于人类的文明成果，更要懂得在社会主义实践中立意高远，自觉自愿地使文化建设紧随时代发展和现实发展的需要。

[1] 引自中国共产党第十九次全国代表大会报告。

中华文化历来讲究在物质生活丰沛的基础上追求更为高尚的精神生活，没有任何人可以完全脱离社会、民族和国家而独立生存和发展。中国共产党继续发扬“为人民服务”的奉献精神，领导广大人民在经济全球化的大背景下为实现中华民族伟大复兴而奋发图强。法治精神和契约精神无一不是各得其所的表现，皆扎根于“以和为贵”的理念与思想。这种具有建设性和创造性的思想和理念有益于解决当今国际社会发生的各种冲突和威胁。

中华文化主要围绕处理孝与忠、智与勇、诚信与奉法、廉耻与明理、勤俭与戒奢之间的关系来构建完整的价值体系。所谓的“忠孝”可引申为当下人民对国家持有法律责任和伦理情感；所谓的“智勇”可引申为当下人民践行社会主义核心价值观应有的决心、意志和行动力；所谓的“诚信奉法”可引申为当下人民遵守社会主义法治和道德；所谓的“廉耻明理”可引申为当下人民坚定维护风清气朗的社会生活环境；所谓的“勤俭戒奢”可引申为当下人民响应国家号召遵守勤俭节约的美德。社会主义核心价值观进一步对传统文化加以利用和改造，剔除那些与时代主题和民本思想不相符的糟粕。

第二节　大学生思想政治教育概论

一、思想政治教育的概念

（一）思想政治教育的内化

思想政治教育的内化指的是受教育者在教育者的引导培养下或在其他社会因素共同作用的影响下，接受社会所要求的政治伦理、思想价值、道德准则，并最终自觉转化为个体意识，也是个体不但真正接纳和尊重社会提出的思想政治和道德规范，而且自愿将这些社会要求纳入自身价值标准和职业规范中去。思想政治教育的对象和目的统一于概念的内涵，由思想政治教育的本质决定。

大学生作为祖国未来的栋梁之材，有必要在迈向社会岗位之前接受系统化的思想政治教育。在大学中开设思想政治课程，符合我国培养社会主义德智体美劳全面发展人才的总体要求。而且大学生政治素养和道德水平的高低，也会成为未来人力资源部门对人才筛选和评判的考量之一。思想政治教育的内化作用使大学生能够及时呼应国家、社会和人民的感召，在每个平凡的岗位上努力做出不平凡的业绩，用自己最优秀的业绩回报祖国和人民的培养。[1]思想政治教育的内化同时也有益于大学生用批判性的眼光看待周围的事物。

事实上，思想政治教育原本是一个漫长而艰辛的历程。思想政治教育本身应贯穿文化课和技能课的始终，融入大学生学校生活、家庭生活与社会生活的方方面面。我们务必树立终身接受思想政治教育的理念，而不是满足于在某个特殊的人生阶段进行思想政治教育。大学生还未正式踏入社会接受生活的磨砺，用思想政治常识武装自己头脑的同时，也会面对来自社会各方面种种不良舆论和不实信息的干扰，大学生因受各种复杂因素的影响而可能出

[1] 孙超，张娜．大学生思想政治教育中文化自信培育分析：评《中华优秀传统文化与新时代高校青年学生文化自信》[J]. 科技管理研究，2021,41(22):255.

现不同程度的思想道德滑坡甚至是倒退的现象。由此可见，思想政治教育的内化更是对人情、人心和人性的三重考验。

人民教育家陶行知先生曾说：“没有生活做中心的教育是死教育，没有生活做中心的学校是死学校，没有生活做中心的书本是死书本。”所以，思想政治教育要避免成为没有生机和活力的“一潭死水”，思想政治教育工作者要善于把思想政治教育的课堂搬进每一个可能激扬教育水花的日常生活场景，从而培养大学生拥有良好的生活习惯和品行修为。[1]思想政治教育只有一而再再而三地贴近大学生生活的实际，才能从真正意义上内化大学生丰富而敏感的心灵。这种内化自然而然、沁人心脾，鲜有呆板和教条的痕迹，能发挥出思想政治教育对大学生灵魂塑造的强大功能。

（二）思想政治教育的外化

思想政治教育的内化和外化是既对立又统一的辩证关系。内化是实现外化最基本的前提条件，外化则是内化需要达到的目的和境界。内化对应的是受教育者的认知，外化对应的是受教育者的实践。实践离不开认知的指导，认知离不开实践的检验，认知和实践相互联系、相互依存、相互转化。在实践前、实践中和实践后，思想政治教育的认识、情感、信念和意志无不支配和引导着受教育者的一言一行、一举一动。思想政治教育处在一个循环往复的过程之中，此次思想政治教育内化的终点又是彼次思想政治教育外化的起点。

思想政治教育的外化最重要的是充分调动受教育者的主观能动性，提高大学生认识世界和改造世界的能力。大学生有且只有通过认识世界和改造世界的方式来增强自身的心智。大学生在认识世界和改造世界的过程中，尤其是在形式多样的活动和广泛的社会实践之中，深切体验到爱国主义和集体主义在新时期、新环境下的主导意义。所以，仅凭教育和环境的力量还远不足以使受教育者完成思想政治教育从内化到外化的质的转变与飞跃，内因才是促进思想政治教育实现外化的一味催化剂。思想政治教育的外化不能空谈理

[1] 许畅，欧阳婧，肖迎．大学生思想政治教育文化属性视角下文化自信的诠释与构建 [J]. 公关世界，2021(20):117–118.

论，而要积极唤醒大学生敏锐丰富的内在情绪。思想政治教育的外化工作要尽力避免短期的形式主义和功利主义，防止出现“三分钟热度”或冷热不均的现象。

思想政治教育的外化体现在受教育者的“知行合一”，最终目的是要解决受教育者主体性的问题。但实现思想政治教育的外化不能仅仅依靠思想政治教育工作者单方面的推动。课内教学、团学活动、环境建设、心理素质拓展训练、网络互助平台和社会实践是高校开展思想政治教育的基本路径，而受教育者自觉接受并践行思想政治教育对个体提出的各项要求才是关键。因此，思想政治教育工作者采取何种激励的方法和手段将影响思想政治教育外化的成败。激励的方法和手段成为促进思想政治教育工作者和受教育者产生互动的一个媒介。内在激励和外在激励在思想政治教育外化的过程中共同作用于受教育者。内在激励侧重于全面调动受教育者全部的主观能动性，外在激励则侧重于以荣誉称号或职务升迁等形式给予受教育者认可与褒扬。思想政治教育工作者可以针对不同天资禀赋的受教育者，灵活运用这两种不同风格和类型的激励方式。

二、大学生思想政治教育的内容

（一）理想信念的教育

世界观、人生观、价值观是灵魂。对当代大学生进行世界观、人生观和价值观的教育，一定要围绕树立理想信念这个最大的核心。坚持以马克思列宁主义、毛泽东思想、邓小平理论、“三个代表”重要思想、科学发展观、习近平新时代中国特色社会主义思想为指导。用党的基本理论、基本路线、基本方略和基本经验武装当代大学生的头脑，使他们深刻了解中国革命、建设和改革开放道路上的种种艰难和曲折。在梳理基本国情和形势分析的基础上，促进当代大学生学会运用科学发展观的知识，以宽阔的眼界和格局看待走中国特色社会主义道路的社会发展规律，坚定不移维护中华民族伟大复兴的共同理想与信念。

当代大学生正处于风华正茂的年龄，拥有丰富的感情和充沛的情绪，思想政治教育可端正他们的“三观”，即世界观、人生观和价值观。当代大学生在未来人生历程中拥有什么样的理想信念，将直接关系到中华民族今后的前途命运，拥有正确的理想信念是当代大学生成为中国特色社会主义事业接班人的人格支撑。[1]当代大学生应把个体的“小我”和国家的“大我”紧密相连，聆听时代的脉搏和最强音，发扬积极乐观、勇于吃苦的精神，到祖国和人民最需要的地方去，用所学的知识和技能贡献自己的一份力量。中国的改革开放发展到今天，取得了相当优异的成绩，受到人民大力的支持和肯定，但也面临着诸多困境。改革开放亟待更多年轻有为的当代大学生积极参与进来，投身到更宽广的社会主义事业当中去，展现活泼健康、阳光自信的精神风貌。

为实现社会主义现代化建设的现实目标，为实现提高大学生综合能力和素质的具体目标，当代大学生应树立利用专业知识和技能贡献社会的主人翁意识，利用马克思主义哲学观和价值观为自己的人生指明前进的方向。由于受到扭曲“三观”的影响和干扰，部分大学生出现了过分崇拜金钱、权位和名利的现象，甚至不惜以荒废学业为代价去追逐社会上所谓的“商业利益”。[2]还有部分大学生对人生理想的追求缺少足够的内驱力，或对网红、明星等表现出超乎寻常的迷恋，或沉溺于网络游戏等不良嗜好中不能自拔。高校在培养大学生形成正确“三观”的过程中必然会遭遇诸多困扰和障碍，注重校园文化建设乃是纠正大学生错误价值取向的一个重要突破口，教导大学生提高思想觉悟的水平和自我约束的能力。

课堂讲课、专家讲座等传统教育方式已不能满足帮助大学生树立正确“三观”的现实需要。高校精心有序地组织各类社会实践活动可以提升大学生对树立正确“三观”的决心和信心。除此之外，学生管理工作要主动把符合教育目标的校园文化纳入日常工作体系中来，这是培养学生树立正确“三观”最为重要的一个渠道。高校也要顺应学生、家长与社会的要求，积极打造一个受欢迎和值得信赖的服务型院校。同时，良好的社会环境、家庭氛围和网络空间也是致力于培养学生树立正确“三观”不可缺失的“主战场”。

[1] 赵越．文化自信融入思想政治教育的研究 [J]. 太原城市职业技术学院学报 ,2018(10):83–84.

[2] 张姝美．思想政治教育视域下大学生文化自信研究 [D]. 大连：辽宁师范大学 ,2019.

（二）民族精神的教育

爱国主义是核心。有国才有家，这是一个永恒的真理。然而，随着全球化浪潮的掀起，国家概念和主权意识却为部分青年人所淡漠、所忽视、所瓦解，如果我们透过表面现象看本质，就会发现原来是“伪爱国主义”思想在他们的头脑中作祟。向往融入“地球村”并获得“世界公民”的身份，则是容易滋生“伪爱国主义”的土壤和温床。在频繁的文化接触和交流过程中，部分青年在全球一体化进程快速推进的形势下不自觉地产生了心理错觉和心理失衡，导致对祖国的热忱和服务意识大大削弱，甚至对社会主义制度的优越性持怀疑态度。这种与主流价值观相悖的思想倾向有所抬头，大学生思想政治教育也遭遇到前所未有的挑战。

高校思想政治教育既要对错误的社会思潮保持高度警惕，又要把爱国主义教育严格落实到校园文化生活和各项社会实践当中去。巩固和增强当代大学生的国家安全意识、国家主权意识、传统文化意识和社会主义信念，提倡爱国主义教育是铸就民族精神的重要一环。历史教训时刻在提醒我们，任何一个不崇尚英雄、不爱护英雄的民族和国家终将走向没落甚至灭亡。在部分青年身上出现的思想和认知的某些严重偏差，格外考验思想政治教育的决心、耐心和信心。培养当代大学生爱国主义情怀并不是一蹴而就的，思想政治教育在教学担当方面任重而道远。

2018年9月10日，习近平总书记在全国教育大会上强调：“要在厚植爱国主义情怀上下功夫，让爱国主义精神在学生心中牢牢扎根。”[1]培养大学生爱国主义情怀可以从如下四个方面着手：第一，促使爱国主义和学科教育相结合，促使爱国主义和主题实践活动相结合，促使爱国主义和专业教学相结合；第二，借助融媒体技术向大学生传播爱国主义价值观和正能量；第三，全方位统筹爱国主义教育基地、爱国主义教育素材等实体资源；第四，扩大爱国主义宣讲活动、爱国主义实践活动、爱国主义志愿活动、爱国主义调研活动所涉及的范围及覆盖面。大学生爱国主义教育是一个庞大的系统化工程，高校思想政治教育工作者应当在日常的教学过程中不断地总结经验和

[1] 引自中央人民政府网《习近平出席全国教育大会并发表重要讲话》一文。

教训，使爱国主义教育频出新招、蹚出新路。

（三）公民道德的教育

道德规范是基础。对世界任何一个国家和民族来说，实施公民道德教育都尤为重要。1968年国际教育大会第64号建议书《作为学校课程和生活之组成部分的国际理解教育》中关于“公民和道德教育”的部分指出：“在道德和宗教教育方面，国际理解教育的教学应该直截了当，清晰明确，并强调人类团结的道德基础。其目的在于培养一种对他人的道德情感和社会责任感，一种为共同利益而行动的愿望及致力和平的决心。科学和哲学的教学应该有相同的目标。”[1]市场经济的冲击给现代中国的公民道德教育带来不小的威胁，如何使当代大学生具有一个合格公民应有的道德伦理与行为规范，是思想政治教育需要强化探索的一个命题。

中共中央、国务院于2019年10月印发实施《新时代公民道德建设实施纲要》（以下简称《纲要》），提出了“积极倡导富强民主文明和谐、自由平等公正法治、爱国敬业诚信友善”，也是赋予当代大学生的一份殷切期望。公民道德教育作为精神文明建设和道德建设的重中之重，理应在当代大学生思想政治教育课堂中被发扬光大。[2]《纲要》对公民所提出的要求，全面覆盖了私人领域、公共领域和国家领域的一切活动，鼓励人人都能够遵守社会公德、家庭美德和职业道德。而在当代大学生群体中出现过的道德失范问题，给当今思想政治教育也敲响了一记警钟。当今思想政治教育课堂更应抓牢、抓实当代大学生在各方面的道德担当教育，道德健全是在社会上做好一个公民的需要，是在岗位上做好一个建设者的需要，是在家庭中做好一个成员的需要。

大学生公民道德缺失的现状集中反映在“责任感和正义感的弱化”“公共责任意识消退”“法制观念淡薄”三个方面。[3]其背后的原因一般归咎于社会多元化趋势给大学生公民道德教育造成巨大冲击；家庭教育跟不上子女

[1] 喻莉姣．思想政治理论课培育大学生文化自信路径研究 [J]. 湖北文理学院学报 ,2021,42(10):49−54.
[2] 任颖．大学生思想政治教育接受环节研究 [D]. 大理：大理大学 ,2022.
[3] 刘丽 , 于海琳 , 邢烨．文化自信视角下的思想政治教学改革探讨 [J]. 中学政治教学参考 ,2021(36):105.

人生成长与社会发展的需要，忽略道德启示和情感修养；高校公民道德教育缺少完善的教育模式。高校可以通过以下四条途径培养大学生公民道德意识：第一，进一步优化市场经济主导下的社会环境；第二，改革和创新公民道德教育内容和形式；第三，整合优秀的师资力量打通公民道德教育教学壁垒；第四，高校要抓紧建立健全公民道德教育奖惩机制。

（四）素质教育

全面发展是素质教育的目标。思想政治教育必须支持和加强当代大学生的全面发展。素质教育势在必行，其既是基础，又是目标。培育当代大学生优良的道德品质离不开人文素养和科学素养的熏陶。人文素养与科学素养相辅相成、相互渗透。如果只论人文素养而不论科学素养或只论科学素养而不论人文素养，思想政治教育的最终结果一定会引人误入歧途。前者完全不考虑现代科技发展所需要的一切物质手段和工具，后者完全不考虑现代人格发展所需要的一切精神养料和补充。前者将陷入社会虚无主义的误区，而后者将陷入道德虚无主义的误区。我国的思想政治教育应当极力避免这两种极端的思维方式。

社会主义荣辱观教育、生态道德观教育、网络伦理观教育、生命观教育已被纳入素质教育的范畴，这反映出新形势下人民对道德层面提出了更高要求。社会主义荣辱观教育旨在引导当代大学生提升自身的精神境界并保持与社会文明发展同步。生态道德观教育旨在引导当代大学生具备生态审美意识、环境保护意识和创造意识，尊重生命的多元化存在，尊重生态系统发生和形成的过程。网络伦理观教育旨在引导当代大学生学会用科学辩证的眼光来对待和处理网络上的一切活动，坚决抵制各种不良舆论的蛊惑和诱骗，坚决消除种种不健康的网络行为。网络伦理观教育涉及网络空间心理学、互联网安全、网络骚扰、网络礼仪、计算机伦理、知识产权和个人隐私保护等范畴，但相关的法律法规尚不健全。网络自带的虚拟特性导致某些言论和谣传不受现实法律法规的约束和制裁。将网络伦理观教育引入大学素质教育的课堂，有利于培养青年一代树立正确的网络价值观，防止或减少网络伦理道德失范行为的发生。大学生群体已成为网络应用的主力军，如何为“绿色净网”活动增添一份力量，是高校思想政治教育工作者亟待思索的一个问题。[1]生命观教育旨在引导当代大学生在正确认识生命价值的基础上珍爱自己与他人的生命。生命观教育在素质教育的实施过程中最容易被忽略。由于面临来自学业和就业的双重压力，部分大学生的内心世界往往不堪重负。当遭遇一些重大不幸或者人生打击，他们常常会流露出萎靡不振、伤心失望的情绪，甚至不惜放弃自己年轻而宝贵的生命。部分大学生群体对生命呈现出冷淡和漠视的态度反映出高校生命观教育的缺失。这种缺失给个体、家庭、社会和国家带来了有形和无形的危害。一个主动放弃自己生命的学子，又如何担负得起家庭的责任？又如何做社会的栋梁之材？又如何全力报效祖国？生命观教育侧重增强大学生心理的承受力，让大学生学会爱惜自己独一无二的生命，维护他人生命的一切尊严。

素质教育以全面发展为要求并不等同于强制性均衡发展。高校要竭力争取到有利于培养学术兴趣和社会技能的学术资源或课程，使大学生真正感受到素质教育在校园中的普及和推广。[2]在素质教育课程的具体设置上，高校不妨通过集思广益的方式，多听听教师和学生的想法和建议。素质教育不是一蹴而就的工程，而是要分层次、讲阶段、谈重点。大学生素质教育又不同于初高中生或小学生的教育，课程设置的级别上理应满足大学生个人发展、职业发展和社会发展的需要。

三、大学生思想政治教育的方法

（一）说服是一种艺术

面对当代大学生层出不穷的思想问题和认知问题，思想政治教育教学理应掌握“说服的艺术”。用民主的方法替代单向的“灌输”；用摆事实、讲道理的方法替代武断的说教，在教育的过程中讲原则、讲技巧，最重要的是如何让学生懂得自觉、自查和自省，如此才能达到思想政治教育的最终目的。[3]当代大学生由于出身环境不同，家庭素养不同，思维水平不同，人格

[1] 王越．文化自信视域下大学生思想政治教育的提升途径探索 [J]. 时代报告 ,2019(8):22–23.

[2] 杨建义，大学生思想政治教育路径研究 [M]. 北京：社会科学文献出版社，2009.

[3] 张晓艳．当代大学生思想政治教育中文化自信培育路径探求 [J]. 中共银川市委党校学报 ,2018,20(5):84–86.

特质不同，现实生活中表现出的思想状况也不同。教师的说服工作要以对学生的观察和耐心为前提和基础，需针对学生的特点因材施教，帮助学生充分了解思想问题和认知问题的重要性，尤其要对觉悟上严重落后的学生给予更多的人文关怀。

思维较为积极活跃，接受新鲜事物的能力强，但总体上人生阅历不足，对周遭事物的评判容易以偏概全，这是当代大学生普遍呈现的特点。因此，思想政治教育要抓住当代大学生成长的契机，在表彰他们所取得的进步和成绩的同时，更要发现他们自身存在的各种不足，并作为完善人格和发展道德的一个突破口，给他们在今后弥补缺陷、突破自我、破茧成蝶的道路上点亮一盏灯。一堂成功的思想政治教育课，是教师人格魅力和语言感染力共同吹响的协奏曲，像精心浇灌树木那样关注当代大学生精神上的成长，做到寓情于理、寓理于情。

说服艺术传递的是语言教育的魅力和功效。恰当的语言交流可以增进教育的吸引力和亲和力，为师生营造一种人格和心理上对等的探讨氛围。因此，话语的精确性、科学性、逻辑性、思想性和艺术性尤为重要。大学生素质、道德水平参差不齐，因此，思想政治教育工作者务必根据不同的说服对象及时调整自身的语言结构和语体特征，在说服的过程中用心观察说服对象种种微妙的情绪和感受，在建立同理心的基础上考虑说服对象引发错误行为背后的事实动机与需求。思想政治教育说服工作的最终目的是使受教育者“心服口服”。如果受教育者出现“口服心不服”或“心服口不服”的情形，那么就说明教育者运用语言摆事实讲道理时产生了某种偏差。

高校思想政治教育细致化的说服工作需要避免以下几个常见的误区：第一，片面的权威性说服教育；第二，单向的说教性说服教育；第三，狭隘的正面性说服教育；第四，静态的孤立性说服教育；第五，浅近的功利性说服教育。虽然大学生的年龄特点、认知、情感和个性的发展总体上趋向于成熟，但仍然存在相对不成熟的一面，高校思想政治教育工作者要把握好说服方式的选择，尽量减少受教育者不自觉产生抵触、厌恶和逆反的心理。不合适的说服方式极有可能会激怒受教育者，给师生关系造成相当不利的影响，而合适的说服方式则像师生关系的润滑剂，促使受教育者在短时间内放下心理戒备，以足够真诚和坦率的姿态接纳教育内容。

依据场合设定的说服内容同样体现出教师应当具备诚信、权威与亲和力。不同的说服内容将在不同的受教育者身上转化成不同的说服效果。思想政治教育的说服性期待双向沟通，促使受教育者能够敞开心扉直面错误的思想与言行，在不知不觉间改变自己的态度和观念。思想政治教育说服工作情与理的结合有三种方式可以落实：第一种，通过教育者的口头语言进行不同形式的传达；第二种，通过教育者的自发行动进行不同程度的感化；第三种，通过教育者的调查取证进行不同层次的说理。

（二）展现矛盾多方面

思想政治教育要直抵矛盾的本源和人性的深处。照本宣科式的讲读已不能再唤起学生对思想政治教育的兴趣。学会认清事物的本质是思想政治教育重要的任务之一，用真善美或假丑恶的鲜活事例提升学生的思考力和辨别力。这种展现矛盾多方面的方法可以拓宽学生看待社会的视野，促使他们对教育内容从感性认识上升到理性认识。[1]比如，教师通过对比价值观的优劣、文化观的优劣、社会观的优劣、制度优劣、道路优劣，使学生强烈感受到社会主义国家制度的优越性。

由于思维和判断的局限性，学生作为一个独立的个体，在纷繁复杂的社会生活中，容易受到不正之风或消极因素的影响，在特殊成长期一不小心就会陷入迷茫之中。思想政治教育必须从课堂延伸到课外，从集体延伸到个体，思想政治教育工作者要耐心倾听“问题学生”的心声，乐于为“问题学生”排忧解难，善于给“问题学生”指引前进方向，注重利用丰富的人生阅历和经验，向“问题学生”传达更多分辨是非的信息，使他们争取早日转变思想风向，改善精神风貌。[2]

思想政治教育只有尊重存在于学生之间的个体差异，才能真正避免因

[1] 李兰晶，秦洁．大学生文化自信融入思政教育体系策略的探究[J]．高校后勤研究，2021(9):64−66.
[2] 王晓娟，任凤琴．思想政治教育视角下大学生文化自信提升[J]．山东行政学院学报，2018(5):119−124.

“一个标准”“一个模式”带来的弊端。教师在运用对比事例进行教育感化时，要多了解学生实际的理解水平和接受水平，切忌为图省事或达到短平快的效果而去搞所谓揠苗助长式的“一刀切”。[1]

学生之间的思想帮扶能够成为教师正面影响的有益补充，通过树立年级榜样或班级榜样来激励“问题学生”重归人生的正轨，这是思想政治教育在参与校园文明、文化新风尚方面的一个典型做法。只有抓住矛盾主要方面和主要特征的典型性对比，才能让“问题学生”认识到自身的症结所在，强烈体会到自己在思想道德的知、情、意上与同龄人之间的差距。

[1] 徐雯婷，郑敬斌．文化自信培育融入高校思想政治教育的三重逻辑探微 [J]. 大庆师范学院学报 ,2021,41(5):113-119.

第三节　理论基础

一、马克思主义关于人的全面发展理论

（一）全面发展学说的理论内涵

马克思主义关于人的全面发展理论注重探讨人的发展与社会发展的协调性和一致性。旧社会片面的劳动分工抑制了人才的积极性、主动性和创造性，大工业机器生产客观上为人的全面发展奠定了较为发达的物质基础。因此，把教育同生产劳动相结合是实现人全面发展的根本途径。人的全面发展理论的内涵体现在如下三个方面：第一，全面解放社会生产力，使个人各方面的能力适应整个社会生产系统的实际需要；第二，全面发挥个人的聪明才智，使个人有权培养自我拥有各行各业所需的一切技能；第三，全面促进个人的自由发展，使个人的劳力、体力和智力得到无条件的发展。

在马克思主义全面发展学说的指引下，我国思想政治教育主要突出对当代大学生德育、智育、体育、美育、劳育这五个发展方面的培育。其中，五育关系以德育作为优先发展的内容和目标。德育的概念本身有狭义、广义之分。狭义的德育专指道德教育，而广义的德育除了道德教育之外，还囊括思想教育、政治教育、法治教育、生命教育、人格教育、心理教育等。[1]智育专指向学生传授系统的科学文化知识和技能；体育专指向学生传授身体运动与保健的知识；美育专指培养学生的审美能力和正确的审美观点；劳育专指向学生传授基本的生产技术知识和技能。

（二）五育关系全面发展的重要性

德育的根本使命在于培养当代大学生成为合格甚至优秀的社会主义公民，自觉遵守社会生活规范，在了解社会生活意义的基础上形成积极健康的人生态度和价值取向，能够在社会转型和行业竞争中拥有自我学习、提升和创造的能力，愿意将国家和人民的利益置于任何个人利益之上，维护社会繁

[1] 艾丛潞．马克思人的全面发展理论视域下素质教育的本质回归 [J]. 教育与教学研究 ,2022,36(5):13−24.

荣稳定所需要的公序良俗并养成维护社会公德、文明礼貌的行为习惯。

智育的根本使命在于培养当代大学生成为合格甚至优秀的社会主义建设者，以人文素养和科技素养武装自己的头脑并投入社会主义各行各业的建设当中去，在自己所从事和为之终身奋斗的岗位上贡献出全部热忱与聪明才智。

体育的根本使命在于提升当代大学生的身体素质，打造当代大学生强健的体魄。当代大学生作为社会主义各行各业的生力军，拥有健康的身心才能在岗位上创造更多的业绩和价值。当代大学生身体素质的高低直接关系到未来劳动力市场的健康程度。

美育的根本使命在于培养当代大学生具有发现美、感受美、欣赏美和创造美的能力。当代大学生在校园里为丰富多彩的社会生活做好各种志趣才情上的储备。文体才艺活动的锻炼是当代大学生发现美、感受美、欣赏美和创造美的源泉。

劳育的根本使命在于培养当代大学生掌握一定的生产技术知识和生产技能，熟悉现代社会的生产系统和生产流程，具有较强的社会责任意识和岗位创新意识。

二、习近平关于社会主义文化建设的论述

（一）物质文明和精神文明并举

随着中国特色社会主义的发展和完善，在物质文明丰富多元、日益发达的形势之下，对精神文明的塑造提出了更高的标准和要求。物质文明为精神文明提供了必要的基础和前提条件，精神文明为物质文明提供思想动力和价值支持。在实现中国梦的道路上，华夏儿女打造社会主义文化强国的愿望变得越来越强烈。[1]中华民族拥有五千年悠久的历史和灿烂的文明，没有文化的继承与弘扬，就没有文化的传播与繁荣。因此，无论从理论意义还是现实意义上说，打造社会主义文化强国是实现中国梦的根本途径。

中华民族的先人们心怀对理想大同世界的向往，高度崇尚衣食无忧的物

[1] 李劲，梁鹏．习近平关于文化建设重要论述的四维审思 [J]. 特区实践与理论，2022(4):25-31.

质生活和功德圆满的道德境界。这种精神文化传统深深流淌于中华民族的血脉之中。把精神文明纳入人生理想和社会价值的谱系或版图之中，符合中国特色社会主义文化继往开来的特性。[1]当中国的经济、社会改革进入深水区，现代文明更应攀上时代高峰并焕发出持久的生命力和创造力。唯有做到让物质文明和精神文明这两辆马车并驾齐驱，才能使中国社会呈现健康与活力。

打造社会主义文化强国是一个重新唤起精神文明力量的过程，意识形态领域的管理工作可谓任重而道远。在社会主义文化的宣传中要始终坚持把党性和人民性摆在首位。在培育和践行社会主义核心价值观的同时，应在学术领域重视人文社科方面理论人才梯队的建设，并在其他非学术领域广泛推动文化产业和文艺事业的繁荣向上。

（二）中国故事和文化软实力

阐释中国梦的使命之一是对外宣讲好每个中国故事的来龙去脉。从哲学到历史，从历史到文化，从文化到社会，从历史层面到个人层面，从个人层面到全球层面，中国故事所涉及的方面和层次包罗万象。讲好中国故事是提升民族文化软实力不可或缺的重要途径。给人印象鲜明、生动活泼的中国故事，总体上承载了中国人民和中华民族的精神架构和价值认同，充满着对和平发展与现代化国家生活的美好祈愿。中国梦离不开每一个中国人的奋斗与拼搏，饱含中华儿女心系祖国又争做民族脊梁的丰富意蕴。

中国特色社会主义道路进入了一个新的发展阶段。2021年12月14日，习近平在中国文联十一大、中国作协十大开幕式上发表讲话并强调：“广大文艺工作者要立足中国大地，讲好中国故事，以更为深邃的视野，更为博大的胸怀，更为自信的态度，择取更能代表中国变革和中国精神的题材，进行艺术表现，塑造更多为世界所认知的中华文化形象，努力展示一个生动立体的中国，为推动构建人类命运共同体谱写新篇章。”[2]文化创造和艺术活动因互联网和人工智能的兴起展现出多元化的趋势，但技术上的更新升级并不

[1] 张翠吉．习近平关于革命文化重要论述的科学内涵及意义探析[J].中共云南省委党校学报,2022,23(2):1–10.

[2] 引自国务院公报习近平《在中国文联十一大、中国作协十大开幕式上的讲话》的内容。

能替代文艺工作者坚实扎根于生活。广大文艺工作者只有深入人民群众当中去，和人民群众同呼吸、共命运，才能创作出反映时代精神和母题的精品，这也是文艺创作必须始终遵守的客观规律。

通过这些反映时代精神和母题的精品，一个个原汁原味的中国故事，借助各式各样的媒体传播渠道，向世界展示中国人的品格、中国人的力量、中国人的智慧和中国人的心态。[1]我们要及时抓住现代文明的发展机遇并学会和世界分享中国的发展理念和经验，让更多的国家和人民了解中华五千年文明史的故事，了解中国共产党百年光辉历程的故事，了解中国特色社会主义伟大实践的故事。与中华形象有关的一切文化符号、品位追求、价值观念和思想意识，都可以成为广大文艺工作者写作抒怀的内容和目标。提升中华文化软实力不仅依靠广大文艺工作者的胸襟与觉悟，更要依靠广大人民群众的支持与担当。

三、思想政治教育主客体理论

（一）思想政治教育的主客体关系

教师既是思想政治教育的发起者，也是思想政治教育的实施者。然而，对思想政治教育的研究却一度陷入顾此失彼的泥潭，即把受教育的学生群体当成主体而非客体看待。这种谬误从根本上误解或扭曲了马克思主义经典作家的论述。实际上，马克思主义谈论过把人之外的东西当成客体的情形，也谈论过把人自身当成客体的情形。历史上，马克思说出了一句流传甚广的话："理论一经掌握群众，也会变成物质力量。"[2]这句话的关键性在于，不是群众掌握理论，而是理论掌握群众。[3]由此可见，高校思想政治教育的目的就是要让理论掌握学生。

发挥学生主体作用与承认学生客体事实之间并不相互排斥。习近平总书记要求坚持教师的主导性和学生的主体性相统一，而不是教师的主体性和学生的

[1] 郑志康．习近平关于文化建设重要论述的质性定位[J].中国石油大学学报（社会科学版）,2022,38(1):115-121.

[2] 马克思恩格斯选集（第一卷）[M].北京：人民出版社，1995:9.

[3] 任静，雷志佳，夏小华．话题、问题和破题：思想政治教育客体的主体性刍议[J].宿州学院学报,2022,37(7):14-18.

主体性相统一。[1]高校思想政治教育有关主体间的关系仅限于学校与教师或者教师与教师。在思想政治教育教师与其他专业课教师之间有可能会产生思想上的矛盾与冲突，比如思想政治教育教师传授马克思主义政治经济学原理，而西方政治经济学专业教师却拒不接受马克思主义政治经济学原理。思想政治教育理论的传播明显受到来自专业课教学的消极影响，学生自然无法达成思想政治教育的学习效果。只有对专业课教学落实思想政治教育审查责任制，才能有效保证专业课教学与思想政治教育产生相辅相成的作用。

（二）思想政治教育的主客体作用

1.思想政治教育的主体作用

思想政治教育的主体将作用于思想政治教育的客体。而思想政治教育最大的不幸就是它在受教育的客体中不具备理论意义上及实践意义上的威信，并未按照教育实施者的意图和愿望促使客体在教育框架内得到应有的成长。思想政治教育但凡获得客体的尊敬和拥护，主体与客体务必身处同一阶级，并且前者有能力采取一切可以维护这个阶级存在的举措，最终成为鞭策后者前行的领头羊。

列宁曾经在《致卡普里学校学员们》的信中指出："在任何学校里，最重要的是课程的思想政治方向。这个方向由什么来决定呢？完全而且只能由教学人员来决定。同志们，你们非常明白，任何'监督'、任何'领导'、任何'教学大纲'、'章程'等等，这一切对教学人员来说都是空谈。任何监督、任何教学大纲等等，绝对不能改变由教学人员决定的课程的方向。……我再说一遍：学校的真正的性质和方向并不由地方组织的良好愿望决定，不由学生'委员会'的决议决定，也不由'教学大纲'等等决定，而是由教学人员决定的。如果教学人员一直是完全由新的派别组织那个圈子中的人物来决定，那么，要否认学校的派性就简直是可笑的。"

列宁在这封信中一语道出思想政治教育的本质和思想政治教育的主体作用。教师在发挥主体作用时扮演着不可替代的角色，只有在全面吸收、理

[1] 周文静，胡树祥．网络思想政治教育主客体研究的回溯与展望：基于 CiteSpace 的可视化分析 [J]. 学校党建与思想教育，2022(7):76-82.

解、认同教学大纲与教材的基础上，才能坚定拥戴党派、国家或社会团体对思想政治教育的各项规章制度。所以，价值观混乱的教师队伍势必严重干扰中央所实施并推出的马克思主义理论研究和建设工程教材的教学。因此，习近平总书记要求各地党委书记和有关部门党组书记对高校教师思想政治教育工作真抓实干，打造一支教学质量过硬并坚决履行党所规定的思想政治教育方针的教师队伍。高校教师肩负思想政治教育的重大责任，和受教育的学生们一样具备客体性，必须在一切思想政治教育活动中，严格遵照党的教育方针，并接受人民的检查监督。

2.思想政治教育的客体作用

思想政治教育的客体并非总是处于被动接受的状态，可以照样发挥其主体性的作用。中国共产党历史上曾有过让客体发挥主体作用的经典案例，即解放战争时期开展的以诉苦和“三查”为主要内容的有领导有秩序的大规模民主整军运动。这一经典案例与列宁所提出的“依靠群众，通过先进分子教育他们”的理念不谋而合。现如今，高校思想政治教育不能脱离学生党团员及入党积极分子发挥主体作用，正是这些学生党团员及入党积极分子引导班级其他学生保持一种积极的、正确的思想意识，这为客体作用的发挥奠定了良好的基础。

习近平总书记对思想政治教育发挥学生的主体作用提出了新的要求：“要坚持灌输性和启发性相统一，注重启发性教育，引导学生发现问题、分析问题、思考问题，在不断启发中让学生水到渠成得出结论。”[1]启发性教育不仅强调系统的理论学习，而且注重学生个体在社会实践活动中的心得体验。这些心得体验又会反过来成为衡量和判断现行理论正确与否的一根标尺。学生发挥主体作用还体现在积极参与并接受思想政治教育的常态化熏陶，敢于抵制一切不良的思想政治教育倾向或意识。这也相应要求对学生干部和党员的选拔一定要不失公正和公平的原则，使真正具有影响力、号召力和执行力的先进分子脱颖而出，而不是依靠所谓热衷于“拉票选举”的关系

[1]《学习文选》：坚持“八个相统一”推动思政课改革创新 [EB/OL].(2019-04-12)[2023-08-24]. http://theory.people.com.cn/n1/2019/0412/c164319-31027105.html.

户。[1]当学生所发挥的主体作用得到巩固之后，高校思想政治教育才算真正进入了一个良性循环。

四、思想政治教育内容理论

根据《中华人民共和国教育法》的规定，思想政治教育内容应涵盖爱国主义教育、集体主义教育、中国特色社会主义教育、理想教育、道德教育、纪律与法治教育、国防教育、民族团结教育。这八项教育内容从宏观层面为当代大学生的世界观、人生观和价值观树立了内容规范。

对当代大学生进行爱国主义教育是高校确保党的事业后继有人不可推卸的政治责任和义务。广大大学生被视为祖国的未来和民族的希望，更是实现中华民族伟大复兴的一股先锋力量，理应不负祖国、时代和人民的重托。加强爱国主义教育有助于引燃当代大学生的爱国主义情怀并使之自觉投身于中国特色社会主义事业建设的伟大实践中。

对当代大学生进行集体主义教育是正确处理个人利益与集体利益、个人利益与国家利益之间关系的思想基础。习近平总书记曾指出："要加强爱国主义、集体主义、社会主义教育，引导我国人民树立和坚持正确的历史观、民族观、国家观、文化观，增强做中国人的骨气和底气。"[2]所以，集体主义教育有助于当代大学生形成一个为共同目标而奋斗的集合体，有志为人民群众创造更丰富的物质与精神财富。

对当代大学生进行中国特色社会主义教育是把涉及国家、社会、公民的价值要求融为一体。大学生的价值观的总体趋势是健康、积极和向善的，然而，仍有部分大学生在多元思想文化的冲击下开始崇尚个人主义、拜金主义和享乐主义，并在一定程度上愈演愈烈。高校强化中国特色社会主义教育有助于避免和遏制不正之风在校园蔓延，帮助当代大学生提高解决实际问题的能力，使他们能够利用自己的一双"火眼金睛"对是非善恶做出正确的鉴别和选择。

[1] 张晨睿．论思想政治教育客体 [J]. 西安建筑科技大学学报 (社会科学版),2021,40(6):16–22.

[2] 习近平：决胜全面建成小康社会 夺取新时代中国特色社会主义伟大胜利：在中国共产党第十九次全国代表大会上的报告 [EB/OL].(2017–10–27)[2023–08–24].https://www.gov.cn/zhuanti/2017–10/27/content_5234876.htm.

对当代大学生进行理想教育是为了培养青年一代对国家和社会的责任感和使命感。习近平总书记在2018年全国教育大会上提出了“六个下功夫”的殷切期望，即“在坚定理想信念上下功夫”“在厚植爱国主义情怀上下功夫”“在加强品德修养上下功夫”“在增长知识见识上下功夫”“在培养奋斗精神上下功夫”“在增强综合素质上下功夫”。习近平总书记的重要讲话表明了受教育者有无理想信念的问题直接关系民族和国家的前途命运。

对当代大学生进行道德教育是一个树立德育基本目标和价值定位的过程。针对青年当中出现的某些道德意识薄弱的现状，高校加强道德教育有助于当代大学生克服不良价值取向对自身的不利影响，在纷繁复杂的社会生活环境下形成一套自我约束的心理机制。

对当代大学生进行纪律与法治教育是创建和谐平安校园的一个思想保障。法治观念必须普及校园的每个角落，使当代大学生明白安全防范和懂法维权的重要性，并努力成为为构建和谐平安校园贡献力量的积极分子。

对当代大学生进行国防教育是增强民族凝聚力和提高全民素质的一个重要途径。培养社会主义“四有新人”离不开国防教育课程的宣讲和普及。国防教育作为一项具有特殊意义的实践活动，将直接影响当代大学生的理想信念和意志品德，同时也为国防和军队建设输送大批高质量军事人才。维护国家主权的统一和领土的完整，是包括当代大学生在内的全体中国公民不可推卸的责任。

对当代大学生进行民族团结教育是中华民族伟大复兴历史进程对民族团结的一种需要。中华民族早就在时代的大融合大发展中自然形成了肝胆相照、荣辱与共的共同体意识。习近平总书记要求高校积极引导各民族师生树立好、落实好这种共同体理念，坚定不移地走中国特色社会主义道路。

第四节　理论借鉴

一、马斯洛需求层次理论

（一）人类价值体系

美国社会心理学家亚伯拉罕·马斯洛发现人类所追求的价值体系存在两种截然不同的心理需要，即生理需要和高级需要。[1]生理需要的本能或冲动将随着人类的成长、成熟而不断呈现下降的趋势，高级需要的潜能则随着人类的成长、成熟而不断呈现上升的趋势。[2]亚伯拉罕·马斯洛把由低到高的需求层次分别定义为生理需要、安全需要、社交需要、尊重需要、自我实现需要。

亚伯拉罕·马斯洛的需求层次一定程度上揭示了人类行为和心理发展的客观规律，对思想政治教育有效调动当代大学生的积极思考和身体力行具有很大的启发作用。按照亚伯拉罕·马斯洛所划分的需求层次，树立正确的世界观、人生观和价值观归属于安全需要的重要部分，并和社交需要、尊重需要和自我实现需要的各个内容相交叠。思想政治教育的最终目的和使命就是引导当代大学生树立正确的世界观、人生观和价值观。

借鉴亚伯拉罕·马斯洛的需求层次理论，高校思想政治教育工作应当在了解学生需要层次的基础上给予学生不同的激励方式。即使身处同一年级或同一班级，学生们的实际发展需要也是千差万别的。这种差异性和不确定性使高校思想政治教育工作者不能用千篇一律的眼光看待学生在校园的学习和成长。因此，高校思想政治教育工作者应灵活采取多种形式进行校园调研，对学生的实际发展需要进行不同规模的摸底排查。

（二）环境创造体验

围绕马斯洛最高需求层次（即自我实现需要）所设计的试验表明，自我

[1] 马晓玲．高校思想政治教育涵养大学生文化自信的路径探究 [J]. 才智，2018(26):100.

[2] 王春晖．文化自信视域下高职思想政治教育话语体系创新思考 [J]. 太原城市职业技术学院学报，2021(8):172−174.

实现会发生在一个充满创造性的过程中，使人的整个身心达到一种和谐完满、幸福美妙的巅峰状态。高校的思想政治教育要尽可能为世界观、人生观和价值观正在形成中的大学生提供更多体验世界真善美的平台和机会，这一举措将有助于大学生对树立正确的世界观、人生观和价值观怀抱足够的信心。所以，高校的思想政治教育工作者应积极开拓有利于教学的各类渠道，及时清除学生在校园学习和生活中所遇到的思想障碍。

优良的校园环境、校园文化及校园风尚对大学生人格的塑造功不可没。而优良的校园环境、校园文化与校园风尚的背后则是思想政治教育的有力支撑。思想政治教育促使学生在争取学业精进的同时不放松对理想信念和道德境界的追求。事实证明，环境创造体验之后又会深刻转化为学生的内在品质，一次次肯定并强化正确的世界观、人生观和价值观，一次次排斥并弱化错误的世界观、人生观和价值观。思想政治教育工作者应当创造性地整合校园环境中一切有利于思想政治教育工作开展的资源和条件。

通过借鉴亚伯拉罕·马斯洛实现最高需求层次的方法论，思想政治教育工作者不妨在如何拓宽学生学习思路和空间上下功夫。邀请校外专业人士参与校内思想政治教育的各个环节，可以使学生更全面地了解思想政治教育的内涵和要求。推行思想政治教育须依靠大小环境的相互配合，高校思想政治教育工作者有责任和义务促使学生在以思想政治教育为主题的校内外活动中认识自我、改造自我及升华自我。

二、塞利格曼的积极心理学理论

（一）积极心理学的辩证性

马丁·塞利格曼是美国的一位心理学家，在积极心理学领域颇有建树。1967年，他在一项实验中发现狗在电击环境下产生了习得性无助的情绪。这一异常现象引起了他的强烈关注。这种习得性无助又在不同动物和人的身上反复出现。马丁·塞利格曼由此归因为对事物不可控性的认知正占据着动物和人的头脑。他发展出的积极心理学具有辩证性的意义。

积极心理学理论认为，消极状态下的人只把事物的良性发展归结为外部因素的主导，几乎很少看到内部因素的积极作用和影响。[1]而积极状态下的人却恰恰相反，认定自我具备主宰事物发展倾向的能力，将发生的不良结果归咎于外部因素。积极心理学理论旨在通过改变个体的思维方式和行为习惯来修复或重建价值观。

马丁·塞利格曼坚信，推广积极心理学可以让更多饱受焦虑抑郁的人群受益，使其从容自如地走出消极心理的阴影。以辩证的眼光看待客观事物的变化，是积极心理学理论的精髓所在。这种辩证性意义同样可以延伸到思想政治教育中。思想政治教育特有的辩证法思维模式纵贯古今，力图使学生的觉悟实现从量变到质变的跳跃。

思想政治教育引导学生将辩证法的观点运用于社会生活的实践，用积极的心态看待人生不同阶段所遭遇的困难和挫折，看待社会不同阶段所面临的问题和挑战。对人生、社会和国家单一、片面的看法极有可能会引发当代大学生悲观厌世的心理倾向。思想政治教育工作者应当重视对当代大学生心理上的疏导，不可一味求全责备，而是须从源头上防范类似消极情绪的滋长和扩张。[2]积极心态可以陶冶情操、打磨品性、锻造意志，激励当代大学生为今后事业的摸爬滚打做足知识和技能储备，提高他们在社会上的心理承受力、耐挫力和抗打击力。

（二）积极心理学的改造性

积极心理学理论认为，人不是在被动适应环境，而是主动适应并创造一切条件改善或改造环境。纵观我国的革命史、建设史和改革史，无一不由勤劳朴素、挥洒汗水的人民写就。在那个充满剥削和压迫的旧社会，曾麻木不仁的百姓一朝醒悟过来，纷纷把革命斗争的矛头指向骑在他们头上耀武扬威的压迫者。在中国共产党的领导和指挥下，人民为了自己的幸福生活毅然决然踏上反封建反殖民的革命道路。当中华人民共和国成立后，人民再度用双手创造物质财富和精神财富的奇迹，从此一改昔日一穷二白的国家风貌。进入改革开放的时代，我国的发展依然离不开人民的智慧与贡献，从而彻底摆

[1] 兰虹.高校思想政治教育对文化自信的建设功能及对策 [J].金融理论与教学,2021(4):105-107+113.
[2] 叶小晨.以文化自信融入大学生思想政治教育研究 [J].大众文艺,2021(15):159-160.

脱对计划经济的“心理依赖”。

当代大学生作为我国思想政治教育的接受者，也应主动适应并创造一切条件改善或改造环境。中国东部城市与西部城市、南部城市与北部城市、沿海地区和内陆地区之间的经济发展仍不平衡，当代大学生中的有志青年应响应祖国和时代的号召，到环境最艰苦、人民最需要的地方去奉献自己的聪明才智。当代大学生只有积极地适应社会发展，才能在与时俱进中保持自身的核心竞争力。我国教科文卫等各项事业还亟待人才队伍的补充，这些关系民生的领域还存在很多理论或技术上的落后与空白。拥有人文素养和科技素养的当代大学生，将成为未来推动教科文卫等各项事业发展的生力军。

第三章 文化自信与大学生思想政治教育之间的关系

“文化自信”是国家、民族和人民坚守的有自己本国特色的价值观。在五千年的发展和演变过程中，中华文明为推动社会主义改革、实现民族复兴奠定了坚实的根基。党的十八大以后，我国在国际、国内都曾反复提及“文化自信”这一重要思想，充分体现了“文化自信”对当前我国经济发展和国家振兴的重要作用。大学生是我国发展社会主义事业的基石，高校思想政治工作是培养高校学生理想信念和价值观的重要阵地。把“文化自信”引入大学的思想政治教育中，具有举足轻重的地位。党的十九大报告提出，要增强民族自信心，促进社会和文化的发展。“文化自信”是一种对自身文化价值观的高度认可，能够增强对一国文化软实力的信心。青年大学生是我国的精神支柱，是我国的希望与未来。高校学生在思想政治教育过程中，怎样培养和提升自己的文化自信，将直接关系到我国当前社会主义文化发展水平，这是目前大学生思想政治教育的一项重要工作。

文化自信是一个国家兴衰、文化安全、民族独立的重要课题。在国家发展进程中，文化的地位日益凸显。习近平总书记在庆祝中国共产党成立95周年大会上以“四个自信”为主题，并将“文化自信”作为一项具有重要意义的主题。我国在世界上日益显示出其影响力。[1]增强文化自信心可以实现民族团结，汇聚中国梦的向心力。

随着全球经济一体化和信息化进程的加快，社会各界对大学生思想政治教育给予了重视。高校大学生思想政治教育既是全面素质教育的一项重要内容，也是发展素质教育的根本保障。高校学生思想政治教育工作是一项有目的、有计划、有组织的综合性教学工作。在高校思想政治教育中，要增强大学生对中国特色社会主义道路的自信心，提升高校学生的思想道德水平，这

[1] 杨晓红．文化自信视域下红色文化运用于高校思想政治教育探析 [J]. 佳木斯职业学院学报 ,2021,37(8):10-11.

有利于培育新时代所需的高质量的人才，实现民族复兴的宏伟目标。[1]大学生代表着祖国未来发展的希望，他们在国家的奋斗征程中起着举足轻重的作用。如今，随着全球科技进步和信息网络的发展，各种文化相继涌现、碰撞和交流，大学生难免会出现对本国文化缺乏自信和盲目崇拜、效仿外来文化的现象。高校作为提升大学生思想政治素质的主阵地，迫切需要将文化自信融入其中，探寻其与大学生思想政治教育的契合点，并找到科学合理的方法和途径，使大学生自觉地担负起中华民族伟大复兴的历史重任，为社会主义事业建设培养出德智并重的优秀人才。

第一节　文化自信与大学生思想政治教育的紧密联系

习近平总书记曾经说过：“高校哲学社会科学有重要的育人功能，要面向全体学生，帮助学生形成正确的世界观、人生观、价值观，提高道德修养和精神境界，养成科学思维习惯，促进身心和人格健康发展。”[2]大学思想政治教育在培养学生价值观的过程中起着举足轻重的作用，它必须面向所有的学生，通过对大学生的世界观、人生观、价值观的塑造和养成，促进大学生的身心健康和人格的发展。这说明了思想政治教育对大学生的思想与意识产生了深远的作用，是大学阶段需要学习的重要课程与内容。对大学生成才来说，思想政治教育就像是一盏明灯，起到了关键的作用。提升大学生的人文素质，开展思想政治教育工作，也是增强文化自信的重要渠道。文化强则国家强，因此要将文化自信融入思想政治教育工作之中，与当代社会发展相适应，促进大学生文化自信的形成。大学生思想政治教育与文化自信具有紧密的联系，二者相辅相成，共同影响大学生的思想意识与行为举止。

一、文化自信是大学生思想政治教育的重要内容

“文化自信”是我国近些年来的一个重大课题，党的十八大之后，习近

[1] 费白露，倪松根，王琴．文化自信视域下中华优秀传统文化与高校思想政治教育融合研究 [J]. 洛阳师范学院学报，2021,40(7):68–72.

[2] 习近平在哲学社会科学工作座谈会上的讲话：高校哲学社会科学工作应坚持育人为本 [N]. 中国教育报，2017–05–17.

平总书记就“文化自信”作了一系列重大阐述。“四个自信”中的文化自信，突出了我们的文化根基、文化本质和文化理念。“四个自信”是对“三个自信”的一种创新与扩展。加强“四个自信”是当前高校思想政治教育工作的根本任务，也是高校思想政治教育工作的一个关键环节。大学生是一个最有朝气的社会群体，在我国社会主义现代化建设中，应发挥大学生的多种能力，为祖国的繁荣发展贡献自己的力量，增强大学生文化自信是高校思想政治教育工作的关键。在当今多元文化语境中，高校思想政治教育必须肩负起培养大学生文化自信的重任。

（一）文化自信是马克思主义中国化的最新内容

马克思主义中国化是马克思主义理论在中国不断实践和发展中形成的，是富有生命力的。党的十八大以来，习近平总书记在结合国内外具体情况，从新的历史角度，对“文化自信”进行了论述。习近平总书记说，我们的哲学社会科学始终遵循着马克思主义，这是我们发展过程中所遵循的必然规律。如果不能坚定地按照马克思主义的指引走下去，就会失去灵魂和方向，使其失去应有的功能。“夫道，不欲杂，杂则多，多则扰，扰则忧，忧而不救”，即中国社会主义先进文化在马克思主义的指引下，使“文化自信”的理论有了科学的基础，并有了科学的认识；这是马克思主义中国化的一个重要组成部分。“文化自信”本质上是一种信念与认同感。[1]高校学生思想政治教育要坚持马克思主义不动摇，立足我国基本国情，学习与创新马克思主义中国化的内容。这有利于增强我国大学生的文化自信，夯实社会主义文化建设的基础。

文化自信作为一种意识形态的概念，与高校学生思想政治教育在某种程度上存在高度的相似性，因此，对二者的相似性进行研究，将有助于我们更好地探索其在高校思想政治教育中的渗透。习近平总书记于2016年5月17日在哲学社会科学工作座谈会上说：“观察当代中国哲学社会科学，需要有一个宽广的视角，需要放到世界和我国发展大历史中去看。人类社会每一次重大跃进，人类文明每一次重大发展，都离不开哲学社会科学的知识变革和思

[1] 高洋．思想政治教育视域下大学生文化自信培育研究 [D]. 太原：山西财经大学，2019.

想先导。”[1]

可以看出，马克思主义中国化是在不断发展的。在当前世界文化交流交融的新局面下，推进马克思主义中国化必须坚定文化自信，要做到以下四个方面：一是立足中国基本国情，立足实际，不能走封闭死板的老路，不能改头换面；我们要关注和解决人民遇到的问题。二是与时俱进，对时势有敏锐的洞察力。马克思主义中国化并非一成不变的，它在不停地进步和发展。在历史发展、时代变化的过程中，必须有新的观念和新的立场。三是深入人民，马克思主义中国化作为一种学说，必须为人民所熟悉、所了解，方能扎根于人民群众中，才能得到广泛传播。马克思主义中国化越为广大人民接受，它的活力就会越强大。四是不断创新，在实践中不断探索，丰富马克思主义中国化的内涵，实践没有止境，创新没有止境。中华优秀传统文化为“立德树人”奠定了坚实的文化基石。“自强不息”“刚健奋进”，开拓创新；坚持生命的“厚德载物”和“推己及人”；孔子“五常”思想中的道德思想；“兼容并蓄”的发展思想；“经世致用”等人文思想，都是中华优秀文化的精华，对当代青年的言行产生了一种无形的冲击。这些几千年来流传下来的思想观念，是我们能够学习和利用的一种重要的意识形态。传承和发扬优良的传统文化，是高校加强育人职能、营造良好学术气氛、提升教学品质的重要途径；加强内涵的构建是不可避免的。

（二）文化自信是“五位一体”新布局的重要环节

胡锦涛在中国共产党第十八次全国代表大会上提出了“五位一体”（即全面推进经济建设、政治建设、文化建设、社会建设和生态文明建设）的新布局，“五位一体”的布局是一个有机的整体。其中，经济建设是根本，社会建设是前提，生态文明建设是基础，政治建设是保障，文化建设是灵魂。由此可以看出文化建设在“五位一体”中的重要地位，文化建设的成功与否在很大程度上取决于国民对本国文化的自信程度，即文化自信，因此，文化自信是“五位一体”新布局的重要一环。

在现代社会，随着人们物质生活水平的提高，对精神的追求有时候更甚

[1] 习近平. 在哲学社会科学工作座谈会上的讲话 [N]. 人民日报，2016-05-19（2）.

于物质追求，相应地，文化消费的增长速度也有较大提升。文化已经成为经济快速发展的源泉和动力，文化产业的兴起也为经济提供了新的增长点。政治文化作为一种社会意识形态，影响着人们的政治价值取向。政治文化中的政治情感性成分可以使人们在日常生活实践中达到政治认同，从而促进社会的稳定发展。在中华传统文化中，人与自然的和谐相处作为一种观念，不仅为实现生态文明提供了精神支撑，也为促进生态文明建设打下了坚实的基础。[1]

“五位一体”总体布局是以经济为根本、以政治为保障、以文化为灵魂的一个有机整体，一定要积极推进经济、政治、社会、文化和生态的共同发展，这样就能形成一个良性的发展模式。一个民族的影响力，最终取决于它的活力和凝聚力。“文化自信”是社会整体的一种理念，是社会运行、发展趋势、前进的一股无形的动力，是四大信心之源。“五位一体”规划的一个主要内容就是文化自信，而“四个自信”中最基本、最广泛、最深刻的也是文化自信，其与“五位一体”的空间格局紧密相连。[2]在我国，文化是社会发展的中心和源头，也是中国人的政治信念和价值观念的根源。大学生的文化自信关系到国家的未来和希望，我们不仅要使他们认识到增强文化自信的重要性，更要将文化自信与思想政治教育教学相融合，充分发挥文化自信在高校思想政治教育中的功能与价值。在把握习近平新中国特色社会主义思想的基础上，认真地领会文化自信的具体内容，在积极引导下，培育文化自信，提升国家自信。

（三）文化自信是实现伟大中国梦的重要组成部分

习近平总书记于2012年11月29日在参观《复兴之路》展览时首次对中国梦的基本内涵进行了阐述。[3]中国梦是一种伟大的理想，它需要强大的精神和文化的激励。中国梦不仅是一个国家的物质财富，更是一个国家文化繁荣富强的梦想。中华民族的伟大复兴，本质上就是中华文化的复兴。实现中国梦，就要具备较强的民族实力和民族文化创造力。“文化强国”是指国家、

[1] 金亚哲．文化自信融入思想政治教育的路径探析 [J]. 辽宁高职学报 ,2021,23(7):14–17.

[2] 曾捷．文化自信融入大学生思想政治教育的实践路径研究 [D]. 重庆：重庆师范大学 ,2019.

[3] 马俊锋．文化自信视域下高校思想政治教育路径探析 [J]. 黑河学刊 ,2018(5):116–118.

民族在面临时代变迁的过程中，具有积极的思想和信念，能够以一种积极的态度来审视自己。这是一个民族旺盛生命力、凝聚力、创造力的集中表现，是中国人民的理想与精神。中国理想是以“四个自信”为基础的，以中国社会主义法治为基础的，凝聚了全国各民族“四个自信”而成。文化自信是建设社会主义文化强国的根本力量。当今世界处在一个不断发展、不断变革、不断融合的时期，在综合国力的竞争中，文化的地位和作用尤为突出。在新形势下，培育高度的文化自信不仅是推进文化繁荣的必经之路，也是保持道路正确性的必然要求。文化不是一成不变的，需要不断发展才能保有旺盛的生命力，如果故步自封只会导致停滞不前。

文化自信是实现国家富强、民族复兴、人民幸福的重要保障。中国梦不仅是中国人的梦想，它与世界各国人民的美好愿景也是紧密相关的。中国梦象征着和平、自由，这是人类追求的终极目标。中华文化具有独特的魅力，改革开放以来，不少海外学子前来学习，近几年更是兴起了一系列与中华文化相关的电视节目，吸引了全世界学者的目光。我们要以高度的文化自信让中国文化走出国门，与世界共享我国优秀文化，加强同世界文化的交流与沟通，形成良性互动，让世界各国人民一起走向和平、自由的新世界。

文化自信的实现是以文化为客体内容，主体（个人、社会、国家）通过一定的载体对文化进行认知、选择、信任及肯定的过程，也就是文化自信主体和客体交互发展的过程。大学生思想政治教育就是教育者个人或群体通过一定的方式、手段或载体，使大学生的思想品德、价值观念、道德规范等内容达到社会要求的过程，也是教育者和大学生主客体互动参与的过程。由此可以看到，文化自信的实现同大学生思想政治教育之间有一定的共通性。首先是教育主体的共通性。大学生思想政治教育的主体是教育者个人或社会团体，大学生在某种意义上既是教育客体也是教育主体，只有大学生发挥主观能动性积极接受教育，才能充分发挥思想政治教育的功能与价值。因此大学生作为主体，能够能动地对文化进行认知、认同和践行。其次是教育介体的共通性。教育介体就是实现大学生文化自信和思想政治教育过程的内容及方法。将教育者和大学生连接起来就必须借助教育内容这个纽带。文化自信中的传统文化、革命文化、社会主义先进文化都可以作为高校对大学生进行思想政治教育的内容，在对大学生进行思想品质塑造的过程中，也能增强大学生自身的文化自信。最后是教育结果的共通性。文化自信和大学生思想政治教育的结果都旨在使个人、社会乃至国家有一套完整准确的政治观、道德观和价值观。由此可见，文化自信和大学生思想政治教育的过程在一定条件下可以合二为一，互为一体。

中华民族目前的最大梦想就是实现民族复兴，而这需要先进行伟大斗争、建设伟大工程、推进伟大事业才能实现，这就需要以中华优秀传统文化作为支撑。中国梦是物质文明与精神文明和谐发展的必然产物，中国梦的最终目标是物质文明与精神文明的均衡发展。中国梦离不开文化的传承与发展。可以说，中国梦的先决条件是优秀传统文化的繁荣与发展，而中华民族复兴则需要文化自信，做到文化自信才能提升我国的文化软实力，才能为实现中华民族复兴提供助力。

中华优秀传统文化是国家的灵魂，中国梦的内在动力在于，它使一个国家、民族和政党在这个不断变革和进步的历史时期，始终坚持自己的定位，并坚定自己的文化价值观。年轻人是国家的希望与未来，是中国梦的一支新生力量。大学生要以中华优秀传统文化为根基，不断增强自己的文化自信。中国梦既是马克思主义中国化的产物，又是大学生思想政治教育的重要课程之一。[1]高校在加强对中华优秀传统文化的继承与发展的同时，要注重对中华优秀传统文化的研究，增强民族文化软实力，提升中华民族的国际影响力。

（四）文化自信是大学生思想政治教育的重要内容

高校思想政治教育工作要坚持“以生为本”的基本原则，以学生为中心，不断提升大学生的道德品质与思想文化水平。大学生思想政治教育的首要目标是在学校领导的组织与管理下，对大学生进行现代化教育，切实提高当代大学生自身的综合素质，对大学生的未来发展起到积极的促进作用；大

[1] 钟天娥．新时代大学生文化自信培育探析 [J]. 高教论坛，2021(7):4–7.

学生思想政治教育的形式主要包括中华优秀传统道德价值观教育、革命精神信仰教育、先进技术文化理念教育与道德法治教育。在文化自信教育的过程中，要注重全面了解我国五千年的优秀传统文化、革命文化、社会主义先进文化，在大学生思想政治教育中逐渐渗透，才能进一步发挥良好持久的教育与引导功能，获得潜移默化的教育效果。

在大学生思想政治教育中开展文化自信教育主要包含以下内容：第一，高校思想政治教育的根本内涵应当是坚持弘扬中华优秀传统文化，对全体大学生进行全面的理想信念教育，诸如弘扬“先天下之忧而忧，后天下之乐而乐”的爱国主义崇高精神，培养“穷且益坚，不坠青云之志”的奋斗拼搏精神。[1]第二，革命文化是中国共产党在革命、建设、改革各个历史时期基于马克思主义而形成的。在高校学生思想政治教育中，红色文化是一个主要环节，它对学生的理想信念、人生态度、价值观念等起到了深远的影响。第三，文化自信来源于中华优秀传统文化、革命文化与社会主义先进文化，而这恰恰是引导当代大学生核心价值观养成的一种重要精神。[2]由此，我们不难看出，文化自信与高校学生思想政治教育工作具有高度的一致性，它们的根本理论依据与哲学基础十分相似，二者在某种逻辑意义上应该是相互有机联系、相互协调补充的。

因此，坚定文化自信从根本意义上说就是要坚定价值观自信，文化育人的核心是价值观育人。如何坚定青年学生的文化自信？就要用中国特色社会主义文化育人。一要用中华优秀传统文化教育人。中华民族有着深厚文化传统，形成了富有特色的思想体系，蕴含着丰富的哲学思想、人文精神、道德理念，体现了中国人几千年来积累的知识智慧和理性思辨，这是我国独特的优势。不忘本才能开辟未来，善于继承才能更好创新。我们要增强文化自信和价值观自信，就应该像对待自己的生命和血脉一样爱护我们的文脉根本，像守护民族的根和魂一样保护我们的优秀传统文化。用中华优秀传统文化教

[1] 刘涔．中华优秀传统文化融入大学生思想政治教育的价值及实现路径研究 [D]. 重庆：重庆理工大学 ,2021.

[2] 孙云霞，辛英男，周晓杰．基于坚定的文化自信视域下高校思想政治教育研究 [J]. 黑龙江教育 (理论与实践),2021(7):22-24.

育人，就要在大学生中传承和弘扬传统文化的思想精华，讲清楚中华优秀传统文化的历史渊源、发展脉络、基本走向，讲清楚中华优秀传统文化的独特创造、价值理念、鲜明特色，要加强对中华优秀传统文化的挖掘和阐发，使中华民族最基本的文化基因与当代文化相适应、与现代社会相协调，弘扬跨越时空、超越国界、富有永恒魅力、具有当代价值的文化精神，增强其文化自信和价值观自信。二要用革命文化熏陶人。在党和人民伟大斗争中孕育的革命文化，是文化自信的重要支点，是在中国共产党带领中国人民争取自由和解放历程中形成的、与中国文化和中国革命发展密切相关的特有的文化形态，具有坚定、彻底的革命精神和深沉、厚重的革命内涵。革命文化具有承上启下的重要作用，它深深地植根于伟大的中华传统文明之中，又以先进的马克思主义理论为指导，在革命实践中不断加以创新和完善。革命精神是革命文化的灵魂，是开展大学生思想政治教育的宝贵财富和优秀教材。用革命文化熏陶人，就是要用革命精神来教育人、感染人，让大学生深刻理解党领导人民进行革命的光辉历程和巨大成就，自觉树立坚定的理想信念和革命精神，增添人生正能量。三要用社会主义先进文化引导人。社会主义先进文化代表着中国文化的前进方向，是我国经济社会发展的强大精神支撑和民族凝聚力、向心力的重要源泉。用社会主义先进文化引导人，关键在于培育和践行社会主义核心价值观，既要从中华优秀传统文化中汲取思想精华和道德精髓，又要从红色革命文化中获得智慧滋养和精神砥砺。

（五）文化自信是习近平新时代中国特色社会主义思想的重要内容

习近平总书记在党的十九大报告中指出：“新时代中国特色社会主义思想，明确坚持和发展中国特色社会主义，总任务是实现社会主义现代化和中华民族伟大复兴，在全面建成小康社会的基础上，分两步走在本世纪中叶建成富强民主文明和谐美丽的社会主义现代化强国；明确新时代我国社会主要矛盾是人民日益增长的美好生活需要和不平衡不充分的发展之间的矛盾，必须坚持以人民为中心的发展思想，不断促进人的全面发展、全体人民共同富裕；明确中国特色社会主义事业总体布局是‘五位一体’、战略布局是‘四个全面’，强调坚定道路自信、理论自信、制度自信、文化自信。”[1]新时代中国特色社会主义思想使得我们党的指导思想更加与时俱进，这是一个重大的历史贡献。

文化自信作为习近平新时代中国特色社会主义思想的重要内容，党的十九大报告也详细论述了坚持和发展中国特色社会主义文化自信的基本方略。习近平总书记在党的十九大报告中指出：“中国特色社会主义文化，源自于中华民族五千多年文明历史所孕育的中华优秀传统文化，熔铸于党领导人民在革命、建设、改革中创造的革命文化和社会主义先进文化，植根于中国特色社会主义伟大实践。”[2]将革命文化、中华优秀传统文化和社会主义先进文化作为一个整体，共同构成了新时代中国特色社会主义文化的基本内容。

二、思想政治教育是提升大学生文化自信的手段

改革开放后，伴随着社会的迅速发展，人们对精神文明的需求不断提高，对文化自信也有了新的需求。文化自信与高校学生思想政治教育是紧密联系在一起的，而高校思想政治课是高校的一门重要学科，要发挥高校思想政治教育的主体作用，提高高校思想政治教育的主体地位，增强高校思想政治教育工作的信心，就要加强对大学生的精神引导。中国梦的实现必须以文化自信为前提，高校大学生是民族的未来和希望。在高校学生思想政治教育工作中，将文化自信和民族自强有机地联系在一起，无论是对学生还是思想政治教育工作本身而言，都有着重要的实际作用。[3]目前，开展思想政治教育工作是增强大学生文化自信的一项主要措施，而大学生思想政治教育理论课的主要目标是提升大学生的文化自信。在此基础之上，学校提出的“课堂思政”教学模式便成了大学生树立文化自信的一种新的教育理念。

（一）思想政治理论课是培育大学生文化自信的主阵地

对高校来说，目前，培养大学生文化自信最重要的平台仍然是思想政治理论课。通过思想政治理论课，大学生可以更深刻地理解社会主义核心价值

[1] 引自中央人民政府网《中国共产党第十九次全国代表大会报告》。

[2] 引自中央人民政府网《中国共产党第十九次全国代表大会报告》。

[3] 晏振宇. 中华优秀传统文化融入大学生思想政治教育研究 [D]. 济南：山东大学 ,2021.

观，更系统、更客观地了解马克思主义，从而更好地提升文化自信。

第一，思想政治理论课使大学生更深刻地理解社会主义核心价值观。社会主义核心价值体系是国家意识形态安全的保障，高校思想政治理论课是对大学生进行思想政治教育的重要渠道，因此，思想政治理论课也应自觉承担起带领大学生学习社会主义核心价值观体系的重任。文化是价值观的核心，目前，衡量思想政治理论课教育教学时效性的重要标准是大学生对社会主义核心价值体系的认同程度。在思想政治理论课中融入社会主义核心价值观，可以很好地促使大学生投身于社会主义核心价值观的实践中去，能够帮助大学生在多元文化选择中仍然坚持社会主义核心价值观，所以思想政治理论课是提升大学生文化自信的重要平台。

第二，思想政治理论课有效帮助大学生深入认识马克思主义。引导大学生更加系统深入地学习马克思主义理论是高校思想政治教育所应承担的责任，带领学生深入学习当代马克思主义中国化最新成果，可以有效地帮助大学生树立正确的“三观”，使其成为一名优秀的社会主义建设者和接班人。信息技术的发展，为西方意识形态的入侵提供了可乘之机，面对这一严峻形势，更需要高校发挥优势，帮助大学生更系统、更客观地认识马克思主义，使大学生认同马克思主义，并在此基础上，提升大学生对本民族文化的自信。

第三，通过对思想政治理论课知识的全面学习，大学生可以更好地了解文化自信的基本内涵。高校思想政治理论课教材是高校大学生进行学习的重要载体，它肩负着教育与引导大学生系统地学习和坚定文化自信的重要使命。目前，高校思想政治理论课的时效性取决于大学生对文化自信的认可程度。在高校思想政治理论课教育中大力引入文化自信的相关内容，既能更好地促进大学生在实践中主动自觉地坚定文化自信，又能使大学生在世界多元文化选择中始终坚定中华民族文化自信。

第四，高校思想政治理论课对文化自信进行了深刻的阐释。引导大学生广泛地、深入地、系统地了解并研究学习马克思主义理论，能激励这些大学生成为中国特色社会主义事业建设的接班人。信息时代的到来给西方思想的入侵带来了机遇，在这样的严峻形势下，高校必须充分利用自身优势。对思想政治理论课的学习有助于大学生更系统、更客观地理解马克思主义，从而增强大学生对自身文化的信心。高校教师担负着为社会主义现代化发展与民族复兴培养新一代建设者与接班人的重要职责，但是，高校思想政治教育陷入孤岛是一种长期现象，思想政治理论课教育与学校通识教育没有充分融合在一起。如今，部分高校教师已经真正实现了整体转型，将大学思想政治理论课、综合文化素质课、专业课充分融合在一起，学校教师将自觉主动担负起对全体大学生进行思想政治理论教育的服务，这将为高校培养大学生文化自信提供一条新的道路。[1]

第五，在高校思想政治理论中，大学生最喜欢外校专家授课，因为这些教师不采用说教形式的传统讲授方式，他们希望带领每个学生去充分了解和感知中华优秀文化的魅力，将思想政治教育与当代现实紧密结合在一起，使大学生能够在一种轻松与愉悦的氛围中去充分感受中华文化自信，从而敦促大学生在实践中自觉树立民族文化自信。例如，上海同济大学开设了“中国道路·名师讲坛”的思想政治课堂，邀请名师给学生讲课，比如著名海洋地质学家汪品先，他已经成为最受大学生欢迎的思想政治课教师。[2]再者还有上海市教育委员（党组成员）高德毅，他坚持认为，通过积极有效的通识教育可以提升大学生的社会道德素质和品质。正是基于这种思想，他在牢牢把握好思想政治理论课这个主要渠道的基础上，将通识教育融入学生思想政治理论课中，并在此基础上开展了中国特色社会主义教育课程，包括创新中国、中国共产党治国理政理论与实践等课程。每一门课程都配备专家名师，他们能够将最正确的价值理念潜移默化地传授给大学生，使其真正认同中华优秀传统文化。

第六，在思想政治理论课上，教师于无形中流露出的人文关怀，会感染大学生，使大学生在情感上对中华优秀传统文化产生较强的认同感。现在许多高

[1] 陈璐．思想政治教育视域中艺术院校大学生文化自信教育 [J]. 理论观察 ,2020(8):83–85.
[2] 李玲．基于文化自信视角的新时代大学生思想政治教育创新探析 [J]. 大学 ,2021(4):23–24.

校不仅在改革思想政治理论课和通识课，同时一直被高校和教师忽视的专业课如今也在大思政课程的推动下，自觉担负起对大学生进行思想政治教育的责任。要是没有思想政治教育意识，解惑工作做得再好，也只能算是一个输出终端。例如，上海中医药大学在解剖尸体前，会对尸体进行鞠躬，然后给尸体献花，教师会带着学生到捐赠者家里，让学生亲身感受这份伟大的无私奉献精神。这一举动给予学生很多的启示，使学生感受到其所带来的人文关怀，这对大学生文化自信的培育具有较强的促进作用。

（二）思想政治教育为提升大学生文化自信提供新视野

思想政治教育工作是从国家高等教育现代化、大众化的角度对高校人才进行培育，横向涉及高校工作的方方面面，纵向覆盖大学生成长成才全过程，可系统推进高校思想政治育人工作。但是我国高校思想政治教育遭遇的长期困境是思想政治理论课与通识教育课和专业课“两条腿走路”，使思想政治理论课陷入“孤岛”境地。[1]文化自信和思想政治教育的融合为高校思想政治教育提供了新的方向，也为提升大学生文化自信提供了新视野。

目前，高校对大学生进行思想政治教育基本采取班级授课制，以教育者为主导向大学生灌输教育内容，这样的教育方式极易使大学生对这门课程产生逆反心理，而且部分大学生不喜欢这门课程，认为该课程可有可无，没什么实质性价值，甚至不愿意去上课，就算去教室也不听老师说教，久而久之，就严重影响了大学生思想政治教育的效果。因此，对大学生进行思想方面的教育，增强实效性尤为重要。[2]文化自信是高校思想政治教育工作中的一项关键内容，它直接关系到高校德育工作的成败。在高校思想政治教育工作中，把文化自信与大学生思想政治教育结合起来，既能激发学生的主动性，又能有效地促进高校学生的思想工作。一方面，让文化自信在学校里传播，把中华优秀传统文化、革命文化和社会主义先进文化结合起来，使大学生的物质世界与精神世界都能在潜移默化中受到影响。另一方面，可以促进文化自信走出校园，走入社会。比如，定期组织大学生观看中国先进文化专

[1] 马军红．文化自信融入大学生思想政治教育工作研究：评《高校思想政治教育中的文化自信培育研究》[J]. 领导科学 ,2020(22):129.

[2] 钟微．文化自信视阈下大学生思想政治教育话语体系构建研究 [D]. 赣州：赣南师范大学 ,2018.

题电影，参观有浓厚文化色彩和氛围的名胜古迹，让大学生用心感受中华优秀传统文化的力量。由此，大学生会在潜移默化中拥有更高的文化素养，才能更好地为人民、社会和国家服务。

把文化自信培育与思想政治教育相结合，是提升大学生文化自信的有效途径。高校思想政治理论课应与其他课程融合，在育人的同时把文化融入思想政治理论课中，将精力放在帮助学生建立正确的世界观、人生观、价值观与文化观上。[1]以人为本，以“融合与提高”为目标，全方位夯实文化自信。要注重人文精神的培养，帮助大学生树立良好榜样，帮助大学生在遇到人生困惑和难题时有能力分析和辨别是非对错。例如，上海同济大学在2016年就开设“中国道路·名师讲坛”思想政治课堂，邀请校内外各学科知名专家学者给学生讲课。城镇遗产保护专家阮仪三教授曾登上讲坛授课，讲述了“刀下留城救平遥”“拼死保周庄”等经典案例，这些故事给大学生带来了有益的启示。在课堂上传授正确理念，对大学生的文化自信形成了潜移默化的影响，这样才能促使大学生将文化自信真正地融入内心。总之，培养大学生的文化自信，引导其形成科学的文化知识体系，树立正确的价值观念，提高分辨能力和创新能力，让思想政治教育成为行之有效的育人课至关重要，从而增强大学生的文化素养和政治素养，使文化自信成为青年一代的精神依托。

（三）思想政治教育是提升大学生文化自信的精神支撑

理想信念不仅是大学生思想政治教育的重要内容，也是提升大学生文化自信的重要支撑，通过思想政治教育使大学生坚定理想信念，从而提升大学生的文化自信。

第一，思想政治教育引导大学生辩证看待西方文化，正确认识中国文化，坚定理想信念。大学生理想信念教育是各个高校面临的重要而紧迫的任务。目前，全球文化发展的新特点是相互交融交锋，文化更加多元化，竞争也更激烈，存在很多的不稳定因素。西方的敌对势力在与我国高校争夺大学生思想这块阵地，那么大学生的理想信念是否坚定，就显得尤为重要，因为这不仅关系到文化的传承，也关系到我国社会主义建设的问题。

[1] 常兴珍. 大学生思想政治理论课获得感研究 [D]. 大理：大理大学,2022.

通过思想政治教育，可以提高大学生的辩证思维能力，帮助大学生更客观、更理性地看待西方文化，更深入地了解中国文化，坚定理想信念，从而促进大学生文化自信的提升。

第二，思想政治教育通过树立榜样，引导大学生坚定理想信念。大学生坚定理想信念需要榜样的精神引领，使其能够做到修身正己和见贤思齐，在校园内形成崇尚榜样的良好氛围。学习先进，满怀热情地投入社会主义现代化的建设中去，杜绝理想信念模糊动摇、精神空虚等问题，积极主动学习先进典型事例，激发正能量，坚定理想信念，实现人生的价值追求。因此，思想政治教育是提升大学生文化自信的精神支撑。

当前，道德规范教育、爱国主义教育和理想信念教育是高校思想政治教育工作的重要组成部分。从伦理的角度讲，中华优秀传统文化为高校学生思想政治教育工作提供了新的理念与新的视角。“智信”等良好传统文化对提高大学生思想道德品质具有积极的指导意义，把中华优秀传统文化融入大学生思想政治教育工作之中，对提高大学生的人格素质，以及养成良好的行为习惯起到了积极的促进作用。[1]红色文化，就是一个鲜活的教育资源。红色文化，是中国人民在血与火的斗争中，在艰苦的奋斗中所形成的一种优良文明，因此大力弘扬红色文化，传播红色精神，使之成为推动经济社会发展和实现中华民族伟大复兴的中坚力量，这不仅培养了大学生的民族自信心，也培养了他们的爱国主义情怀。

马克思主义、毛泽东思想、邓小平理论、“三个代表”重要思想、科学发展观以及习近平新时代中国特色社会主义思想都是当代大学生思想政治教育工作的重要内容。[2]在思想观念、政治意识和价值取向日益多元化的今天，应强化对大学生的马克思主义理想信念教育，让他们在现实中真实地体会到其所蕴含的科学性和真实性，从而构筑他们的精神支柱，同时，马克思主义理想信念教育强大的凝聚力和吸引力，也是培养大学生崇高理想信念的一种方式。培养大学生的文化素养，增强他们的文化自信与认同感，培养他们的民族文化自信，让他们更加坚信中华文化拥有强大的生命力，使他们更好地理解不

[1] 刘彦，刘荣华．文化自信融入高校思想政治教育的路径探究 [J]. 长春师范大学学报，2021,40(5):4−6.
[2] 王一珂．文化自信融入高校思想政治教育的路径思考 [J]. 高校辅导员学刊，2018,10(4):93−96.

同国家的文化差别，以合理的方式对待世界文化交流。习近平总书记在党的十九大报告中强调，要树立“文化自信”，这就要求当代大学生勇当习近平新时代中国特色社会主义思想的坚定拥护者和践行者。但是，目前我国高校思想政治教育仍存在不少问题，一些学生对中华优秀传统文化的认识不深，认同感较弱，而在面对西方文化的时候，又缺少自主、独立的判断思维，容易被不良思想影响。在高校学生思想政治教育工作中，把文化自信与中华精神相结合，既能让大学生感受到中华文明的魅力，又能增强民族自信心，激励学生在民族文化和西方文化的互动中做出合理的抉择。[1]

[1] 胡颖 . 思想政治教育视阈下大学生文化自信培育研究 [D]. 昆明：云南大学 ,2018.

第二节　思想政治教育对提升大学生文化自信的意义

中华民族的伟大复兴不仅在于物质财富的极大丰富，也在于精神文明的极大发展；不仅在于硬实力的提高，也在于软实力的提升。文化自信能用磅礴的精神力量、强大的文化实力和耀眼的国家名片推动中华民族的稳健前行，用其独有的亲切感、认同感汇聚中国力量。

第一，文化自信促进中华民族紧密团结。首先，文化自信汇聚价值共识和价值追求。核心价值观作为文化的核心，能够整合引领社会意识，进而提升国家治理能力。将社会主义核心价值观转化为情感认同和行为习惯，能使我们前进的方向更加明确、脚步更加坚定。其次，文化自信构筑更强民族力量。经过时间长河的沉淀，民族精神、伦理道德等时代精髓已经浸润在中华民族的日常生活之中，成为我们应对挑战、克服阻力的强大力量。坚定文化自信，巩固共有的思想基础和精神观念，从而凝聚更强的中国力量。最后，文化自信可以有力反击意识形态渗透。全球化汹涌潮流下，不同文化的交流交锋愈发频繁，不同政治力量的斗争始终存在。道路、理论和制度都是一定文化观念的外化，文化自信为中华民族复兴伟大事业提供坚实的精神根基，特别是其内在逻辑关系，反映了文化发展客观规律。坚定文化自信，能够用科学理论反驳错误言论，是维持人心稳定、社会稳定的有力保证。

第二，文化自信助推中华文化守正创新。首先，文化自信为中华文化发展提供基本遵循。第四次工业革命以来，文化的发展在社会整体发展中越来越关键。五千年的文明结晶是可利用的文化宝库，如何盘活这一文化资源成为关键。中国特色社会主义文化自信实现了传统、当代和未来的有机统一，也为利用传统文化、革命文化和社会主义先进文化已有成果提供了基本方向与基本原则。其次，文化自信为中华文化发展赋予新鲜活力。现代化建设的火热实践为我国文化繁荣提供了丰富素材，也提出了全新要求。文化自信不仅是知识上的文化储备、观念上的文化认同，更是行动上的文化实践。具备高度的文化自信能够推动人们积极发挥首创精神，精益求精，用生动鲜活的故事赢得口碑、获得掌声，推动中华文化迈上新台阶。

第三，文化自信推动中华文化兼济天下。首先，文化自信有利于讲好中国故事。随着我国逐渐走向世界舞台中央，经济奇迹、主场外交等都让中国智慧赢得世界瞩目。不可否认的是，“中国威胁论”等噪声、杂音仍然存在。欲人勿疑，必先自信。只有对自己的文化充满自信，才能更从容地展现具有世界意义的文化精髓，才能更主动地展示中国奇迹的文化密码，才能更理性地规避西方话语的隐性陷阱，才能更坦然地面对不同文化的交流互鉴。其次，文化自信有利于展现中国形象。文以化人，文以载道，用文化进一步拉近我们与世界的距离。推动中华文化走向世界，成为和平交流的媒介，既能够向世界宣传中国合作共赢的主张，阐明中国和平发展的理念，更能够向全球治理和人类进步提供更多选择、更多范式，展现中国担当。[1]用中华文化的魅力和智慧，展现真实、立体、全面的中国。回应时代之问、满足人民之愿、实现国家之兴都离不开厚植文化自信的前提，也只有坚持这个前提，才能真正推动崇高理想与精神伟力的共同培植、潮流文化与传统文化的碰撞融合、知识传递与价值表达的有机结合等活力的尽情释放。

一、文化自信的历史指向

高校学生身为中国特色社会主义事业的接班人，必须把中华优秀传统文化传承下去，坚持以马克思主义学说引领的“红色文化”，弘扬社会主义优秀文明；吸收外来先进文明的精华，以马克思主义基本原理为指导，不断适应时代发展，寻找新的文化建构途径。[2]所有的自信都是建立在“三个自信”基础上的“加减法”，即理论自信、道路自信、制度自信是同一水平、同一层次的信念，但文化自信是一种更深层的信仰，把时空的维度引入一个平面。因此，文化自信更有针对性，更具里程碑意义。文化自信的历史指向

[1] 林飞燕．文化自信视域下优秀传统文化融入高校思想政治教育的路径探究 [J]. 现代商贸工业 ,2021,42(16):139−140.

[2] 魏冉，邓红伟，张长江，等．文化自信视域下思想政治教育工作的文化引领 [J]. 辽宁高职学报 ,2018,20(3):110−112.

表现在五个方面：为中华优秀传统文化指明了方向；为烽火淬炼的革命文化提供了传播渠道；为优秀的社会主义先进文化奠定了文化根基；为推进马克思主义中国化提供了指导；为借鉴外来文化提供了方法论。

（一）为中华优秀传统文化指明了方向

文化自信为认识和弘扬中华优秀传统文化指明了方向，文化自信本质上是历史维度的自信，我们党的几代领导人对此也发表了一系列的重要论述，毛泽东说："我们这个民族有数千年的历史，有它的特点，有它的许多珍贵品质。对于这些，我们还是小学生。今天的中国是历史的中国的一个发展；我们是马克思主义的历史主义者，我们不应当割断历史。从孔夫子到孙中山，我们应当给以总结，承继这一份珍贵的遗产。"[1]邓小平也曾指出，"我们要用历史教育青年，教育人民"[2]，"要懂得些中国历史，这是中国发展的一个精神动力"[3]。文化与历史是密不可分的，中国的文化来源于中国悠久历史的积淀。历史和文化常常被放在一起讨论。在纪念毛泽东同志120周年诞辰座谈会上，习近平总书记指出："历史就是历史，历史不能任意选择，一个民族的历史是一个民族安身立命的基础。"[4]一个国家、一个民族是否具有理性认识高度，以及一个国家和民族的成熟度都取决于是否对历史有正确的认识。我们谈到的文化自信包含两个方面，即中华优秀传统文化和社会主义先进文化。因此，文化自信的历史指向是古代、现代、当代的结合。历史是条河，源远流长，当历史远去时，沉淀下来的就是文化。

"人们自己创造自己的历史，但是他们并不是随心所欲地创造，并不是在他们自己选定的条件来创造，而是在直接碰到的、既定的、从过去承继下来的条件下创造。"这就说明，不管是社会主义的发展还是文化自信的发展都要建立在传统文化这个源头之上，没有传统文化作为基础，文化自信的发

[1] 毛泽东谈学习党史 [EB/OL].(2021-09-15)[2022-05-15].https://www.dswxyjy.org.cn/n1/2021/0915/c219000-32227601.html.

[2] 邓小平在题为《用中国的历史教育青年》的谈话：我们要用历史教育青年，教育人民 [EB/OL].(2020-03-17)[2022-05-17].http://cpc.people.com.cn/n1/2020/0317/c69113-31635771.html.

[3] 邓小平在题为《用中国的历史教育青年》的谈话：我们要用历史教育青年，教育人民 [EB/OL].(2020-03-17)[2022-05-17].http://cpc.people.com.cn/n1/2020/0317/c69113-31635771.html.

[4] 习近平 2013 年在纪念毛泽东同志诞辰 120 周年座谈会的讲话 [EB/OL].(2022-03-18)[2022-05-18].http://ds.hanzhong.gov.cn/hzdswz/zyjh/202205/d54a3207ebd6438eaaecffbf917dfb7f.shtml.

展就是无源之水无本之木。中华文明是上下五千年的历史中孕育而生的宝贵财富，对前人遗留下的文化加以继承和发扬是我们世世代代所能做的也是应该做的，这是我们中华民族鲜明的旗帜，是中国人身上鲜明的烙印。

中华文化包罗万象，从春秋战国开始就涌现大量影响后世的伟大思想学说，涵盖儒家、道家、法家等核心学术思想，中华传统美德和人文精神，内容丰富多彩，核心思想就是指几千年来我们传承的为人处世的准则和做人的原则等，当今所提倡的人文精神理念就继承了中华传统文化思想。以人为本，以文化人，倡导礼让，崇尚和谐，修身养性，治理国家，平天下，这是我们中国人的生存之道。“传统美德”是中华民族传统文化中“勤劳节俭、艰苦奋斗、尊老爱幼”的美德。尊重教义，尊重教化，尊重个人都是中华优秀传统文化的人文精神。中华民族的发展离不开中华优秀传统文化，这样内涵丰富的优秀传统文化也为新时期全面建设社会主义现代化国家提供了肥沃的土地，滋润了千千万万的中华儿女。

大学生要对优秀传统文化始终保持尊崇和热情。中国是四大文明古国之一，孕育的中华文明传承了上下五千年，引领了东亚文化。不仅大学生应该以此为荣，我们每一个人都应该为此自豪。灿烂的中华文明如浩瀚星海，每一种思想、每一项发明都熠熠生辉，从中我们习得修身养性之法、为人处世之方，展示了民族应有的气节与精神风貌：中国古代四大发明（指南针、造纸术、火药和印刷术）对世界文明的发展都做出了杰出的贡献；当时欧洲还在用羊皮做记载，没有造纸术、印刷术的发明，何谈修办学校，推广普及教育？没有我们的指南针，欧洲又如何实现远洋航海，打开世界大门？火药的发明，让西方冷兵器时代没落，更成为欧洲人征服世界的利器，除此之外，还有多如繁星的文化艺术，这些中华优秀传统文化是高校大学生思想政治教育的源泉与基础。新时代大学生树立文化自信就应该积极学习中华优秀传统文化，以灿烂的中华文明提升自身的文化底蕴，增加思想的厚度，只有传承和发扬中华优秀传统文化才能树立高度的文化自信，才能感受到作为中华儿女的自豪。[1]

[1] 汪峻峰．大学生思想政治教育中文化自信的培养 [J]. 决策探索（中）,2021(5):43-44.

（二）为烽火淬炼的革命文化提供了传播渠道

中国的历史进入近代后，革命就是当时中华民族的主旋律。中华儿女在那段屈辱的历史中英勇抵抗列强的入侵，反抗中国旧社会的“三座大山”，经过二万五千里的长途跋涉，中华儿女为革命流血牺牲。经过艰苦奋斗，中国终于在马克思主义指导下，实现了新民主主义革命的成功，实现了社会主义建设，实现了独立、自主、振兴。革命文化是在战争岁月中积累和沉淀起来的，是写在社会主义事业建设中色彩浓重的一笔。

红色“革命文化”精神给予我们强大的精神动力和依托。大学生始终应对烽火淬炼中生成的革命文化精神加以传承和弘扬。经历了明末清初的闭关锁国，中国几千年的封建制度摇摇欲坠。进入近代后，列强侵华的血泪屈辱史打醒了长期受压迫的中国人民，一次次割地赔款丧权辱国的条约激起中国人民的愤懑，各种革命开始兴起。新民主主义革命给民族带来希望和生机，最终在救国救民的历史进程中产生了中国独有的红色革命文化。这些革命文化蕴含着丰富的政治智慧和中国人民浓烈的爱国主义精神。大学生应始终坚持学习中国红色革命文化，牢记烽火淬炼的强大爱国精神，传承革命文化的精髓，陶冶高尚的爱国主义情操，学习革命者不屈不挠的精神，如此才能不忘初心，砥砺前行。[1]烽火淬炼的革命文化对增强大学生的文化自信提供了现实素材和动力支持，文化自信也为革命文化的传承提供了传播渠道。

（三）为优秀的社会主义先进文化奠定了文化根基

社会主义先进文化欣欣向荣蓬勃发展，对我国社会主义文化建设具有引领作用和稳固作用。引领作用是指社会主义先进文化引领各个领域的文化发展方向；稳固作用是指社会主义先进文化对文化定力的稳固，借此可以筑牢自身的文化之本。社会主义先进文化的基础是坚持和发展中华优秀传统文化和红色文化，坚持以马克思主义为指引，坚持与时俱进。这也就意味着，在坚持走社会主义道路的前提下，优秀的社会主义先进文化更好地起到了引领的作用。可以说，社会主义先进文化是一种有远见的、着眼于未来的文化，

[1] 张超然．基于文化自信的高校思想政治教育 [J]. 文化产业 ,2021(13):161-162.

彰显出了中华民族的智慧，是先进性、科学性、未来性的文化；在中国特色社会主义事业迈入新时期之际，我们必须进一步加强社会主义先进文化建设，增强先进文化魅力，提高民族文化自信，为建设一个富强、民主、文明、和谐、美丽的现代化国家打下坚实的基础。

在高校思想政治教育中，必须在马克思主义的指导下，坚定地走社会主义先进文化的道路，对社会主义先进文化保持积极的态度。社会主义先进文化既是中国先进性、科学性的文明，又是推进中国特色社会主义事业建设的一支永恒力量。新时期的大学生，是社会主义先进文化的继承者、弘扬者，应该不断地提高自己的能力，用先进的思想来引导自己的行为举止，用先进的伦理准则来警示自己，用严格的革命纪律约束自己，用先进的文化培养自己。[1]只有如此，我们才能更好地面向世界、面向未来，更加自觉地坚持自己的立场，积极践行中国特色社会主义核心价值观，成为中国特色社会主义事业建设的接班人。民族自尊自信，离不开民族自强。只有民族自强，才能实现民族的团结、国家的统一与强盛，民族自尊自信才能真正地树立起来，而文化自信又是民族自尊自信的重要支撑。中华传统意识形态和人文精神是民族自信的源泉。我们在学校里学到的为国为民的崇高理想，“为人民服务，为国家服务”“为祖国鞠躬尽瘁死而后已”“人生自古谁无死？留取丹心照汗青”，无不生动地表现了爱国主义的民族精神，是高校思想政治教育珍贵的资源。因此，要增强民族自信，要在日常生活中开展以爱国主义为主题的文化活动，加深学生对社会主义先进文化的理解与认同。

（四）为推进马克思主义中国化提供了指导

培育高度的文化自信，要以马克思主义为指导。中华文化之所以强大、主动和先进，是因为我们坚定了正确的历史唯物主义论和历史唯物论。正如毛泽东所说：“自从中国人学会了马克思列宁主义以后，中国人在精神上就由被动转入主动。”[2]但是，在当代，马克思主义中国化也出现了困难：第一，马克思主义理论与中华传统文化结合出现裂缝。大同社会和共产主义的

[1] 刘学敏，秦锐．文化自信视域下大学生思想政治教育应对历史虚无主义的策略分析 [J]. 重庆理工大学学报（社会科学）,2018,32(3):150-156.

[2] 毛泽东选集（第四卷）[M]. 北京：人民出版社，1991:1510.

最终目标是中华文化与马克思主义的契合点，但是现在的中国，生活的现代化已经是普遍现象，并且竞争意识已深入人心，处处有竞争，处处有利益，这就与中国一直延续下来的“人情”产生了冲突。第二，马克思主义中国化的目标不明确。坚定文化自信，我们提倡在继承和弘扬中华优秀传统文化的基础上，不断创新和发展社会主义先进文化，以及借鉴西方先进文化，这就存在“传统”与“现代”转换的问题，以及“东方”与“西方”差异的矛盾。[1]当前，社会环境更新变化快，西方文化的流入动摇了一部分中国人的信仰，使这部分中国人误解了实现共产主义这一最终目标。针对此问题，文化自信发挥了它的作用，给予了加快马克思主义中国化进程以指导。马克思主义中国化是革命经验教训和对中华优秀传统文化的总结与概括，因此，文化自信的增强必然会增强马克思主义信仰，提升中国人民的理性分析能力、判断能力，增强人们对马克思主义中国化的认同感，从而为马克思主义中国化提供良好的生长环境。

（五）为借鉴外来文化提供了方法论

“文明因交流而多彩，文明因互鉴而丰富”，文化自信为借鉴外来文化提供了方法论。列宁曾指出，“必须取得资本主义遗留下来的全部文化，并用它来建设社会主义。必须取得全部科学、技术、知识和艺术。否则，我们就不可能建设共产主义社会的生活”“应当吸收和利用世界各国包括资本主义发达国家所创造的一切先进文明成果来发展社会主义”。[2]由此可以看出，在继承和弘扬中华优秀传统文化的同时加强与外来文化的交流是建设社会主义文化强国的必然要求。以开放的心态接受文化的多样性，不断进行文化创新和文化互鉴。世界文化是丰富多彩的，世界各国人民本应共享世界文化，这是大家共有的精神财富。文化自信不仅表现为对本国优秀文化的自信，更体现在以更成熟、更开放的心态对待外来文化，各取所长，以此来推动本国文化的发展。伟大哲学家罗素曾经说过：“如果任由中国人从我们西方的文化中取其精华、弃其糟粕，并结合中国传统文化的特点，那么他们将

[1] 张伟.基于培养文化自信的大学生思想政治教育路径探究[J].文化创新比较研究,2021,5(13):46-49.
[2] 列宁选集（第2卷）[M].北京：人民出版社，1995：309.

会有系统的发展并取得辉煌的成就。”今天中华文化所取得的成就，正好印证了罗素的这句话。那么应该如何正确对待西方外来文化呢？罗素持这样的观点：“中国人对西方文明要避免两种危险的极端倾向：一是要避免全盘西化，因为全盘西化的结果是失去中国的独特文化；二是要避免强烈排斥西方文明，因为不吸收西方文明的优秀成果，缺乏这个新的元素，也不可能造出新的中华文明。”毛泽东也曾发表过这样的言论：“继承中国过去的思想和接受外来思想，并不意味着无条件地照搬，而必须根据具体条件加以采用，使之适合中国的实际。”[1]根据罗素和毛泽东的观点，我们可以得出结论：开放包容不等同于盲目崇拜，学习借鉴也不等同于照搬照抄，将外来文化的精髓融入中华文化的母体中，相互融合、相互借鉴，共同推进文化的繁荣昌盛。

二、大学生树立文化自信的意义

在青春梦与中国梦的交汇中，新时代的大学生是否具备文化自信至关重要。大学生正处于人生价值观念形成的关键时期，开展文化自信培育工作，能够帮助大学生充实精神文化生活、形成良好价值观念。青年群体的身心发展特点及我国社会基本矛盾的转变，不仅使当代的大学生在整体上有着较旺盛的好奇心和求知欲，而且往往有着更高的精神文化生活期待。外来文化的冲击、网络文化的娱乐化倾向等都不利于大学生做出正确的文化选择、形成正确的文化观念，因此高校要积极主动地培育大学生的文化自信，使大学生在参与相关课程和活动中汲取养分、丰富思想，既满足精神文化需要，充实精神文化生活；又深入思考文化问题，全面提升文化素养。

培养学生的文化自信心，有助于他们形成正确的价值观。社会主义核心价值观是中国人民的普遍价值取向，是中国强大的意识形态根基。[2]培养大学的“文化自信”首先要培养大学生的价值自信心，寓价值引导于知识传授之中，扣好人生第一粒“扣子”。在文化自信心培育过程中，使大学生明确理想与追求、梦想与担当，肩负历史使命，抓住时代机遇，在自我价值与社会价值的统一中度过无悔青春。

[1] 毛泽东文集(第三卷)[M]. 北京：人民出版社,1996:192.

[2] 滕培秀. 文化自信融入大学生网络思想政治教育的价值及进路[J]. 高校辅导员,2020(4):70-73.

当代大学生作为民族复兴的先锋力量，是推动中华文化实现传承创新的时代新人，担负着传承者和创新者的使命责任，因此要求具备文化自信。大学生是中华文化的重要传承者，文化的发展是积土成山的过程，我国文化蓬勃兴盛需要继承中华历朝历代文化成果。当代大学生作为中华文化的重要传承者，要承担起相应的职责和使命，就需要具备高度的文化自信。通过文化自信培育，帮助大学生增强文化自豪感，掌握科学文化观，理解文化发展的历史逻辑和内在规律；准确把握中华文化超越时空局限的核心价值，延续中华民族的文化精髓，用中国特色社会主义文化讴歌时代、书写巨变。在面对不良社会思潮的侵蚀时，坚定的文化自信也是大学生保持中华文化立场、反击错误社会思潮的有力支撑。

大学生是中华文化的重要创新者。文化的发展是在继承基础上的不断创新，是文化继承和文化创新交互作用的结果。我国的建设实践是实现文化创新的根本基础。大学生青春年少，具有强大想象力和无穷创造力，是推动文化创新的主力。但大学生的文化创新并非毫无根据的“天马行空”，高校要对大学生文化创新进行正确的价值引导。[1]通过培育大学生文化自信，使其明晰文化在社会发展中的作用，鼓励大学生投身实践、观照现实，在当代中国的伟大社会变革中实现文化创新。

目前，我们正与世界深度融合，相互激荡，越来越接近世界的中心。面对复杂而又严峻的国际局势，我们必须坚持中华优秀传统文化，屹立于一切“噪声杂音”之中；加强文化沟通，创造一个有利于国家振兴的国际舆论氛围。[2]随着世界各国间的交往和合作越来越频繁，大学生越来越多地参与到世界范围内的文化交往中来。据教育部统计，2018年赴美留学的人数达662100人次，其中，单位公派35600人次。[3]在这种情况下，学生如何面对西方文化冲击、如何处理中西文化的关系，能否在国际文化交流中积极主动宣

[1] 杨玉，张彦. 文化自信与国学传承融入大学生思想政治教育的路径探讨 [J]. 教育教学论坛，2020(29):45–46.

[2] 吕宁. 文化自信融入大学生思想政治教育的路径设计研究 [J]. 当代教育实践与教学研究，2020(11):65–67.

[3]2018 美国门户开放报告：赴美留学人数创历史新高 [EB/OL].(2018–11–19)[2023–08–24].https://baijiahao.baidu.com/s?id=1617532929503238074.

传中华文化，都是其文化自信程度的重要体现，都关系到中华文化的传播和中国形象的塑造。[1]因此高校要加紧推进和完善大学生文化自信的培育，使大学生成为增强中华文化竞争力和影响力的生力军。在如何面对西方文化冲突方面，大学生具备高度的文化自信有利于坚定安全意识、思想定力、文化立场；有利于大学生在谨防意识形态渗透的前提下，积极学习借鉴人类文明的优秀成果。在积极主动传播中华文化方面，培育文化自信有利于大学生在世界文化交流中，展示中国魅力，展现中国智慧。欲人勿疑，必先自信。高校培育大学生的文化自信，要使其深刻理解、高度认同中华文化的核心价值和思想精髓，这是传播合作共赢中国理念、展现和平发展中国形象的必要条件。

思想政治教育的实质是塑造人的个性，而文化的主要功能是建构人的精神结构。高校思想政治教育工作是提高大学生文化自信的重要手段，必须正确认识其在大学生文化自信培育中的作用。因此，欲增强大学生的文化自信，必须加强大学生的思想政治教育。相应地，增强大学生的文化自信，也可以有针对性地提高思想政治教育的效果。因此，培养大学生的文化自信，既是高校思想政治教育工作的一个内在需求，又是其使命。目前，一些高校的思想政治教育比较重视学生政治素质培养，而忽略人文精神培育，道德和文化教育双向分离脱节，这是导致大学生文化自信缺失的一个原因。具体而言，大学生树立文化自信的意义包括以下几个方面。

（一）有利于增强大学生民族文化认同感

值得引起注意的是，中国近代的惨痛教训让部分国人成了惊弓之鸟，对传统文化有很深的误读。鲁迅先生用“拿来主义”对当时民国政府的崇洋媚外、对革命文艺阵线内部割断历史、对全盘“左”倾错误思想加以抨击。[2]还有些人看到传统文化的封建性和局限性，就一概否定，例如将中庸思想解读为不思进取，与庸碌主义等混为一谈，对中庸思想舍弃，转而“全盘西化”，采用西方过度竞争“竭泽而渔”的思想观念，以竞争、斗争、战争的

[1] 刘丽敏 . 高校思想政治工作中的文化自信教育探析 [J]. 思想教育研究 ,2018(1):130–134.

[2] 周晓雨 . 大学生思想政治教育中提升文化自信研究 [D]. 淄博：山东理工大学 ,2018.

方式取代传统思想中庸所倡导的节制观念，犹如所罗门瓶子里放出来的魔鬼，至今无法控制局面。

今天，以辩证的眼光来看，一个国家若要切断自己的历史之魂，就会丧失维持国家存在和发展的灵魂联系。中华优秀传统文化是我们建立文化自信的源泉，我们应当以“取其精华、除其渣滓、革新、改造、创新”，有创意地传承中华优秀传统文化，为今所用，为我所用，激活其生命力，不能因为传统文化某一部分的负面性和消极影响，就对其全盘否定，这是不科学也是不可取的做法。[1]在高校思想政治教育当中，要结合当今社会现状及时对大学生进行思想引导，让大学生有意识地学习优秀传统文化知识，热爱民族文化，坚守中华文化的立场和方向，传承中华文化精神的命脉和精髓，把优秀传统文化与当今时代发展有机结合，做到不断创新发展，对传统文化的内涵加以拓展和补充，以增强其影响力和感召力，从而增强大学生对中华文化的认同感，激励大学生自觉主动地传承中华文化，如此中华文化才会不断发展。

文化自信形成的前提是认识主体要认同本民族的文化。文化是指人类创造的物质财富和精神财富的总和。文化记录着人类文明，文化不仅可以让人类感知历史，还可以传承人类的历史文明，使文化在人类的血脉中源远流长。关于文化自信，包含三个方面：一是对本民族文化的价值和历史的认同；二是对本民族文化永葆旺盛生命力的坚定信心；三是对本民族文化中所蕴含的价值观的奉行和坚守。文化是人类在社会历史发展过程中不断探索出来的，随着社会的演进，文化也在不断地丰富和发展，因此，文化的发展史实际上就是人类历史的发展史。所以，我们要想认识文化，就必须将其放入历史的长河中，从中获取信息，认识主体对本民族文化的认同，可以等同于对历史的认同。如果将文化认同与历史认同割裂开来，就并非真正意义上的文化认同，而是以个人主观意识为衡量标准的，是一种选择性的认同。如果一个民族失去了对历史的记忆，这代表着他们不仅失去了历史记忆，从某种意义上来讲，丢失的是自己的文化根基，这样的结

[1] 王美娜.新时代文化自信与高校思想政治教育融合的有效性分析[J].湖北开放职业学院学报,2021,34(8):72-73+82.

于物，形成了国家方针政策、制度，进而成为人们日常生活的行为准则。大学生思想政治教育最重要的内容是要向学生传递社会基本的道德规范、思想观念、政治观点等相关内容。引导大学生理解并接受主流意识形态，提高大学生对主流意识形态的认同度是大学生思想政治教育工作的重点。提高大学生对主流意识形态的认同度可从多方面、多角度展开，坚定文化自信是其中一个不可缺少的方面。思想政治教育要以马克思主义作为理论指导，马克思注重对工人阶级进行理论的灌输。思想政治教育的本质是社会主导意识形态的灌输与教化，因此，对大学生进行主流意识形态的教育是思想政治教育的应有之义。但由于意识形态性质的特殊性，我们要选择合适的方式进行教育，灌输与教化是最合适的方式。列宁指出："工人本来也不可能有社会民主主义的意识。这种意识只能从外面灌输进去，各国的历史都证明：工人阶级单靠自己本身的力量，只能形成工联主义的意识。"[1]同时对社会主义思想体系的任何轻视和任何脱离，都意味着资产阶级思想体系的加强。由此可见，意识形态的灌输与教化是不能停止的，需要持之以恒。在对大学生进行主流意识形态教育时，教育者要注意大学生态度的变化，要从学生那里得到积极的反馈，并及时加以引导。

（五）有利于构建社会主义现代化强国

习近平总书记在十九大报告中指出："青年兴则国家兴，青年强则国家强。"[2]目前，我国的文化发展还不能与社会的发展、人民的精神和文化的需要相适应，必须培养高质量的人才来建设社会主义先进文化。[3]高校是人才的集中地，大学生的素质直接影响我国的文化建设和国家前途。文化强国的建设，不仅是一种文化产业的兴盛，更是一种文化价值观与精神追求。增强大学生的文化自信，有利于加深他们对民族传统文化的理解，促进他们对社会主义优秀文明的继承，树立起良好的价值观，实现社会主义现代化强国的宏伟目标[4]。总之，增强高校学生文化自信是推动新时代社会主义现代化

[1] 列宁. 怎么办 [M]. 北京：人民出版社，1965：30.

[2] 习近平：十九大报告阐述青年作用 [N]. 中国青年报 .2021-4-22.

[3] 徐小贺 . 优秀传统文化融入大学生思想政治教育路径探究 [D]. 长春：吉林农业大学 ,2020.

[4] 彭军林，兰俊才 . 文化自信视域下大学生思想政治教育效能提升途径 [J]. 改革与开放 ,2020(10):67-70.

强国的重要力量。

（六）有利于高校落实立德树人的根本任务

立德树人是党对高校育人提出的最高要求。立德树人不仅是新时代高校育人的要求，也是高校要实现的最高目标。立德树人是新时代思想政治理论课教师的使命与担当，更是每一位高校教师的责任和义务。不仅是思想政治理论课教师，所有教师都要将立德树人作为自己的使命和担当。立德树人首先要在理想信念上下功夫，帮助大学生树立远大理想，要依靠文化自信坚定理想信念。习近平总书记多次强调大学生、青年坚定理想信念的重要性，他指出："青年时代树立正确的理想、坚定的信念十分紧要，不仅要树立，而且要在心中扎根，一辈子都能坚持为之奋斗。"[1]坚定了理想信念，还需要有不断为之努力的进取精神和奋斗能力。思想政治教育能够帮助大学生坚定理想信念，提高大学生学习的积极性和主动性，培养其艰苦奋斗的精神，并且能够激励大学生主动投身于实践，为社会主义现代化建设贡献力量。

[1] 习近平总书记关于青年工作重要论述综述 [N]. 人民日报 .2021-05-04.

第四章　现阶段大学生文化自信缺失的主要表现

第一节　大学生文化自信缺失的主要表现

“对哪种类型的文化有信心”是由其内涵决定的。习近平总书记强调，“在5000多年文明发展中孕育的中华优秀传统文化，在党和人民伟大斗争中孕育的革命文化和社会主义先进文化积淀着中华民族最深层的精神追求，代表着中华民族独特的精神标识”，要“保持对自身文化理想、文化价值的高度信心，保持对自身文化生命力、创造力的高度信心”。[1]习近平总书记的讲话显示出三个主要的文化自信源泉，同时明确了“对文化具体内容自信”，为我们从文化自身逻辑敏锐觉察大学生文化自信缺失的表征提供了重要启示。

对当代中国大学生文化自信心态状况的准确把握是搞好大学生文化自信建设的基础和前提。然而，把脉当代中国大学生文化心态绝非易事：一是因为文化心态本身就是一个复杂的多元立体结构，具有开放性、继承性等特征；二是因为中国发展不平衡导致各地区、各阶层的大学生文化心态呈现出一定的差异性。这两大因素的叠加，使得当代中国大学生的文化心态犹如一曲多声部合唱，既有主旋律，又有众声喧哗。因此，对当代中国大学生的文化心态需要从多层次、多角度进行综合考察。

首先需要说明的是，这里对当代中国大学生文化自信心态的现状描绘，目标对象不是作为总体的当代中国大学生文化自信心态，而是对某一类人群具有代表性的心态进行描绘。[2]作为总体的或者说是当代中国大学生的主流文化心态，毫无疑问是自尊自信、开放包容、积极进步，改革开放以来的巨大成就尤其是我们今天越来越接近民族复兴的伟大梦想，中国当代大学生的

[1] 吕文利 . 中华优秀传统文化 让我们自信 [N] 人民日报海外版 . 2016-08-18(06).

[2] 吕德才，许俊伟 . 文化自信的时代审思：与高校思政教育融合探赜 [J]. 成都中医药大学学报 (教育科学版),2021,23(1):103-106.

主流文化心态正是对此做出了生动说明。其次需要说明的是，依据不同的标准和条件，当代中国大学生的文化心态可以划分为不同类型，本书不能一一穷尽，只能择取一二，希望达到管中窥豹的效果。

当今中国文化领域仍然有社会主义文化、西方资本主义文化和中华传统文化的竞争。大学生是一个拥有强大社会影响力的群体，他们所具有的文化心理，不但关系到我国的文化发展走向，也关系到我国社会主义的发展与繁荣。总的来说，中国的当代大学生以理性平和、开明务实的态度看待以上三种文化，然而也有一定的偏差。与相对系统、理性的文化心态不同，大学生的文化自信心态显得较为碎片化、感性化。当前由于中国的快速发展和深刻转型，普通大学生的文化自信心态呈现出情绪化、非理性的一面。[1]当然这并不是说二者的文化自信心态就没有任何重叠、相似的地方，只是侧重点有所不同而已。值得注意的是，二者的文化自信心态也会互相影响，尤其是掌握网络话语权的大学生，他们对社会发展的判断认知会影响到普通大学生的文化自信心态。本书就从大学生文化自信缺失的总体情况出发，归纳总结出以下四点主要表现。

一、大学生对中华传统文化缺乏正确的认知

中华优秀传统文化是中华民族长期发展所产生的一种精神和文化产物。习近平总书记曾数次提到，中华优秀传统文化在我国有着特殊的位置和现代意义。中华优秀传统文化蕴含着中华民族精神基因，具有深厚的文化软力量，是扎根于中国特色社会主义土壤，培育和践行社会主义核心价值观的有力来源，是支撑国家治理的宝贵实践。这对我们今天所面对的问题具有重大的启发意义。[2]

从当前大学生对中华文化的总体认同情况来看，大多数的大学生表现出对中华文化及其价值的接受、肯定和推崇。然而进一步分析发现，部分大学生尽管对中华文化的认同度较高，但对中华文化及其背后蕴含的价值观念的认知程度并不高。此类大学生对中华优秀传统文化、革命文化、中国特色社

[1] 韦冬雪，闵雪．思想政治教育文化价值的实践逻辑 [J]. 中学政治教学参考，2021(11):65−67.

[2] 张燕欣．文化自信视域下的大学生思想政治教育研究 [J]. 现代职业教育，2020(20):182−183.

会主义文化的认同度都较高，但却对其缺乏足够的认知。这种认同度高而认知偏低的现象表明大学生的文化自信并不是真正的自信。在某种程度上，这种自信是盲目的。没有扎实的文化自觉作为基石，文化自信心极易动摇。大学生普遍对中华优秀传统文化表现出高度的认可，但在认可中华优秀传统文化具有超越时空的永恒魅力的这部分大学生中，有部分大学生表示对中华文化发展演进历程的熟悉程度较为一般，还有一小部分大学生甚至不熟悉中华文化的发展演进历程。与此同时，在明确表示更喜欢中国传统节日的大学生群体中，有些大学生对中华文化历史的了解程度一般。

文化自信不仅表现为对优秀传统文化的继承和肯定，对时代文化的传承和弘扬，同时也表现为对未来文化发展前景的希望和信心。考察大学生文化自信状况的一个不可或缺的维度，就是大学生对中华文化生命力的自信程度。当代大学生在整体上呈现出积极、健康、向上的精神状态，对中华文化有着较为强烈的信念和信心。但调查结果也发现，当代大学生在文化认知、文化行为等某些具体方面稍显欠缺，突出表现在：部分大学生对中华文化的认同度较高而认知偏低、对西方文化过度推崇却缺乏正确认知、对中华文化的认知较高而行为脱节等，这说明当代大学生文化自信的水平和程度仍有较大的提升空间，理应成为当前及今后一个时期内须着力解决的重大问题。具体体现在以下三个方面。

（一）大学生缺乏对中华传统文化的整体认知

从系统学视角审视大学生对中华传统文化体系的整体认知，其不足主要体现在：大学生整体认识中的“中华传统文化”是被“割裂”的。中国的传统文化体系一向是一体的，但五四运动以后，它的整体性却被瓦解了。以经、史、子、集为基础的完整的学制，在近代的西方学制中被割裂。大学生对中华传统文化体系的认识存在一定的问题。在五四时期，中国传统的历史合理性遭到了否认，因此也就否定了中国人与中华传统文化的融合。之后，根据马克思主义辩证法观点，提出中华传统文化中存在“精华”和“糟粕”，将其划分为“精华”与“渣滓”，但是在划分标准的科学性、普及性上有待推广提升，“中华传统文化”的完整性有待修补。

（二）大学生缺乏对中华传统文化的综合认知

大学生缺乏对中华传统文化的综合认知。中华传统文化是一个由多个子系统组成的整体，整体比各子系统的总和要多。五四运动之后，传统文化被从不同角度拆解，偏重某些因素，如传统的道德，而忽略了其他方面。这种合乎情理的因素也丧失了一体化的力量。一旦没有了这种综合的、整体的体制，那就没有了传承的意义和能力。而现在，传统的文化似乎已经变得残缺不全，无法实现整体多于局部的功能，难以进行完整的架构。在很多大学生的心目中，儒家是封建主义的思想，而佛、道则是迷信。离开了文化，被视为传统的优秀的家风道德也就无法建立。

这种传统文化因而也限制了动态发展的可能。[1]在面对来自世界各地的冲击时，传统的文化体系因其自身的物质与体制体系无法做出有效的反应，致使整体体系动态闭塞，使传统的文化体系瓦解，继而无法继续保持良好的运转。在现有的碎片化的体制下，无法迎接来自西方的挑战及化解自身所累积的问题，从而导致传统文化体系的内外联动式的、爆发式的破裂，唯有习俗与价值体系仍在民间保留维系，全国人民陷入了困惑，大学生也不例外。旧有的文化体系和价值观念不再得到贯彻，新的文化价值体系还很遥远。目前中国大学生对文化体系感知十分混乱，古代文化、现代文化、西方文化都处于杂糅状态，没有一个固定的体系。

（三）大学生缺乏对中华传统文化的结构认知

大学生对传统文化的结构性认知有待完善。流传千年的传统文化本应是一个稳固的体系。但在受到西方文明的影响后，这种结构的稳定性受到了很大的破坏。从心理精神层面上讲，西方的民主与自由主义思潮侵入，不断冲击着大学生残留的碎片化的儒学理念。从实践习俗上讲，在中国引入了西方更加现代化的生活方式之后，中国的传统习俗已经无法保持了。从体制体系上讲，中国的民主政治是对君权体制的破坏。从物质生产上讲，西方商品经济冲击了中国的小农、小手工艺，对经济基础进行了重构。

[1] 叶欣．思想政治教育视域下当代大学生文化自信培育研究 [D]. 成都：四川师范大学，2017.

大学生与传统文化之间的关联性被割裂。传统文化本是儒、释、道互通有无，各美其美的文化，物质文化、制度文化、风俗文化、精神文化之间也是相互联系、相互支持的，而西方的文明进入之后，就变得杂乱无章。儒教在适应现代的制度前还有待转型，道教与佛教各有不同的发展方式，彼此不相关。唯一的共同点就是它们都被排斥在外。长期以来，人们普遍把传统文化视为阻碍“现代化”进程、对民族繁荣不利的传统价值观念，视为落后和无知。传统的体制已经不复存在，传统的材料和传统的手工艺、传统的建筑、传统的生产工具，都在逐渐消亡。尽管我们仍然过春节、端午节，但节日变成了休闲度假，没有了往日的神圣和崇高感。现在大学生的思想中，只有现实的东西，传统的价值观中蕴含的意义不再被他们接受。物质主义和实用主义也在割裂传统文化内在联系的背景下盛行。

其实，改革开放以来，我国的传统文化的情况有所好转，逐步呈现“走向复兴”的倾向。这主要是由于中国日益强盛，大学生对中华传统文化的信心也在逐步复苏，并产生了“以儒家精神挽救天下”的期待。再者考虑到近年来社会的一些不良现象，他们想要从传统文化中寻找治愈疾病的良方。但是在全球化背景下传入的各种西方文化，强势进入却没有解决中国的问题，反而带来了更多阻碍。在党和国家的高度重视下，在具有文化危机感的知识分子的带动下，在种种原因的综合作用下，中国的传统文化尤其是儒学，似乎正步入另一个新的时代。比如，山东曲阜于2014年出现了一股以孔子为代表的“孝”与“五伦”思想来重塑农村道德与人文环境，但这一现象并不一定可喜。相对于对西方文化潮流的提防和警惕，大学生对文化的复古性并没有表现出特别的敏感和关注。这些隐藏的趋势往往表现为反对西方文化、复兴民族文化，在某种意义上还带有某种迎合大学生民族主义心理的成分。[1]面对西方文化的强大，新儒学重视和弘扬中华优秀文化，可以在某种程度上起到制约和平衡的效果，但同时也要关注二者的不谋而合，这两种文化在反映马克思的根本观点上存在相同的倾向。总之，西方的文化思想存在否定社会主义现有的成就的倾向，而“尊孔崇儒”和“儒家宪政”能影响社会主义

[1] 柴静.将文化自信融入高校思想政治教育的路径探析[J].品位·经典,2021(4):82-84.

可期的未来。没有对中华传统文化的准确认识，当代大学生的文化自信就会成为无源之水、无本之木。

二、大学生对革命文化的自信不断弱化

革命文化是中国共产党在自身成立和带领中国人民进行新民主主义革命和社会主义革命的过程中，在对传统文化批判继承的基础上形成的新文化。党的十八大以来，习近平总书记多次重访革命老区，回顾伟大革命历史，强调理想信念，阐释革命精神，赞扬革命英雄。在习近平总书记看来，革命文化唤醒了民众，实现了对民族精神的升华，激励中国革命取得了最终胜利，在历史上发挥了重要作用。在当前，革命文化仍然是抵制历史虚无主义、确保红色江山永不变色的重要资源，是社会主义核心价值观的丰富滋养，是党和国家兴旺发达、长治久安的重要精神力量，任何时候都不能忘也不能丢。革命文化启蒙于五四新文化运动，在新民主主义革命中逐步孕育成熟，在社会主义革命建设中继续发展。数十年血与火的革命历史孕育了伟大的革命精神，彰显了崇高的理想信念，涌现了无数伟大的革命英雄，使得在这一过程中形成的新文化带有鲜明的“革命色彩”。在看望文艺界社科界委员时，习近平总书记意味深长地强调，不能淡化红色这个革命颜色。

（一）大学生对革命理想的崇高性有所动摇

革命理想是革命文化的核心。习近平总书记指出：“中国共产党之所以叫共产党，就是因为从成立之日起我们党就把共产主义确立为远大理想。”[1]理想因其远大而为理想，信念因其执着而为信念。共产主义理想伴随马克思主义指导地位的确立而确立。五四运动后期，马克思主义以其科学性、真理性和革命性成为当时众多社会思潮中占主导地位的学说，并最终成为中国共产党人的指导思想。马克思主义对人类社会发展规律的科学论述，对共产主义的设想，使共产主义远大理想在党纲中确立下来。在革命斗争过程中，相比于帝国主义的侵略、封建主义的剥削、官僚资本的垄断，共产主义理想指引着中国共产党人忧人民所忧、喜人民所喜，真正在实践中为

[1] 习近平．在庆祝中国共产党成立 95 周年大会上的讲话 [N]. 人民日报，2016-07-02(3).

中国人民的幸福而奋斗，日益彰显其先进性和道德至上性，在革命斗争中愈加深沉和执着，在黑暗的革命中发出了一道亮光。习近平总书记指出，“革命理想高于天”的磅礴力量，支撑着中国共产党人不畏牺牲、顽强拼搏。正是这道亮光，吸引着无数中国共产党人和革命者为之奋斗、为之坚守、为之信仰，这才有了二万五千里长征胜利的人间奇迹，才有了新民主主义革命的胜利。但反照现实，在从事大学生党建和思想政治教育工作的过程中，我们常遇到不少学生从进校直到临近毕业都一直存在学业迷惘的问题。青年大学生出现上述问题，归根结底是人生的理想和信念不明晰、不坚定、常摇摆所致，并时常被空想、幻想误导所致。这种自身的信念不坚定在古今境遇的对比下，并没有激发应有的奋发图强的继承之志，反而出现质疑董存瑞等革命英雄事迹的事件，这折射出他们对革命理想崇高性的动摇。

（二）大学生对革命精神的丰富性无所感知

革命精神是革命文化的灵魂。在艰苦卓绝的革命斗争过程中，中国共产党领导中国人民形成了一系列标志性的精神。这些精神是对以爱国主义为核心的民族精神的体现和升华，是中国革命取得胜利的强大精神支柱。习近平总书记对革命斗争中形成的革命精神进行了新的阐释和补充，推动了中国革命精神谱系的构建。

第一，五四新文化运动形成的“爱国、进步、民主、科学”为主要内容的“五四精神”，是百年来中华民族先进价值观的结晶，全社会都要坚守和践行。第二，中国共产党成立初期形成的“红船精神”，必须结合时代特点大力弘扬。第三，新民主主义革命时期形成的“革命精神”。习近平总书记先后阐释了系列精神，强调要继承革命精神，传承红色基因。第四，社会主义革命和社会主义建设时期的精神成果。习近平总书记对这一阶段所形成的“抗美援朝精神”“雷锋精神”“大庆精神”“焦裕禄精神”“‘两弹一星’精神”等进行了一一论述，指出这些精神都是我们极为宝贵的精神财富。习近平总书记对中国革命精神的系统阐释，展示了中国共产党领导中国人民在革命斗争过程中不畏强暴、百折不挠的英雄气概和顽强的革命意志，彰显了以爱国主义为核心的民族精神的升华，丰富并充实了革命精神谱系。但在高校思想政治教育课堂上，让学生对上述革命精神进行解释阐发，得到的答案却不尽如人意。大学生对革命精神的丰富性感知不深，是大学生对革命文化自信弱化的重要表征。

（三）大学生对革命作风的重要性无动于衷

革命传统与作风是一种重要的文化成分。习近平总书记强调，无数的革命烈士遗留下来的优秀文化，将会成为我们不断向前的一笔宝贵的遗产，永不能丢失。毛泽东关于统一战线、武装斗争和党的建设的“三大法宝”，“理论联系实际，密切联系群众，批评和自我批评”三大方针，以及在革命胜利前夜所强调的“两个务必”，这些都是留给我们党的宝贵的精神资源。而部分学生干部的官僚作派，利用职权假公济私等问题说明大学生学习工作生活作风不仅没有继承革命传统，还出现种种乱象。[1]这些乱象不仅存在，而且有一定的严重性、危害性。它既与高等教育培养健全人格的初衷相违背，也败坏了学生组织的风气，更容易让很多人热衷于追求“级别”，增加“光环”，展示“威风”。大学生对革命作风的重要性意识不足，是大学生对革命文化自信弱化的危险警告。

革命文化是抵制历史虚无主义、确保红色江山永不变色的重要资源。部分大学生话语中折射的历史虚无主义对中国革命历史的戏说与虚无，对革命英雄的污蔑，对革命精神和革命理想信念的质疑和歪曲，在很大程度上就是对中国共产党领导中国人民在革命斗争中所铸就的革命文化的否定。习近平总书记在继承中国共产党人文化思想的基础之上，对革命文化进行了阐释，他指出：“新中国是无数革命先烈用鲜血和生命铸就的。要深刻认识红色政权来之不易，新中国来之不易，中国特色社会主义来之不易。西路军不畏艰险、浴血奋战的英雄主义气概，为党为人民英勇献身的精神，同长征精神一脉相承，是中国共产党人红色基因和中华民族宝贵精神财富的重要组成部分。我们要讲好党的故事，讲好红军的故事，讲好西路军的故事，把红色基

[1] 柯力. 基于文化自信的高校思政课堂红色文化教育守正创新策略 [J]. 辽宁经济职业技术学院·辽宁经济管理干部学院学报 ,2021(1):97−99+118.

因传承好。”[1]革命文化是党和国家兴旺发达、长治久安的重要精神力量，大学生对革命文化的自信重要性不言而喻。当今中国的发展面临的是更为复杂、更为艰险的挑战，国内改革进入深水区，各方面体制机制需要进一步完善和优化：国外亦面临诸多难题与挑战，国际金融危机的深层影响持续显现，各种保护主义渐次抬头，新霸权主义更为凸显，各种传统和非传统安全威胁相互交织。[2]习近平总书记强调，要继续推进这一场持续了90多年的社会革命，既不能在成就和喝彩声中丧失革命精神和斗志，也不能因为困难而退缩，而是必须保持革命精神和斗志，使中国特色社会主义彰显更为强大的真理性、优越性和先进性。此外，他还着重强调了理想信念对推进党的自我革命所具有的重要意义。他指出，当前党领导中国特色社会主义事业面临着“四种考验”和“四种风险”。要走好新的长征路，广大青少年尤其是接受国家培养的大学生对革命文化没有充足的自信是难以想象的。

三、大学生对社会主义文化先进性认同感较低

社会主义先进文化是中国共产党领导中国人民在社会主义建设和改革的过程中，批判继承传统文化、弘扬传承革命文化所形成的文化形态，蕴藏着具有鲜明时代特色的价值观念、社会理想和精神品质。在习近平总书记看来，这些价值观念、社会理想和精神品质是抵御意识形态渗透的有力武器，是推进国家治理现代化的重要源泉，是提升文化软实力的重要资源，是进行党的建设新的伟大工程的重要力量，能够为民族和国家的发展提供强大的精神支撑。

长期以来，人们对社会主义的思想文化有一种刻板印象。这种心态由来已久，在建立之初，苏联是一个典型的社会主义国家，我们不断学习模仿。而在中国的改革开放之后，却很难摆脱“姓资姓社”的束缚。时至今日，人们在百度上搜索“中国”“社会主义”“资本主义”等关键词时，仍然能看到很多学生在问“中国到底是社会主义还是资本主义”，也有人说中国“走

[1] 习近平：用好红色资源，传承好红色基因，把红色江山世世代代传下去 [J]. 求是，2021:10.
[2] 滕苏苏，王韩雨 . 思想政治教育视域下大学生文化自信培育研究 [J]. 哈尔滨职业技术学院学报 ,2020(3):52–54+170.

'左'倾的路"或者"走右倾的路"，也有一些人为中国冠上"资本社会主义""国家资本主义""官僚资本主义"的帽子。以上问题和认识与对社会主义文化的条条框框的认识有一定关系。

虽然中国共产党在领导革命、建设和改革的过程中，不断进行对教条主义的批评，使其很难掀起什么浪花，然而一些人的脑子里，还残留着一些毒素。随着当代大学生对"贫富悬殊"的不满与对左翼思想的好奇，加之西方的传媒大肆宣扬中国所谓的"资本主义"，有些人甚至用马克思主义来批判今天的中国脱离了"纯正"的"社会主义"。他们当中有些人抱着"原教旨主义"的心态来看待马克思主义，认真研究马克思主义著作，把马克思、恩格斯所说的一切拿来一字一句同中国的实际作比较，如果有不一致之处，他们便认为自己掌握了真理——掌握了真理，就可以痛斥中国的社会主义和中国的共产党，甚至把它们放在互联网上，引起争论激辩。[1]这些人极少能通晓马克思主义，却常常固执己见，对马克思主义的个别词句、论断过分关注，却忽视其背后的特定语境，对古典名著的告诫也毫不在意。这是一种对马克思主义的信条式的看法，认为马克思说的每一句话都是真话，反而不仅限制了马克思主义的活力，也影响了社会主义文化先进性的根基。

要评判中国是否实行了社会主义，并不取决于中国的发展是否符合马克思主义原文，而取决于它的整体结构和精神是否符合马克思主义的共同理想。从马克思主义哲学角度看，事情的发展是由其主要矛盾决定的，而其本质是由其主体的冲突支配的。中国目前所做的一切，都是正确地把握了社会的主要矛盾和矛盾的本质。中国共产党的执政理念，是以我国的基本国情为基础，以经济建设为中心，以四项基本原则为指导的。我们坚持走以社会主义市场经济、社会主义民主政治、社会主义先进文化共同发展的中国特色社会主义道路；建设社会主义和谐社会、生态文明社会，推进人的全面发展，逐步实现全体人民共同富裕的社会主义现代化国家。习近平总书记对这一点特别指出，这是在新的时代中反映科学社会主义的根本原理，要是失去了它们，就不叫社会主义了。有些大学生觉得，中国走社会主义发展道路，就要

[1] 朱峰．思想政治教育话语体系建设下的文化自信 [J]. 文化产业 ,2021(3):135-136.

在各方面表现出它的优势，不能理解和接受目前社会发展中的一些问题。也有人把社会主义改造与社会主义改革说成是自相矛盾，等等。这一误解或忽略了社会主义的根本条件，或故意夸大了这两个时期的对立，看不到社会主义事业承继的脉络。

简言之，中国特色社会主义在遵循科学社会主义的根本原理的同时，也根据不同的历史环境，使其具有中国特色，符合中国国情，这就是中国特色社会主义真正意义上的社会主义。要正确认识和把握中国的社会主义，必须坚持马克思主义基本原理和科学社会主义的基本原理，必须坚持解放思想，坚持实践，克服各种教条式的认识，坚定社会主义文化先进性。

四、大学生对西方文化盲目崇拜

与西方文化进行对话和沟通，对西方文化进行严肃的研究和认真的学习固然无可厚非，然而一些大学生在“一好百好”的错误认识上，将西方文化视为权威和准则，有的人还存在盲目的迷信心理。在这种情况下，许多大学生自觉或不知不觉地陷入了逻辑、思维框架和研究范式的陷阱之中，失去了主体思考和解释的权利，从而使他们对西方文化产生盲目崇拜心理。

冷战结束之后，西方发达国家纷纷制定了新的文化战略，将文化渗透到其他的国家之中，把文化作为在世界上扩展自己霸权的一种新型工具。从结果上来看，西方文化渗透是隐秘的、难以察觉的，它已经渗透到我们生活中的方方面面，如同糖果般甜蜜诱人。当回过头来的时候，我们已经深深地被西方文化包围、环绕，西方的一些东西甚至内化为我们思想、行为的一部分，通过自然而不自觉的形式表现出来。从对西方品牌、文学与艺术的盲目崇拜到 “思想政治教育就是洗脑”之类的雷人雷语，我们可以看到的是，我们独有的价值、审美、观念、道德、话语被西方文化遮蔽了。许多大学生在中西文明的碰撞中产生了自卑心理和迷信西方的文化倾向。[1]

（一）大学生对西方文明进化论的迷信盲从

西方文化渗透的思想基础是西方文明中心主义，其话语表现是“文明与

[1] 李超众 . 优秀传统“家文化”融入新时代大学生思想政治教育研究 [D]. 太原：山西财经大学 ,2020.

野蛮”的二元对立。西方发达国家利用其较为领先的经济、政治发展水平，把西方文明包装成最美、最理想、最顶点、最先进的文明，以“我即是文明”的评价标准去否定其他文化，认为它们是愚昧的、落后的、野蛮的。这样的评价标准与体系摧毁了一些国家的人民的民族自尊心、自信心、自豪感，很多国家与民族逐渐走向了怀疑甚至否定自己文化的道路。“文明”这一进程仿佛在西方资本主义国家社会内部已经全部完成，他们将自己打扮成传播“文明”的教士，向第三世界所谓“野蛮”国家传递自己的文明。在“文明—野蛮”的话语之下，其他民族所创造的文明成果被否定，有些国家和民族的文化在不知不觉中被西方文明概括，被他人吸收。

这种对西方的进化思想的迷信主要有两个体现：一是用西方的文化作为“看病”的准则；二是用“真经”来“抓药”中国。在政治体制方面，一些学生坚持“一人一票”“三权分立”“多党轮流”是“标准答案”的“民主”，并宣称中国早晚会走上“西式”的道路。[1]由于中国并未采纳上述的西方民主制度，因此在他们看来，中国并非“民主”，也非“专制”。在“民主”和“专制”这种二元对立的西方语言范式下，不管中国的政治体制如何发展，也无法满足他们苛刻的衡量标准。在经济上，中国是一个实行社会主义市场经济体制的国家。对于中国的体制，西方公众一直持偏见，认为它属于“资本家”，我们并不奇怪。但奇怪的是，有些中国的学术人士却紧随其后。这样的定义，不但扭曲了中国社会主义市场经济的本质，也影响了中国人民对发展社会主义的希望。在法治方面，党的十八届四中全会明确了“依法治国”和“依法执政”的理念。[2]在这部分人当中，有的人主张“依法执政”可以简单地用“宪政”来概括，因为宪政不存在东、西的区别，应该效仿西方的宪政体制。另外一些人认为，我们可以把“社会主义宪法”与“资本主义宪法”区分开来。它们都是对“依法治国”概念和中国特色社会主义法治的理解上的误区，这些误区容易给正在学习的大学生留下错误的印象。

[1] 曾欢琳.高校大学生思想政治教育仪式感的现状及提升路径研究[D].武汉：华中师范大学,2020.
[2] 葛伟阳.文化自信融入高校思想政治教育的现实境遇及路径研究[J].改革与开放,2021(1):58-61+67.

在国家发展和社会建设中，有一种对西方语言体系的迷信现象，大学科研也是其中一个重要方面。有些大学生认为，有西方背景、有渊源的学科，就能被称为“科学”，所以，学马克思主义经济学的学生和学西方经济学的学生相比，学西方经济学的学生有一种高高在上的感觉，甚至有一种轻视、鄙视前者的心理。而对中国的政治学、教育学等领域的批判和讽刺，尤其是对思想政治教育和马克思主义理论这些独具特色的学科的批判和讽刺，则是相当普遍的。这种情况还集中体现在与马克思主义和中国文化相关的研究方面，其产生的原因在于，某些大学生在学术学习过程中被西方话语体系和观念体系，即西方学者对“真理”的认识存在严重的偏差的部分，带偏了，带跑了。他们认为只有在从科学管理、实证主义、科学主义等西方科学管理思潮的作用下，才能对科学研究和管理进行探讨。美国的SCI和SSCI则是衡量科技成就的一个主要标准，更是把科学的迷信表现得炉火纯青，因此SCI被称为“愚蠢中国指数”（Stupid Chinese Index）。

综上所述，中国的发展的确有一些问题，这一点是不应否认的。从西方的角度去发现和纠正中国发展中的问题，并从科学上吸取和引入西方的优秀文化，都是必要的。[1]但是，中国的现代化并不是复制西方的现代化，而是中国人民自己摸索和实践的道路。西式的文明并非所言皆是，中国人对自身问题的剖析，可以借鉴西式的思维方式与思路，然而，这无法替代大学生自身的思想。

（二）大学生对西方文娱产品的从众消费

西方资本建立起强大的文化工业，向我们倾销大量的文化产品，这种文化工业品不是批判的、高雅的，而是大众的，甚至是消遣的、娱乐的。这样一来，大学生对现实的关注、对社会的关注会被很轻易地消解，对一个球队胜利的关注很容易超过对社会热点的探讨。在当下，部分西方文化娱乐产品，传递着个人（英雄）主义、自由主义、消费主义、享乐主义，西化侵蚀着大学生的思想，建构着他们对西方世界的吸引力和向心力。有些大学生看了西方的电影、图书，产生了对西方思想观念、行为模式、生活方式的向

[1] 李玲．基于文化自信视角的新时代大学生思想政治教育创新探析 [J]. 大学,2021(4):23-24.

往与崇拜，他们乐于吃着西餐，听着欧美音乐，谈论着西方的艺术时尚，关注着欧美的娱乐动态，渐渐地对西方的一些价值观念、政治模式产生了认同……西方发达资本掌握着技术、资本，塑造运作着自己的品牌，将其打造为“时尚”“潮流”的代名词，控制着发展中国家及其人民。

（三）大学生对西方评价体系的盲目追捧

西方的评价标准被许多大学生不自觉地接受，其实是西方中心主义的渗透。诺贝尔、金球奖、奥斯卡，西方俨然以文明标准的制定者、裁判者自居，俯瞰与点评全世界，将西式的审美标准、道德标准、艺术标准为裁量的尺度，西方社会制度、发展模式和价值观念被隐藏在一个个评判文化先进与否的标准背后。西方国家借中国对外文化交流之机，通过学术交流、学术赞助兜售西方各种学术理论，不断扩大自身影响。

西方文化渗透暗流涌动，意识形态领域风起云涌。西方文化渗透通过跨国资本的力量，依托西方国家强大的政治经济实力，以西方文明中心主义为思想基础，表现为“文明—野蛮”的话语，通过各种各样的形式向非资本主义国家渗透政治模式、价值观念，以实现资本利益的最大化。若大学生没有在正视自身文化的基础上盲目崇拜国外的一切，导致西方文化对其产生负面影响甚至超过积极影响，这就是十分可悲的事了。对于西方文化，大学生应该一分为二地予以分析吸收；对于西方文化，一定要加以审视、批判；对于文化渗透产生的有害影响，一定要革除。盲目学习和崇拜西方文化，是另一种形式的“闭关锁国”。

第二节　影响大学生文化自信的主要因素

大学生文化自信的发生受到内外因素的双重影响。从外部看，国际环境背景下“他者”文化的传入与挑战冲击着原有的文化认同；从内部看，社会现实背景下阶层的分化与矛盾使原有的文化共识（认同）发生分化，从而产生了“我是谁”“我们该走向何处”的自觉和困惑。在教育系统内部，从外部看，是高校思想政治教育的引导乏力[1]；从内部看，则是大学生自身的心态偏差。内外视角的四重分析揭示了影响大学生文化自信的主要因素。

一、国际环境因素

知识源于实践，而对知识的准确理解则源于对实践的理解。当前，国际形势正在发生前所未有的巨变，中国特色社会主义已步入新的历史阶段。这两个全局都是习近平总书记谋划工作、提出新思想的根本起点。而大变局中存在的以西方价值观为主导的世界秩序的日渐式微、文化软实力在综合国力竞争中地位的日益提升、以意识形态渗透为手段的霸权行径的愈演愈烈，以及新时代实现中华民族伟大复兴要建立与硬实力相匹配的大国心态、要建成社会主义文化强国、要为人类做出更大贡献的时代任务，是习近平总书记认识和提出文化自信的现实基点。[2]

今天，全球正面临着一个世纪以来最大的变化。“变”是在新兴市场经济国家和新兴工业化国家的快速发展和工业革命的推动下，表现为“南升北降”[3]；体现在国际力量对比的改变及就此促成的国家格局的日趋平衡；体现在西方国家所陷入的制度性困境，以及以西方为主导的世界秩序的日渐失效；体现在一些发达国家为维护自身的霸权地位而实行的更加激烈的单边

[1] 蒋晨菲．思想政治教育视域中大学生文化自信教育研究 [D]. 天津：天津师范大学，2015.

[2] 王阳．文化自信视域下新时代大学生思想政治教育研究 [D]. 哈尔滨：哈尔滨工程大学，2020.

[3] 黄雅娟，杜伟．文化自信融入思想政治教育的路径探析 [J]. 汉字文化，2020(7):141-142.

主义、保护主义、霸权主义和强权政治，以及由此造成的更加严重的治理赤字、发展赤字、信任赤字；等等。[1]而在这些“变”之中也蕴藏着诸多的“不变”。这些“不变”体现在“和平与发展”仍然是当今时代的主题；体现在全球力量对比结构并未发生根本改变；体现在发达国家在国内治理和世界秩序中仍占据惯性优势；体现在“资强社弱”的态势在短期内很难改变，两种制度之间的并存和斗争将会长期存在。“百年未有之大变局”的国际形势对我们的文化事业造成了深远的冲击，给我们的国家带来了新的发展机会和新的需求。

（一）以意识形态渗透为手段的霸权行径愈演愈烈

在百年未有之大变局中，两种社会制度并存和斗争的格局没有变，“资强社弱”的总体态势没有变，但是“资”与“社”的力量对比却在发生明显的“量”变，意识形态之争并未随冷战的结束而消退，反而愈演愈烈。作为最发达资本主义国家的美国始终将中国视为“战略竞争对手”，以意识形态渗透为手段对中国采取的霸权行径愈演愈烈，企图以此遏制中国发展和实现和平演变。

美国采取多样化的意识形态渗透手段，且不断加大力度。一是借助强大资本的支持，美国资助中国学生、学者赴美访学、培训、交流，借以传播美国文化精神，改变他们自身的知识传统。此外，美国捐赠反映其意识形态的教材和图书资料来实施文化渗透。这在一定程度上造成了我国一些高校教材的西方化、“马工程教材”的边缘化。同时，在我国发展文化产业、开放文化市场之际，一些美国资本大量涌入，对我国文化产业的价值取向产生了巨大影响。美国还以基金会为平台宣扬其价值观，干涉我国内政，资助“藏独”“疆独”“港独”分子。此外，美国还以强大经济实力建立了庞大的媒体帝国，形成了全球信息传播系统，借以全方位、全天候、全时空地向中国传输美国价值。二是借助强大的互联网技术，美国取得了绝对的网络控制权，致使美国思维和价值预设渗透于互联网的各个方面。从网络语言到搜索规则，中国的网民在接收网络信息时，必然深受美国文化的渗透，并给我国

[1] 宫敏．高校思想政治教育培养大学生文化自信的实践探讨 [J]. 大学 ,2021(4):91–92.

的网络管理和网络安全带来巨大困难。借助先进技术的控制，美国在我国周边地区和本土设置数十台电视广播转播台，多频率、多时段向我国发射信号，在美化其社会制度和生活方式的同时，对我国的国家形象进行歪曲和攻击。三是借助文化规则的垄断，控制国际文化评价标准和逻辑规则，致使中国在文化国际化的发展中处于被动局面：一方面很难突破西方强加给中国的刻板印象；另一方面致使文艺作品在很大程度上以迎合其标准为代价来换取国际认同。四是借助话语权的领导，美国极力宣扬立足自身文化背景和治理实践的“普世价值”，以所谓的“普世”来掩盖其背后隐藏的政治倾向和阶级利益，将自己置于人类抽象道德的制高点，为文化霸权披上先进、合理、科学的外衣。大变局之下的意识形态渗透，对我国的民族精神独立性、文化安全和意识形态安全提出了挑战，也使保持民族精神独立性、维护文化安全和意识形态安全成为我国重要的时代课题。

（二）文化交流中“他者”的传入与挑战

在全球化时代，文化间的互相影响、深度介入及其所引发的认同问题早已不是一个选择题，而是一道必答题。作为文化上的“他者”，外来文化总是对本土文化构成某种层面的冲击，展示出其积极或消极的效应。从积极方面看，“他者”文化的进入必然会为本土文化增添新的文化因素，也为大学生的文化选择增加新的选项，在一定程度上激发了本土文化的活力和生命力。从消极方面看，进入本土文化的“他者”往往是文化中比较强势的一方，因而这种进入通常并非仅仅停留于文化交流层面，更多的是伴随着经济与军事等方面的殖民与强权，因而这种建立于综合实力基础上的文化模式似乎也全面地成为先进的代名词，催生了后发国家的大学生对自身文化传统进行反思和评估，在一定程度上促使原有文化认同的割裂和失效。[1]无论从积极的促进作用看，还是从消极的冲击方面看，一个客观事实是无法回避的，那就是“他者”在文化自我的建构中具有重要意义，甚至有人认为没有“他者”就无所谓自我，“自我”是在对“他者”的否定中得以形成和完善的。

[1] 张莹．文化自信融入高校思想政治教育的方法探微 [J]. 公关世界，2020(24):120−121.

围绕“他者”的相关讨论有着深厚的理论渊源。柏拉图把“他者”看作“同者”自我定位的因素；笛卡儿从“我思故我在”确定了自我以外的客体上的“他者”；黑格尔把“他者”主体化，在“自我”与“他者”的关系上提出了既互相矛盾又互相依存的“主奴辩证法”；萨特把“他者”的凝视看作自我建构的重要因素；德里达一再论析的“好客”是对如何悦纳“他者”的关注；列维纳斯则认为，只有从“自我”走向“他者”才能超越西方哲学的本体论传统，走出狭隘的自我中心主义。可以说，通过对“他者”的描述树立他性，进而发现“我”与“他”之间的差异，这个过程在某种程度上被视为对自我的定位和建构的过程。

在西方社会中，“他者”往往是为了维护“同一性”、强化“我之为我”的独特性而制造出来的话语和形象。而对于身处文化弱势地位的广大第三世界国家而言，“他者”文化的传入常常是认同危机的开始。[1]这是由于大学生在面对强势文化时，原有的文化认同发生了动摇，价值评价在一定意义上发生了某种让渡，“自我”的定义似乎只有通过“他者”才能得到确证。如后殖民主义的重要代表爱德华·萨义德所说，资本主义的文化与殖民主义在一定意义上是一种共谋，西方对自我主体身份的建构是在把作为殖民地的东方视为“他者”的基础上形成的。因此，在文化间的交往和冲突过程中，每一文化从自身状况和现实需要出发，都会以建构“他者”的方式强化自身的文化意识。

从历史角度看，人类文化在不同时期总能形成独特的文化高地，而文化传播通常是由文化高地向外扩散，近代以来，文化的流向集中体现为西方文化的全球性扩散。对非西方社会而言，作为“他者”的西方文化无疑是陌生的、异质的、危险的“在者”，其传入过程不可避免地冲击着本土文化的平衡性和连续性，进而引发大学生对自身文化合理性的再思考。这种思考包含两个彼此相悖的逻辑：接受还是拒斥，其实质是对发展方向的选择；接纳强势文化的发展逻辑积极进入世界文化的发展主流中去，还是坚守自身传统以

[1] 姜彦杨.高校思想政治教育培育文化自信的内涵、意义及路径[J].经济与社会发展,2020,18(6):87-92.

免被强权吞噬。事实上，文化的交流互鉴历来都是促进文化发展的重要因素，正是在不断地吸收和借鉴“他者”文化的过程中，文化的创造力和生命力被充分调动和激发。文化的相遇、交流乃至冲突都构成了激活文化生命力的外部力量。

此外，面对“他者”文化的冲击，本土文化并不是全然无法选择的，这是由于原有的文化图式对“他者”文化的解读乃至误读在某种程度上具有一定的生产性意义。斯图亚特·霍尔提出的编码和解码理论对我们思考与处理“他者”文化的冲击有所启发。他指出，只有经历过编码过程的消息才能进入社会层面的传播范围，因为只有符码才能带来清晰的话语。信息的发出者通过有意的编码伪装真实意图从源头上塑造一种“选择性结构”的模式，进而形成预定的意义体系。而解码是使这套符码系统和意义体系最终能够进入社会实践领域的重要环节，编码的真实效应只有在解码中才能得到落实。霍尔以此考察文化的传播过程，指出文化交往也是一个编码和解码的互动形态，是通过发送者制造信息，经由中介的传递，收信者接收信息的动态过程，这个过程也可以描述为编码—传递—解码的过程。然而编码、解码并非具有直接同一性，甚至不同的接收者具有完全相异的解读，这是由于在文化信息的传播过程中，信息会因起始双方的语言差异、文化差异等产生误读和再造。霍尔根据解码过程的不同提出了三个“假象立场”：一是主导-霸权立场，即通过暗箱操作来引导受众在符码范围内解码；二是协调的符码，认为信息中包含相容与对抗的二重性，相容的因素受到迎合，对抗性因素则受到排挤；三是主观误读，对信息完全理解但是出于主观的拒绝而以一种完全相异的方式进行解码。在霍尔看来，信息传递的意义往往不是由信息制造者决定的，相反是由信息接收者指定的，信息接收者对信息的解码决定了信息与实践的结合程度，在这个意义上，霍尔赋予受众一种积极的“生产”意义。

二、社会现实因素

（一）社会阶层的分化、矛盾与流动

作为一种主流话语，经济社会的全球化已全面渗透到各领域，尤其是信

息化、网络化带来的一体化体验，让大学生更加直观地感受到全球化在生产生活方式上带来的深刻变化。然而，与之相对的另一种趋势也成为冲击文化认同的一种新挑战，即由社会分化带来的个体化趋势。作为一种社会文化心理，文化认同现象古已有之，如“夷夏之辨”“正统与异端”等，但由于传统社会生产方式与生产规模的简单化、人际交往形式与范围的固化及社会结构的自成系统，使文化认同具有相当的连续性和稳定性。随着经济的发展与血缘宗法社会的瓦解，主体文化意识逐渐觉醒，开始重视自身需要和选择权利，单一的社会结构开始瓦解，不同阶层的主体开始从社会“母体”中分化出来，形成了复合型的社会结构。[1]在复合型的社会结构中，社会的运行逻辑与组织方式产生变化，原有的共识被动摇，不同的社会群体和集团在政治、经济、文化、生活方式等方面产生了利益和需要上的差异。这种混杂性和多元性冲击了大学生的文化传统，导致了认同危机的凸显。

经典社会学理论从不同角度出发对社会结构的分化进行考察：如马克思按照对生产资料的占有情况，提出了社会日益分裂为资产阶级和无产阶级两大阵营；马克斯·韦伯强调社会分层的多维性，从财富、威望和权利方面提出了社会分层的三重标准；涂尔干则从分工出发，按照职业共同体的界限对社会群体进行了划分。[2]尽管对社会阶层分化问题的研究进路各有不同，但在一个问题上，大学生有着相当的共识，那就是社会分化已经全面发生在各个领域，并现实地消解着原有的认同模式。

社会分化深刻地改变了大学生的存在方式和思维方式。如乌尔里希·贝克所说，全球化时代是一个“民族国家、阶级、宗族及传统家庭的社会秩序正处于衰落的时代”。在此情境下，整体主义隐退出场，个体主义及由共同利益、共同需要联结而成的不同阶层粉墨登台，“过自己的生活”成为自我创造、自我认同的实践动力和最终理想。贝克指出，这种理想与冲动正是在社会高度分化的情境下产生的。在当代，全新的社会运行机制正在发生：生

[1] 任学鹏．文化自信：新时代高校思想政治教育的重要维度 [J]. 开封文化艺术职业学院学报，2020,40(12):180-183.

[2] 王吉莉．基于思想政治教育视阈的大学生文化自信培养 [D]. 桂林：广西师范大学，2014.

产的逻辑被消费的逻辑替代，无形的服务与有形的商品一起成为一种生产，社会分工的细化使各领域具有高度的独立性和无法替代性，大学生的身份与角色也相应地在其间切换。在这样的情境中，个人相对于社会生活，只是部分的、短暂的介入，这种身份上的支离破碎使大学生不得不在角色差异中重建自我的认同，从而寻找自己的生活。

社会分化带来社会阶层的变动重组，其间产生的利益矛盾与心理落差对原有价值观念造成冲击。弗朗西斯·福山在《大断裂》中指出，“西方社会中使大学生团结在一起的那种社会联系和普遍价值观念正在变弱”，而这种变弱的价值观直接体现为社会成员行为习惯的差异化、利益需求的多样化和价值观念的多元化，其负面效应就是社会形态的日益个体化。个体化带来的社会结构的分解重组增加了社会成员间的彼此协调、达成共识的难度。社会分化的加剧常常成为引发社会矛盾的导火索。理查德·森尼特描绘了城市中精英阶层与底层公民的认同图景，他指出，“新一代的全球精英虽然居住在城市，但却不再涉足公共领域……精英专注于私人领域，下层公民大众却要在公共领域中为了经济产品和公益物品苦苦奋争”，这种阶层间的差别与鸿沟赋予认同以群体特质。

此外，一种观点认为，自我评价与他人评价的差异也是引发认同危机的重要因素。在社会分化重组的过程中，不同阶层的政治经济地位发生变化，出现了原有地位高而变低或原有地位低而升高的状况，大学生开始对自身的定位乃至自我阶层的归属定位产生怀疑，这种怀疑与焦虑及由此产生的现实问题，如贫富差距、阶层固化等，造成了不同阶层之间利益的紧张，此间伴生的外部评价的转变也对自我的身份认同构成冲击，如何化解不同阶层间的冲突与隔膜，形成多方认可的广泛共识成为迫切需求。

（二）大众传媒的嵌入与知识分子的引导

作为当代文化发展的重要形式，大众传媒搭载下的大众文化为大学生的文化认同提供了丰富的资源。电子媒介的出现，使人类社会的文化传播发生了革命性的巨变。这种全新的文化传播方式不仅重塑了文化的自身形态，而且深刻地影响了大学生的思维方式、行为方式与生活方式。与以往社会文化经由“口传”或“纸传”的形式不同，全球化时代的文化形态早已不再是传统社会的闭关自守与自成一体，而是深受互联网、广播、电影、电视、录音等电子媒介的影响与塑造。[1]大众传媒对文化认同的形成发挥着双重效应：一方面，通过构建共同的文化情境塑造大学生的文化认同；另一方面，文化传播内容的鱼龙混杂和泥沙俱下也在消解着文化认同。比如，已成为全球性意识形态的消费文化，以一种大学生熟知的形式——夸张的广告、奢华的包装、炫目的景观——把大学生统一起来，使大学生在日趋同质化的文化氛围中失去批判的、超越的维度，愈发地呈现出单向度的状态。

大众传媒重塑了大学生关于自我与“他者”的观念。如大卫・哈维所说，时空压缩是全球化时代的重要特征，通过时间和空间的抽离、交叉与重叠，世界日益成为一个相互依存、相互融通的整体。如互联网情境中的脱域性对在场与缺场的状态进行了重新判定。“脱域”在安东尼・吉登斯的研究里，是作为现代性的诸多动力机制之一的存在，它强调的是“通过对不确定的时空转换重构社会关系的关联，将社会关系从原先互动的地域性关联中‘脱离出来’”的状态。作为时空界限日渐消弭的舆论场，线上世界具有相当的开放性与匿名性，充斥着大量多元异质的信息，各种信息承载的价值观在娱乐、休闲、生活方式引导等形式的包装下对大学生思想展开渗透，从而从总体上影响了大学生的思维方式与行为方式。与此同时，日趋压缩的时空场反向激发了大学生的民族意识与本土意识，因而在当代，民粹主义、本位主义仍有相当的市场。在世界日益成为“地球村”的状况下，远距离事件常常在本土化生活中发挥作用，一些原本似乎与“我”无关的抽象范畴，诸如我们与“他者”、本土化与全球化、异端与正宗等，不再仅仅作为一个理论层面的概念，而是全面参与到大学生的日常生活之中。对这些问题的辨识与回答引发了一系列的文化冲突与认同危机，大学生在立场的选择与再选择中重新构建了自我与“他者”，进而对“我是谁”“我们是谁”的问题予以重

[1] 田媛媛．文化自信视野下高校思想政治教育模式研究 [J]. 辽宁经济职业技术学院·辽宁经济管理干部学院学报，2020(6):53-55.

新思考和定位。

大众传媒为大学生构建了共同的文化情境。媒介时代的大众文化传播，为大学生构建文化认同提供了丰富的现实资源。在传统社会，大学生通过神话、风俗和仪式等塑造“我们感”；而在信息时代，浸润在日常生活之中的大众传媒为大学生看待外部世界提供了新的文化框架。尤其在移动互联网加速推进的当下，特定的文化语言和文化形式借由手机、电视、广播、杂志、报纸等多种形式推广，让大学生在潜移默化中形成一种视觉驱动的认同，如麦克卢汉所说，“这个时代的许多神话出自实验室、演播室和广告公司”，这种视觉环境营造了大学生共有且熟悉的文化氛围，成为塑造文化认同的重要形式。

大众传媒是储存和传播文化记忆的重要载体。有学者认为，认同在某种程度可看作一种心理层面的“想象物”，这种想象来自对记忆的再现和整理。文化记忆作为人类生活中极其重要的元素，是各民族在历史发展中形成的自我解释，是全体社会成员共有的文化财富，是决定文化共同体稳固与否的重要文化资源。对此，扬·阿斯曼一语中的，他指出文化记忆是“人类记忆的外在维度”。通过文化记忆的激活，大学生确认“自我”与“他者”的差异，塑造并形成与群体的认同感和归属感，并在这种同一与差异中看待包括自身文化在内的世界文化，从而为实现文化认同提供可能。与以往“口传”与“书传”的文化记忆传承传播方式不同，当代大众传媒在文化记忆的留存、再现与传播上发生了巨大变革。借助影像、音频等资源形成的直观情境为大学生创造了一个特殊的符号环境，从而引发了具有凝聚或排斥效应的情感响应。

知识阶层是文化传播和政治动员的主力军。正如盖尔纳所说：“现代社会秩序的根基不是刽子手，而是教授。”一方面，民众的支持与认同是当代民族国家合法性的重要基础，而知识阶层的文化传播与政治动员在获取这种支持与认同中发挥了重要作用。作为率先掌握先进的科学知识和思想观念的特殊阶层，知识分子与民众之间形成了一种教育与被教育的关系，通过传递特定的文化意识和价值观念，知识阶层实际地参与到了社会的变革与改造之中，发挥了重要的整合功能和动员功能，成为塑造文化氛围的重要旗手。另一方面，知识阶层与民众是双向互动的关系。知识阶层肩负社会教化的职责，但大众不是白纸一张，他们自身带有家庭、族群、阶层的烙印，必须承认和正视这种客观事实，保持文化传统和引导文化认同之间的张力是知识分子发挥作用的场域。值得注意的是，知识分子的立场是多元化的，不同的利益集团会培养各自的知识分子，不同立场的知识分子对文化认同有时构成冲击。因此，许多思想家如葛兰西，极其重视培养“自己的”知识分子群体，从而巩固特定阶级的文化领导权。

知识阶层独有的批判性和反思性赋予其思想价值领域的权威感。文化批判与社会反思是知识阶层重要的角色和职能，这是由于他们天然具备承担社会道义和抗议社会不公正的“天赋”，是“价值、意义和象征的产物”。他们通过对文化形式、价值尺度、审美取向和社会理想的塑造与再塑造，巩固或消解着民众的文化认同。[1]一方面，对文化、民族等观念层面的概念进行厘定和廓清是知识阶层的重要职责。在这种厘定和廓清中，人们的文化记忆被激活，相同的经历被凸显，集体认同感由此生发。比如，传统社会的知识阶层为塑造共同体意识甚至大量地运用神话、传说、宗教故事等虚构历史。另一方面，在知识阶层看来，通过捍卫文化多元形成自愿平等的认同是理想的社会情境。批判是知识阶层的重要职能，知识分子以其特有的批判方式，对社会现实和未来发展提出自己的专业见解，其中包含强烈的社会关怀和社会责任感，从这个角度看，知识分子对社会的反思和批判，某种意义上也是在“维护不同声音的合法存在”。在他们看来，一元化与中心化意味着专制与暴力，人们达成认同的途径并不是强制同意，而是多种声音和思想能够和谐地、合法地存在。因而从这个角度看，知识阶层在一定意义上构成了对社会的某种补充，他们对合理性的寻求和在平等对话基础上自愿认同的生成为公共领域的生长提供了可能。

[1] 郑强伟，马国荣．基于文化自信的地方优秀传统文化融入高校思想政治教育路径研究 [J]. 湖北开放职业学院学报，2020,33(23):80-81.

知识阶层是抵制文化霸权维护文化安全的重要群体。冷战结束以来，国际形势整体稳定，世界政治格局呈现多极化的发展趋势，以往的经济侵略和暴力掠夺已经全面地为世人所唾弃，西方国家的霸权主义采取了更为隐蔽和柔性的形式，试图从价值观、世界观和生活方式上总体影响发展中国家，进而从心理层面和意识层面展开控制。知识分子，尤其是人文知识分子阶层，他们的眼界更宽、知识面更广、对文化的了解更全面，因而成为抵制文化霸权，维护文化安全的关键。[1]知识阶层内部也并非铁板一块，而是有着不同的主张。他们中的一部分倾向世界主义、自由个人的选项，即自由主义倾向者；另一部分则为呼应国家意识形态的要求，抱有忧国忧民的情怀，因而竭力加入倡扬民族文化、呼吁民族文化认同的大合唱中。前者更多地关注人类文化中的共同性，后者则更为强调民族文化的殊异性，反对用先进与落后来测度文化。这种观点上的交锋，其目的均在于维护国家的文化安全，推动文化的有序发展。正如爱德华·萨义德所说，知识分子有责任对他们自己的文化兴衰负责，发掘文化的特殊性和共识性，以抵抗外部的文化冲击和文化同化，从而确保文化的独立。他指出体系中的游走者或体系外的流亡者，尤其是其中对东西方文化都熟知的知识分子更能揭开事实真相，有希望成为解构文化霸权的中坚力量。

三、高校思想政治教育因素

目前，在高校，针对大学生的思想政治教育面临三大严峻挑战：一是选择什么样的文化路径进行教育的问题，即走什么路的问题；二是如何面对这条路上迎来的多元文化挑战，即如何处理好路上的文化关系问题；三是如何回应走自己的路带来的质疑，即文化殖民压力等挑战。正如习近平总书记强调的，要想在百舸争流的21世纪站稳脚跟，就必须立足我们自己的文化。高校思想政治教育工作能否主动面向三大挑战，给出自己的答案，明确自己的立身之本和教育之径，对培育大学生文化自信的教育成效至关重要。

[1] 刘宏芳，王利明．文化自信视域下革命文化融入思想政治教育的思考 [J]. 潍坊工程职业学院学报 ,2020,33(6):28−32+95.

（一）缺少中华传统文化对当代思想政治教育的文化路向选择的导引

旧文化被打破，而新文化尚未建立，文化路向的迷失是整个社会遇到的普遍问题，同时也是困扰思想政治教育的首要文化问题。本应是中华传统文化引导正确的文化路向选择，但却出现了以下问题。

第一，当代思想政治教育文化路向的迷失。文化路向，就是指文化发展的走向，是指文化发展的导向。中国思想家梁漱溟首先提出了“文化路向”说。在《东西文化及其哲学》一书中，他将中国文化、印度文化、西方文化三大文化模式加以区别。梁漱溟把“文化路向”看作一种“人生的范式”，即三种人生道路：一是向前的追求，这是人生的本质，也是西方的人生之道；二是调和、持中，这是中国人的人生之道：三是回首，这是印度的人生之道。教育和文化有着密不可分的关系，教育始终处于一种特定的文化环境之中，受其文化路径的约束，在深层次对思想政治工作进行引导和规范。文化理念是对大学生进行思想政治教育工作的导向和目标的重要内容。没有正确的文化路向，就会迷失在思想政治教育工作中。在新的文化体系还没有形成的情况下，大学生会陷入一种“文化抉择”的困境。[1]在传统社会中，对于学生的思想政治教育，文化取向较为明确，就是以儒家文化为主导的社会文化，因此，其思想政治教育即孔子文化。其目的在于培育儒生的儒学理想品格，以孔子“六艺”为教学工具，以仁、义、礼、智、信为主要教学内容，教科书为四书五经。在这个传统的世界里，这一切都是理所当然、不容置疑的。[2]然而在现代社会，受到欧风美雨的影响，儒学受到了严重的冲击，中国的传统文明运作体系受到了严重的破坏。时至今日，经过一百多年的抉择与迷惘、冲突与磨炼，单就文化而言，不论是在学界，抑或在民间，文化尚没有明确的发展道路。

在中国的文化史上，有两个主要的问题挑战。一个问题是佛教传入中国，中国文明成功地解决了佛教的问题，成功地将其中国化；它使中国的文

[1] 陈先达．文化自信与中华民族伟大复兴 [M]. 北京：人民出版社，2017.

[2] 马军红．文化自信融入大学生思想政治教育工作研究：评《高校思想政治教育中的文化自信培育研究》[J]. 领导科学，2020(22):129.

明内涵更加充实，中国儒释道合一，合成了更加综合全面完整的文化体系。另一个问题来自西方的文明，其带来的冲击明显要大得多，中国的文明从物质体系到制度体系，再到习俗体系、精神体系，都遭到了严重的摧残，直到今天仍然处于适应和应对的过程之中。我们所依赖的精神和我们的民族精神究竟在哪里，我们的民族文化体系究竟应当怎样进行重组，这是一个世纪以来一直困扰中国人民的问题。在中国，由于缺乏正确的文化取向，造成了中国人的心理困惑，道德水准不断下降；文化方向的混乱，会导致大学生丧失对文化的敏感，失去文化传承和创新的自主性和活力。没有文化自觉和文化反省，没有对文化方向的认识，就很难形成新的文化体系；受文化支配和指导的教学行为，“或者成为思想的附属品，或者拒绝了大量的伦理和文化的精华，而是被灌输到了伦理的传播和思想的培养之中”。[1]从现实的角度来分析，文化取向的迷茫造成了大学生文化品位庸俗化、文化追求的迷惑、文化传承的薄弱；由于缺乏创新的文化，文化体系的发展呈现出一定的技术化、空壳化和外在化的特点，无法培育出具有旺盛民族气概的民族榜样，更无法承担起承继数千年厚重的中华优秀传统文化的责任。

第二，中华传统文化对思想政治教育文化路向选择的引导无力。当前中国面临着一个重大的问题，即文化路径的再抉择，即文化重构，这一点在当前的高校大学生思想政治教育工作中也是一样。这是中国文化危机不断加深的一个不可避免的抉择。这种文化重构即为主导型的文化范式的转变，即建构一种与当代社会发展需求相一致的新型的现代化文化范式。这种新的文化范式能否被复制？有些人把“今日即是未来”的观点视为中国向西方的“文化变革”，即向 “西方工业化时代”转变。但我们不能这么简单地看待它。历史表明，“西方”理论是无法成立的。盲目地效仿西方，否认自己国家的历史和文化传统，将是一场浩劫。文化路径的再选择并非完全放弃历史和文化的传承，从零做起，文化重构必须建立在其历史和文化的传承之上。传统文化是不容被摒弃的对象，是不以人的意志为转移的客观存在，是文化重构

[1] 程逸芸.新时代优秀传统文化融入大学生思想政治教育路径研究[J].大连民族大学学报,2020,22(6):574-576.

的基石。中国传统的文化取向应该是引领者，但是在这场激烈的意识形态斗争中，它并未成为主流。

回顾过往，我们才能展望未来，唯有回顾自己所走过的道路，了解自己从哪里来，我们才知道自己将走向何地。我们的道路就在我们的传统中，我们必须对自己的道路进行仔细的梳理和思考，然后决定自己的道路。20世纪是一个波涛汹涌的年代，中国人民饱尝磨难，中西两次交手让信心十足的中国人瞬间失去信心；唯西方马首是瞻，以极端消极的姿态对待自身的传统，使中国失去了原有的文化资源。直至21世纪，人们终于意识到“中华文化是我国最重要的软实力”和“中华文明是中国人民不断发展壮大的灵魂营养”。回归中国的传统，就是回归中国人的灵魂。“我们是中国人，最重要的是，我们有中国人特有的灵魂，也有人民生活而不自知的价值观念。”[1]中华传统文化的走向应更为清晰，即要坚守中国的文化特性，反对西方的趋势，以优良的传统文化滋养下一代，培育新一代中国人。这一领域的明确程度对培养大学生的文化自信心有很大的作用。

（二）难以消解带有西方文化崇拜倾向的文化多元化对思想政治教育的冲击

伴随改革开放和社会主义市场经济而来的是文化的多元化，多元文化是我们必须面对的文化环境。幻想回到过去一元文化的时代是不可能的。思想政治教育必须适应新的环境，迎接新的挑战，解决新的问题。高校思想政治教育站在争锋的第一线，却难以有效地消解多元文化的挑战，就难以为大学生文化自信打下基石、筑起围墙。

第一，当代思想政治教育面对文化多元化的挑战。新时代，高校思想政治工作中存在的必然问题，就是如何在文化多元化的背景下奏响主旋律，这是在改革开放之前没有的难题。今天的中国就像是一座世界的文化乐园，集古今、中外各类文明于一身，光辉灿烂，却又令人费解。从社会发展的角度来看，多元化是一件很有意义的事情。多元文化并存，百家争鸣，百花齐放，这使中国社会取得了很大的进步，同时也消除了大学生的封建迷信观

[1] 吴春香.论文化自信在大学生思政教育中的重要作用[J].湖北开放职业学院学报,2020,33(21):74-75.

念。多元的文化在解放大学生思想、推动学科的兴盛、培育独立思想和自由精神方面都是有益的。文化多元化已成为一种无法改变的历史趋势，无论你是否情愿，无论你直面或回避，文化多元化都在我们的生命中不可阻挡；它渗透到每个人的生活中，对我们的思想和行动都有深远的影响。多元化的人文环境是高校德育工作面临的一个重要问题。

任何一种社会形态的思维都必然是某种经济基础的反映，也是经济基础的需要。在传统的社会中，思想政治教育体现了当时统治者的意愿，体现了当时的社会主流文化理念。在文化多元化语境中，传统的思想观念很难在复杂的文化环境中维持昔日的权威和统治地位，旧的伦理观念受到挑战，一元统一的传统文化模式被破坏。文化多元化对传统文化权力的消融，对高校的思想政治工作提出了严峻的考验。

文化多元化对主流的价值观念产生了影响。价值是一种核心的文化。在传统的社会中，由于其处于主导地位，其他的文化要素不可能与之竞争，而被边缘化、削弱；传统的社会其实是单一文化社会。在我国的传统社会中，思想政治教育也遵循一元主义的基本理念，即“一元”的文化本质上是社会主流意识形态。多元化是多元文化发展的必然产物。文化多元化的存在对主流思想和价值观念产生了客观的影响。多元化的价值观在高校德育工作中体现出来，使原来一统天下的主流价值观遭到了质疑与挑战。不同的文明都希望在意识形态领域占有一席之地，并持续加强自身的影响，因此，意识形态的竞争异常激烈，给大学生树立正确的价值观带来了一定的困惑和困难；在某一段时间，必然会有一种被弱化的趋势。有些人经受不住各种不同的社会生活和各种不同的试探，导致他们的生活观念出现了巨大的偏差。

文化多元化的社会很可能会为价值相对论所困。文化多元化提倡文化平等和价值中立，这实际上有利于抵制西方文化，促进民族文化的发展。然而，目前我国高校思想政治教育工作尚无针对文化多元化的教学计划，在大学生面临多重文化价值观困境时，很难解决问题，从而导致价值相对论的盛行。[1]价值相对论否认价值的永恒性和绝对性，强调价值的暂时性和相对性，强调个体价值选择的自由，从而否认高校思想政治教育对大学生价值选择干预的存在必要性和合理性，进而给其带来严重的损害。另外，价值相对论满足了社会主体的多样性需求，损害了其基本价值观。当前，有些大学生失去了自己的信仰，成为物质主义的俘虏，成为物质、欲望和感官的奴隶，突破道德底线，变得麻木而又虚伪。而又由于价值观相对论带来的无法干预调和的矛盾，当代大学生面临人生意义困境而不能自拔，高校思想政治教育的帮助无从施展。

第二，没有发挥中华传统文化对文化多元化挑战的消解功能。文化多元是无法逃避的事实，我们无法再回归传统的、封闭的传统。面对文化多元化现象，高校大学生纷纷发表了自己的看法。大体而言，有三种观点，具体如下。

第一种观点是，对文化多样性持反对意见。这是一种传统观点。在他们看来，不同的文明有着各自的优势和劣势，因此无法平等对待；下层的文明应当被高级文明支配，或者说被淘汰，他们坚守着一元的、由高级的文明统治着整个社会的地位，逐步走向极端种族主义者和文化优越论者的窠臼。

第二种观点则是承认文化多元但不知道如何接受，认为多元是一种必然的历史潮流，但是又无法实现统一，造成不同的文化矛盾。亨廷顿的文明冲突理论具有代表性。

第三种观点是接受多元的文化，它是一种历史的发展，它促进了人们对国际上不同文化的理解与认同，使得不同文化之间出现了有序的交流，虽然也存在一些障碍，但是文明共存是时代发展趋势。

中国的传统文化在面对多样化的文化冲击时实际上可以扮演一个缓冲角色。一方面，中国传统的“和而不同”观念可以帮助我们正确地把握一元统治与多元并存的矛盾，为高校思想政治教育工作的开展提供一定的合理性依据。从中国的传统文化角度来说，正因为存在多样性，所以存在一元化统治的需要，否则人们的思维统一就会丧失人们丰富的心灵。就像马克思所说，

[1] 储杨．基于新时期的文化自信融入思想政治教育的方法策略研究 [J]. 中国多媒体与网络教学学报 (中旬刊),2020(11):190-192.

这个世界五颜六色，我们如何能够期望一个单一的色彩？一元主导和多元并存并非必然选择，它只是一种并行选择，多种文明并驾齐驱是全人类的幸事。它的重要性不亚于生物多样性和生态环境的保护。同样地，社会主流意识形态也需要被保护，因为其很容易受到不良思潮的影响，只有开展高校思想政治教育，才能进一步巩固社会主流意识形态的地位。另一方面，中国的传统文化具有很强的接受与吸收能力，不同的文明可以和平共处，我们可以将不同的文明优势融为一体。我们不用担心在多元化的发展过程中会出现混乱，中国的文明有充分地吸收和消化各种不同文明的力量。其关键在于，在大学的思想政治教育工作中，怎样贯彻和发挥这一“消化”作用，并把它的逻辑与结果传达给大学生。

（三）难以消除思想政治教育传播社会主义先进文化面临的双重压力

在全球化背景下，文化殖民主义也借机利用其经济、政治、文化、科技优势向相对弱势的国家和地区进行文化和意识形态输出，这给思想政治教育带来巨大的双重压力。一方面是高校思想政治教育自身需要抵御的文化殖民压力，另一方面则是高校思想政治教育传播社会主义先进文化面临的文化殖民误解压力。

第一，当代思想政治教育面对的文化殖民压力。《共产党宣言》中描述了全球化的前景，这是从资本主义的初期开始的。随着全球经济一体化的不断发展，不同的思想和文化在不断地向外扩散。在战后殖民学说的基础上，以暴力扩张、压迫弱势族群为目的的殖民扩张运动兴起，尽管运动最终宣告失败，但发达国家仍未放弃对欠发达国家和地区的侵占与瓦解。美欧等发达国家采用了新的战略和方法对欠发达国家和地区进行侵略和打击，即所谓的“文化殖民主义”。发达的资本主义国家利用其科技、教育和文化的领先优势，加快了文化与意识形态的渗透与同化，从而获得政治、经济、军事等方面的巨大优势。这种新的殖民主义方法，其手段之巧妙、影响之深远、效果之显著，较传统的殖民方法有过之而无不及。美国的汉斯·摩根索曾说，“文化帝国”的目的在于“控制和操纵人们的思想”，因此它的效果要好于以往的殖民政策——单方面占领国土，控制经济命脉。文化殖民将自身的价值观和游戏法则强行施加于欠发达地区，强迫欠发达地区的人们按自己的意愿行动，实际上是在为欠发达地区的人们设置了一个圈套。而那些处于弱势的国家或地区，若依此规范行事，则将丧失其民族的主体性，成为其文化帝国主义的文化定居点，从而在与世界交流中丧失其自主发言权；被强大的文化帝国主义奴役，永远不会有任何的成就。

民族精神与文化是一个民族赖以生存与发展的精神支柱。保卫民族的灵魂，保卫国家的文化与意识形态的稳定，是高校思想政治教育工作的一项重大任务。但是，文化殖民的存在对高校的意识形态和政治工作造成了很大的影响。[1]西方国家通过自身的文化软实力，对我国大学生进行了文化和思想的深入渗透，破坏了大学生的理想信仰和精神灵魂。在美国的强大文化统治下，大学生的思想和行为越来越受到西方的心理和行为的影响，从饮食到社交、从生活到语言、从价值观到美学经验，西方的文明已经渗透到很多大学生的生命中。在当代大学生的日常活动中，在当今的社会中，少数民族的传统文化却是愈加稀少，变得愈加珍贵。在大众传媒和互联网上，西方国家一直在宣扬西方的优势，他们的所作所为吸引了无数的学生。以出国求学、接受西方教育为傲的大学生，在国外拿到文凭后，仿佛身价百倍。在我国的学校教学中，意识形态教育内容都是对西方语言和意识形态的复制和粘贴，而在中华文化方面，我们所看到的却少之又少。当代的主流文化心理倾向于西式，以追赶外国潮流为荣，以“过洋节”为荣；年轻人对美国的生存模式产生了同理心，对传统的文化不太重视，对思想政治教育的理解也受到了影响。

第二，传播社会主义先进文化面临的文化殖民误解压力。在文化入侵面前，我们要增强自己的民族文化意识和文化自觉。文化意识是指对自身所在的社会文化有一个具体的认识，认识它的起源，并掌握它的发展趋势，而又不会故步自封。既不复古守旧，也不全盘西化，而是坚持自己的发展和创

[1] 蔡秋旋.思想政治理论课培养大学生文化自信的三维理路[J].辽宁省交通高等专科学校学报,2020,22(5):77-80.

新。大力宣传中华优秀传统文化，既能增强民族意识，又能缓解民族文化殖民对我国意识形态工作造成的巨大冲击，但这同时也造成了对民族文化的错误解读压力。[1]首先，中国的优秀传统文化和先进的社会主义文明能够增强我们的民族自信心。一个有信心的国家，可以看到自己的长处和短处，同时也可以看到别人的长处和短处。从中国的传统文化入手，我们可以看到，中国在全球范围内始终处于领先地位，而中国在全球的发展中所起到的作用也不容小觑。中国人能在数千年的时间里，直面外来的游牧民族和外来的文明的影响，自然也可以迎接将来的各种考验，抵抗住资本主义的影响。只要有这种信心，我们就不会向文化帝国主义低头。我们将意识到中国和西方的文明是对等的，各自都有自己的优势和劣势。我们不会因文化冲击而被同化，反而会以一种平常心去对待。但是，在大学生的思想政治教育工作中，这样平和的文化心理是很难在短期内形成的。

第三，中华优秀传统文化和社会主义先进文化可以为我们借鉴西方的优点奠定基础，使我们能够反对帝国主义的文化侵略。但是如果不能掌握好尺度，就很可能被带偏。中国的文化历史是如此浩瀚，我们可以将中国的传统文化传播到西方人的生活之中，使他们能够接纳这种理念与思想；并逐渐转变其文化殖民思维定式。孔子学院在全球建立，正是中华传统文化“和谐”价值观的载体。我们在孔子学院向全球传播汉语和中华文化。而在我国，我们要坚持自己的民族语言，就必须坚持自己的文化独立性。“人们的前途往往与他们的语言息息相关。”在现代社会，无论是普鲁士对法国的侵略，日本对中国的侵略，侵略军在占据了殖民地之后，第一件要干的事情就是宣传他们自己民族的文字；并在校园里禁止教授被入侵国家的语言。语言是一个国家的文化载体，一个国家的语言不灭亡，国家就不会灭亡。

综上所述，高校思想政治教育是一种重要的文化现象，从大学生文化自信缺失影响因素这一角度审视高校思想政治教育，有助于理解高校思想政治教育的当代困境。中华文化是思想政治教育的文化底蕴，要解决思想政治教

[1] 刘芳丽．文化自信融入高校思想政治教育的路径 [J]. 高校辅导员 ,2020(5):65-68.

育过程中遇到的文化难题必须把握好中华优秀传统文化、革命文化、社会主义先进文化和西方文化之间的平衡。

四、大学生自身因素

当代大学生的思想偏差是文化信仰迷茫的内因。当代大学生处在社会结构深刻变动、利益格局深刻调整、思想观念深刻变化的多元化时期，大学生思想活动呈现出一些新的特点，大学生思想活动的独立性、选择性、多变性、差异性明显增强。这些思想活动的特点，决定了他们面对纷繁的文化环境表现出一定程度的文化信仰迷茫。[1]在21世纪信息化和全球化环境中成长起来的当代大学生，他们所处的文化环境，是来自家庭、学校、社会、网络、媒体等多维的信息传播和接收的纷繁文化环境，他们既从小接受爱党、爱国、爱人民的爱国主义文化的熏陶，又热衷于美国等西方国家电影里所灌输的个人主义、英雄主义文化；既能学习经中华五千年历史洗礼流传至今的古典诗词文化，又能接触到从西方引进发展的快餐式速成文化；既能为中国人民的勤劳勇敢、自强不息的民族精神所感染，又能为西方渗透的享乐主义、个人主义所影响，他们所接受的文化，不仅是国家、学校和家庭为了培养他们的思想品德所要求接受的文化，还有来自西方文化渗透与互联网普及和大学生自身求新求异心态的多元化文化。面对这种纷繁复杂的多元化文化环境，当代大学生由于自身的独立性，形成了自己的思想观念，即所谓的“非主流个性”；由于自身的选择性，他们在多元化的文化中有多重选择而又无法坚定；由于自身的多变性，他们在变幻莫测的文化环境中更易迷失自我；由于自身的差异性，高校的文化教育无法完全落实到千差万别的每个学生个体身上。因此，当代大学生在纷繁复杂的文化环境中，虽然对中国文化具有基本的认知和认同，但是无法做到完全将中国文化作为唯一的信仰，其价值观念严重受到外界环境的多元化冲击，他们的文化信仰中既有积极可取的一面，又有令人担忧的一面。在怎样实现人生价值、实现什么样的人生价值、怎样走好人生道路的关键问题上，大部分当代大学生会

[1] 黄少花．文化自信视域下的思想政治教育创新 [J]. 中学政治教学参考 ,2020(29):1+4.

陷入迷茫，甚至做出违背原则性的错误选择，这些都是他们文化信仰迷茫所导致的在思想、行为上的影响。

（一）经济地位上的弱势心态

从改革开放到现在，人们的物质条件得到了很大的改善，但差距扩大、阶层固化、公平正义的缺乏，使大学生的幸福感受到了很大的冲击。[1]这种经济生活上的弱势地位极大影响了大学生的自信心态，更不用说文化自信了。

综观近年来的网络流行词，我们可以看到许多与社会地位相关的词语。例如，“土豪”原本是指古代的有钱人，现在的“有钱人”被剔除了，成为一个比较中立，或者说有点意思的词语。和“土豪”相比，“屌丝”是一个很低级的词语，用来形容“矮、穷”的人，其实跟他们的社会地位和收入状况无关，不仅是那些“屌丝”，就连那些收入比较高的人，也会被人这么称呼。再看看“蜗居”中的“蚁族”，承受不起房价和物价压力的“房奴”和“孩奴”，再看看“恨爹（铁）不成‘刚’（钢）”、想要“拼金”的“农二代”们，都会用“一切都是多余的”之类的话作为安慰。由于网络用词的传播速度太快，因此很快就没有了新鲜的感觉，所以“喜新厌旧”的人很快就放弃了，它们的生命就像一阵风一样。不过，不断更新迭代的网络术语中蕴含的情绪、意思却在不断地传承与演进，显示出一种相对平稳的社会心理和文化心理。在经济上，大学生存在无力感、贫穷感、匮乏感和弱势感，折射在文化心态上就会出现文化自信缺失的表征。

（二）政治表达上的怀疑心态

在目前的社会和舆论环境下，部分大学生对政府官员抱着近乎偏执的、本能的不信任感和猜忌心理。政府公布了大学毕业生的就业率，大学生网友们则表示自己“被就业”；官方公布了民众的工资稳定增长的数字，而大学生们则把自己视为“被增长”和“被平均”。

（三）文化娱乐上的审丑心态

2014年10月15日，习近平总书记在北京组织召开文艺工作座谈会，李

---

[1] 任春娇．文化自信视阈下经典阅读融入思想政治教育的路径探析 [J]. 长春师范大学学报 ,2020,39(9):17−18.

雪健作为文艺界代表参会并发言，他说："现在出现了一种奇怪的情况，就是一些人在观看时被人咒骂，而那些被人咒骂的人却能赚很多的收入。"此"怪现象"即"审丑心态"是当今社会大众，尤其是大学生在文化生活中的一种普遍的精神状态。"审丑"并不属于文艺作品中的一种特殊的美学境界或表达形式，比如公园里的石头和树木、京剧中的"丑角"、《巴黎圣母院》中的卡西莫多，而是一种庸俗的、带有恶趣味的东西。

在当今这个审美观多样化的年代，我们不能对所有人的鉴赏力都有统一的标准，但如果审丑变成了一种常态，成为一些大学生生活的一部分，这就是畸形的表现。对个体来说，审丑虽然能带来短暂的快感，但长期沉浸在这种状态下，对身体和精神都是有害的；对一个社会来说，审丑虽然能减轻人们的压力，但长期下去，它会破坏社会的主流价值观，影响到整个社会的安定与和谐。[1]总而言之，个体要提高自己的品位，树立健康的审美观，千万别落入网络舆论"推销员"的圈套：对于整个社会，特别是对新闻传媒来说，要有意识地履行作为媒体应有的义务。

（四）社会舆论中的盲从心态

与传统的、偏执的、不信任的政治表达方式形成鲜明对比的是，大学生对社会的看法存在一种盲目的服从心理，尤其是随着微博、微信等新媒介的普及，助长了这种心理，而随着时间的推移，这种心理状态也变得更加糟糕。就拿笔者的微信来说，在这个新年里，首先有人在网上发布了一条消息："生肖马儿有一劫，求你为你的生肖积德。"消息一传播，"属牛""属虎""属猴"的类似消息也开始在微信上刷屏了。要是再多看看别人的微信，估计十二生肖或者整个中国人都要遭殃了。这种盲目的跟随，不过是表达了学生们祈祷平安的愿望，虽然没有什么坏处，但一味盲目跟从，尤其是在语言上的盲目跟从，可能会给社会带来很大的消极后果。然而，对社会危害不大的流言，似乎从未停止。

在新媒体时代，流言的盛行和大学生对流言的盲目模仿是由多种因素造

[1] 陈先达．文化自信中的传统与当代 [M]. 北京：北京师范大学出版社，2017.

成的。第一，中国人有一种与生俱来的观念，那就是“宁可信其有，不可信其无”，所以，面对庞大的网络资讯，从众反而相对来说要方便一些。第二，虽然大学生的科学文化素质和自主思维水平普遍偏高，但是他们的价值观念正处于形成的关键时期，加之在社会转型时期，面对多元思潮的不断涌入，他们缺乏必要的辨别能力。第三，由于缺乏公信力，大学生对此产生了疑问。当重大热点问题发生时，网友一边倒地质问，看似常有“主见”，却无区别地提出疑问，使当代大学生陷入盲从境地。

从众心理，即缺乏主体意识和理性意识的心理反应，它不但对个人生活、社会秩序和政府决策造成了很大的影响，也违背了大学生的文化自觉和自信，从而限制了社会整体的文化创新。要根治或者消除这种盲从心理，一方面要加强宣传，提高大学生的理论修养和科学素质，提高他们独立思考和识别各类谣言的能力；另一方面在于营造一个风清气正的网络环境，新闻媒体和意见领袖要传播更多正能量，发挥正面引领作用。

第五章　文化自信视域下大学生思想政治教育的新发展

我国具有悠久的历史，自三皇五帝时期开始，中华文明便在华夏土地上生根发芽。从尧舜禹时期到中华人民共和国改革和建设的历史进程中，无数先辈勇于创新、开拓奋进，创造和传承了伟大的中华优秀文化。大浪淘沙，所取得的文化成果在历史中得以打磨、去粗取精、去伪存真，形成中华民族的历史瑰宝。[1]中华优秀传统文化所承载的爱国主义精神、自强不息奋斗的民族精神和尊老爱幼、团结互助的道德信仰在时代发展的长河中得以传承和弘扬，成为培育中华民族成员的精神命脉，哺育着出生于华夏热土上的代代新人。新时代青年大学生对这份精神命脉的传承，不仅来源于历史使命和民族发展的需要，还作为大学生正本清源、正确形成人生观、更好实现自我价值的重要途径。

首先，文化作为民族发展的命脉，文化自信植根于中华民族文化底蕴，形成于民族文化中所蕴含的精神内核，发展于各民族人民对民族文化探索而展开的各项文化实践。如果说民族文化作为国家和民族所能够矗立于民族之林的精神脊柱，那么文化自信则是一个国家、民族或地区所能够推动民族文化血液流淌的根本动力，是凝聚团结人民积极奋进、展现优良精神风貌和实现民族复兴的自信底气。中华优秀传统文化和民族成员的文化自信共同发挥作用，使得民族能够伫立于时代长河中并在时代长河中得以延续和壮大。[2]其次，大学生作为推动社会发展的新生力量，作为即将从老一辈手中接过中国梦“接力棒”的年轻团体，推动中国特色社会主义事业的继续向前发展需要大学生不断从中华优秀传统文化中获取力量，将优秀传统文化内化为自身强烈的爱国主义情怀，以积极进取的人生态度去实现国家发展目标，满足人民所需、时代所需。最后，全球经济一体化的快速发展，各国之间的政治、

[1] 陈璐 . 思想政治教育视域中艺术院校大学生文化自信教育 [J]. 理论观察 ,2020(8):83−85.
[2] 滕培秀 . 文化自信融入大学生网络思想政治教育的价值及进路 [J]. 高校辅导员 ,2020(4):70−73.

文化、经济也得到交流、融合、冲突和发展，但文化交流也伴随着文化渗透、文化入侵等不良现象，作为价值观体系处于形成时期的大学生，对各类文化信息具有天然的好奇心和求知欲，为避免大学生误入歧途、被不良文化浸染，将中华优秀传统文化寓于大学生思想政治教育之中能够使大学生形成文化归属感，从而对不良文化的侵扰形成自觉的防守屏障，有助于青年大学生自觉抵御不良文化的侵扰，促使他们成为契合时代发展需求、个体自由全面发展的时代新人。[1]为此，这份璀璨夺目的中华文化瑰宝无论是从历史传承发展的纵向角度，还是从当前世界各国之间文化软实力竞争的横向角度来看，我国优秀传统文化的传承和发展是新时代青年始终推卸不掉也不可推卸的重任，新时代青年必须从先辈手下接过并扛起这杆弘扬和传承中华优秀传统文化的大旗。

本章将从大学生思想政治教育发展的新要求、新内容和新目标三个角度入手，结合我国文化自信发展的实际情况，提出文化自信视域下大学生思想政治教育新发展的创新策略。

第一节　大学生思想政治教育发展的新要求

在世界多元文化融合的时代背景下，文化软实力作为衡量一个国家综合国力的主要因素之一，其作用和价值随时代的发展逐渐凸显，而文化软实力的提升则需要国民不断加强对历史源远流长的民族文化的坚定和认可，这不仅体现在对历史文化瑰宝的保护、传承和衔接方面，更关系到中华民族伟大复兴中国梦的成功实现。推动大学生群体在文化自信视域下传承和发扬中华优秀传统文化需要大学生群体能够自主形成自我意识的推动并产生自主预期的目的性，而传承与发扬的实现需要社会多方面的协调与配合。结合大学生社会生活内容和学习状况来看，构建青年大学生文化自信思想政治教育体系，高校发挥着重要作用，高校对这套教育体系的建立不仅具有稳固的基础性作用，同时也为思想政治教育体系搭建了框架结构的雏形，使思想政治教

[1] 张锅红.大学生文化自信培育与思想政治教育融合共生的路径研究[J].高教探索,2020(8):101-105.

育课程的内容得以充分展示出来。为此，实现文化自信视域下大学生思想政治教育的新发展需要以高校为核心，结合社会、学校和教育工作者等多方力量，对大学生思想政治教育课程内容和方式、方法进行科学创新，只有这样才能够更好地实现文化自信视域下高校思想政治教育的目标和新时代立德树人、实现人的自由全面发展的总目标。

为保障新时代背景下大学生思想政治教育新目标、新任务的顺利实现，亟需结合时代特点和基本国情对大学生思想政治课程的内容提出新标准和新要求。大学生思想政治教育课程不仅要将我国优秀传统文化、革命文化和社会主义先进文化整合起来，使其成为大学生思想政治教育课程的一部分，贯穿高校培育大学生的全过程，还需要通过科学合理的系统性布局，探索科学有效的文化传播方式，实现思想政治教育的有效性、稳固性和科学性。

一、夯实思想政治教育的文化基础

夯实思想政治教育的文化基础作为实现文化自信视域下大学生思想政治教育的新发展的底层设计，即由高校构建大学生思想政治教育体系的基础，对处于高校大学生思想政治教育体系的上层设计（例如教学内容资源和教学目标）具有支撑作用。因此，思想政治教育的文化基础的构建不仅是构建大学生思想政治教育体系的第一步，也是对全局起到稳固和支撑作用的重要环节，为此，本节就师资力量、多元环境塑造和长效机制的打造和完善这三点来探究如何夯实思想政治教育的文化基础。

（一）强化师资力量

强化师资力量并非仅片面地强调教师的文化和理论基础素养，还应强调教师能否在教育过程中将自身所学恰如其分地“发挥”出来，即在课堂实践中实现知识传递的同时能够得到学生对所传授知识的良好反馈。[1]为实现这一目标应做到以下两方面。

一方面，需要巩固和加深思想政治课程教师的文化理论素养，使其在教学实际进程中能够更好地传递文化精神的火炬。第一，思想政治课程教师需

[1] 李丹. 政治教育视域下的大学生文化自信培育路径探析 [J]. 创新创业理论研究与实践 ,2020,3(14):141-142+168.

要自觉汲取中华优秀传统文化，厚植自身理论知识根基，实现自身对中华优秀传统文化的深层次理解，探索出本民族文化源远流长的奥秘。在此基础上结合历年来学者们对文化自信视域下大学生思想政治教育的探究，对自身实际工作进程中的教育教学方法进行改善和创新，充分发挥自身的主观能动性，将自身所学知识代入实际课程教育过程中，深耕教学内容，将教学方式、教学理论与实际案例的配合等整合到一整套的课程教育体系之中，引导大学生对思想政治教育内容产生深层次理解，树立文化自信。[1]第二，上级教育部门需要与学校构建良好的教师教学培训体系。教育部门和学校有义务开设文化自信相关的教学培训，为思想政治理论课教师文化底蕴的提升发挥统筹引领作用，并且还需要通过定期组织思想政治教育理论课程及其他促进教师深入学习交流文化自信的相关活动，丰富文化自信融入大学生思想政治教育的资源素材和先进案例，助力思想政治理论课教师提升文化底蕴，讲好中国故事。

另一方面，教师应正确认识文化自信的重要性，摆正自身在履行教学领域时代使命方面所处的位置。在文化多元碰撞的视角下，国民思想所承载的文化内容和所推崇的价值观体系同以往有所不同，虽然文化的交流与碰撞能够为我国文化的创新和对国外先进文化的汲取和吸收提供巨大优势，但文化多元交流也具有其消极的一面，尤其表现在一些文化渗透现象或文化侵略行为会导致国民产生文化去中心化现象，使国民丧失对本民族文化的自信，这一不良现象甚至会影响到思想政治教育教师思想的发展，致使教师对其所传授的思想文化产生不自信的态度，严重影响高校思想政治课程的教育效果。为遏止此类恶劣现象在教师群体萌发和扩散，需要从以下两个方面对教师群体的文化不自信心理的产生进行预防和纠正：一要稳固教师政治思想理论的根基。作为我国思想政治内容的传播者，教师群体要始终保持信仰的坚定性和纯洁性，在思想上要坚持马克思主义理论的领导地位，在行动上要与党的总体步调保持一致，认真贯彻上级教育部门对教师群体的理论层面和实践层

[1] 杨玉，张彦．文化自信与国学传承融入大学生思想政治教育的路径探讨 [J]. 教育教学论坛，2020(29):45-46.

面的要求，主动担负起新时代教师群体的各项任务和责任，成为大学生思想政治教育事业的灯塔和引路人。二要将坚定文化自信的信仰贯穿于自身生活始终，无论是在思想政治教育课程中，还是在现实生活中都要明晰自身所肩负的重担，通过知识素养的提升和理想信念的坚定将自己打造为新时代的“四有新人”，化身为一座稳固传输民族精神血液的桥梁，更好地实现对大学生思想政治教育的总体教学目标，使大学生群体对我国优秀传统文化产生深刻认识和共鸣感，树立文化自信，成为符合时代发展需要的一代新人。

（二）多元环境塑造

随着互联网技术的飞速发展和全球文化的广泛交流，大学生与社会整体外部环境的联系越来越密切，受外部环境的影响也越来越显著。以国内亚文化现象为例进行分析来看，国内亚文化既体现出与主流文化密切交流互动、弥合时代鸿沟的积极一面，又存在刻意模糊价值观界限、混淆历史实际发展脉络、荼毒大学生群体思想的一面。在当前文化自信推动大学生思想政治教育的新发展的大环境下，为避免大学生误入歧途，科学引导大学生顺应时代的发展需求，社会和高校需要为青年大学生不断完善和创新环境建设，正确引导大学生对国家主流精神文化宝库进行深入发掘。

一方面，中华文化源远流长，在时间跨度上涵盖了数千年来的文化成果，具有各式各样的外在表现形式，为此，中华优秀传统文化能够充分地与社会和校园环境相结合，成为校园文化自信环境建设的重要承载物，进而向大学生群体彰显中华民族传统精神的优越性。第一，高校可以借助传统历史人物的雕像或文化自信专题的学习角，举办宣传读书会、学习会等活动向大学生主动宣传中华优秀传统文化的优势和特点，让大学生自觉参与到历史文化人物的认识、了解、学习中来，让各类学习活动和会议讲座氤氲出大学生群体整体的文化自信氛围。第二，将大学生文化自信提升任务纳入大学生素质和品德评价准则之中，鼓励大学生坚定文化自信并提出硬性标准，明确党和国家对大学生坚定文化自信的基本要求，严格规范自己并相互监督，为大学生的思想观念和行为方式指明方向。[1]第三，我国峥嵘的革命历史、蔚

[1] 李俊．文化自信对于高校思想政治工作的效用分析 [J]. 产业与科技论坛，2020,19(14):96–97.

为大观的传统文化发展史衍生了许多具有纪念价值和学习价值的人物精神、文学流派，这些宝贵的精神财富都可以与我国时代发展需求相契合，将优秀传统文化的优势借助校园文化节、革命英雄纪念会、显学代表人物讲座等方式充分发挥和展现出来，吸引大学生的广泛参与，在全校范围内形成坚定文化自信的校园文化氛围。第四，建立主流文化与大学生亚文化群体的交流机制，弥合大学生思想文化和主流文化的鸿沟。高校可以对优秀传统文化的传播方式进行改良和创新，以《那年那兔那些事儿》《口水三国》等二次元动漫为例，借助二次元文化的形式传播中华传统优秀文化和精神，使其能够契合大学生对文化形式的心理接受能力，便于大学生亚文化群体更为自然地接近、认同甚至欣赏中华优秀传统文化，更容易引发大学生对文化自信的情感共鸣和心理认同。这样既能深化对大学生思想政治教育的效果，又能形成独特的校园文化环境。

另一方面，社会治理平台需要肃清对大学生思想发展产生不良影响的社会因素。党和政府需要结合线上线下文化发展状况，在线下市场加大对文化产业的监察和监管力度，严厉打击不利于大学生思想发展的各类扭曲文化、落后文化、消极文化等；在线上领域，以“清朗”系列专项行动的贯彻落实为核心，严格核验各类外来文化作品的引入，同时对网络中具有不良思想引导的文化作品进行惩治和下架。以此，从线上线下两个方面同时入手，共同为大学生创设风清气正的社会文化环境。此外，还需要鼓励社会文艺工作者结合中华优秀传统文化进行创作，推进文化惠民、文化利民和公益文化的发展，让文艺作品承载历史，满足时代和人民发展所需要的文化需求。[1]另外，党和政府要以传统文化资源的传承和保护为基础性工作和重点性工作，加大对传统优秀文化的开发力度和保护力度，使文化在创新保护中熠熠生辉，同时要对破坏和诋毁中华优秀传统文化的现象进行治理，保护好优秀传统文化的根基和命脉，不断提升社会的文化影响力，为大学生营造浓厚的社会文化氛围。

[1] 李博.高校思想政治教育与大学生文化自信培育的融合探究[J].当代教育实践与教学研究,2020(13):59-60.

（三）长效机制的打造和完善

将文化自信这一目标融入大学生思想政治教育之中需要多方面的贡献和努力。不仅需要教师资源、外界环境等底层设计的构建，还需要形成能够持续推动大学生思想政治教育文化自信目标实现的长效机制，为思想政治理论课教师开展教育工作和为大学生树立文化自信观念提供制度保障。

首先，构建文化自信作为新时代马克思主义理论中国化的过程中所形成的科学发展要求，在大学生思想政治教育课程体系中，可以将文化自信与思想政治理论紧密联系起来，以马克思主义为指导，推动大学生利用马克思主义思维自主探索、组织和学习，进而自觉形成提升文化自信的必要性、先进性和时代性的思想观念。这样一来，不仅能够丰富大学生使用马克思主义理论看待事物发展的社会实践，还可以使大学生将提升文化自信这一客观目标予以拓宽和延伸，将其内化为自身的时代责任和时代使命，增强自身的使命感，从而催生更好的教育教学效果。

其次，推动大学生群体与思想政治教育之间形成良好的互动机制。良好互动机制的形成需要双方对文化自信基本理念和具体需求进行充分认识和贯彻实施。一方面，大学生群体和思想政治教育者之间需要掌握深厚的理论知识，并在此基础上形成提升自身文化自信的价值追求，使自身文化自信的提升成为自主发展的动力的同时，将所积累的传统文化知识和马克思主义理论应用到社会实际中，以此使自身对文化自信的理念要求与当代社会发展相结合，激发大学生参与的热情和积极性。另一方面，思想政治教育者需要设置良好的反馈机制，为大学生群体自主提升文化自信“蓄能”。思想政治教育者需要从大学生群体文化自信力提升效果的时效性和长效性出发，结合大学生群体心理、学习状况和整体进度来综合制定阶段性目标，分阶段搭建科学长效互动机制。

最后，健全文化自信融入大学生思想政治教育的保障机制。将文化自信纳入思想政治教育体系中的可运行轨道之中，保障大学生思想政治教育规范化施行，紧密贯彻时代对大学生文化自信的切实要求，保障大学生群体在提升文化自信的同时方向一致、步调统一，科学有效地巩固和推动大学生文化自信的发展。一是物质保障。物质对事物的发展具有限制和支撑作用，大学生群体思想政治教育的成功落实离不开物质基础，为此社会各方要调集资金，建立大学生文化自信专项基金，用于搭建和维护大学生文化自信教育平台，为文化自信融入大学生思想政治教育保驾护航。[1]二是考评保障。建立明确的考评机制，通过考评机制所得的数据能够获取大学生群体文化自信的具体状况，从而能够有效地调整大学生群体文化自信思想政治教育的方式方法，使其契合大学生提升自身文化自信所需，更好地服务于大学生思想政治课程内容的改良和创新，推动文化自信融入大学生思想政治教育的科学有序发展。

二、丰富思想政治教育的文化资源

文化自信视域下大学生思想政治教育新发展项目工程的顺利实施不仅需要实现基础、制度、结构等方面的“立梁架柱”，还需要通过借助我国优秀传统文化资源和红色革命文化资源来“积厚成势”。中华文明五千年的文明史和百年来中国共产党带领人民在革命、建设、改革中的奋斗史凝结成无数条精神的血脉，滋养了一代代出生于这片沃土的时代新人。在新时代，这份文化资源将成为大学生实现自身人生价值和进入人生崭新阶段的“钥匙”，跟随年轻一代奋斗者掀开未来的新篇章。

（一）挖掘我国优秀传统文化

中华文明博大精深，涵盖诗歌、散文、元杂剧、小说、乐曲、书画、书法、哲学思想等诸多门类，这些文化结晶历经时代长河的洗礼、经受了时代的考验，共同形成中华民族文明的主流精神体系，成为民族新生儿们探索世界的一盏明灯。文化自信源于对本民族文化所产生的认同感，源于民族成员对本民族文化生态语境的归属感，源于千百年来各族人民所进行的不懈努力。[2]作为中华民族成员的一分子，只有厘清中华优秀传统文化的历史发展

[1] 浦艳秋．高校思想政治教育培育文化自信路径探析 [J]. 中外企业文化 ,2020(7):166-167.

[2] 亨廷顿．文明的冲突与世界秩序的重建 [M]. 周琪，刘绯，张立平，等译．北京：新华出版社 ,2010.

脉络，把握民族传统文化的精神内核和文化内涵才能够稳固自身的文化根基。为此，挖掘我国优秀传统文化资源，将其运用到高校思想政治教育之中，成为大学生提高文化自信力的必然要求。

我国传统文化博大精深，各类历史文化资源都具有其独特的价值意义，本小节将结合《周易》、儒家思想、爱国主义精神来简要分析传统文化作品对青年大学生文化自信提升的价值和效用。

首先是《周易》中所蕴含的人文思想。《周易》是中国传统思想文化中自然哲学与人文实践的理论根源，是古代汉民族思想、智慧的结晶，被誉为“大道之源”。《周易》同时也是儒家思想得以形成的重要思想基础，对青年大学生形成文化认同、国家认同、历史文化认同及促进自身的自由全面发展具有重要价值。

“天行健，君子以自强不息。”“天行健”揭示了人在社会实践中所遵循的客观规律，“自强不息”对人类所进行的社会实践提出根本要求。自强不息作为无数英雄人物拼搏奋斗，为国家和民族创造价值的精神诠释，对我国历史、现在和未来的发展具有重要价值和意义。从个人角度来看，自强不息既作为大学生实现自我价值的重要途径，又作为大学生价值观发展的必然要求；从国家角度来看，将中华优秀传统文化融入大学生思想政治课程之中既是对历史精神文化的接续发展，又是赋能当下、启迪未来的关键所在。为此，高校在进行大学生思想政治教育时，应将这种自强不息的积极进取精神渗透其中，这有助于培养当代大学生自强拼搏，敢于突破自我的精神品质，同时又能够实现社会全面提升文化自信的总目标。

“地势坤，君子以厚德载物。”“厚德载物”要求学者有如同大地般宽广的胸襟，容纳万物。大学生的德育建设和党性培养是大学思想政治教育避不开的话题，新时代教育理念要求传授知识、真理的同时，注重大学生的品德修养和价值观建设。以《周易》作者为代表的古代先贤，其书中所蕴含的思想经历了千百年的实践验证，散发着真理的光辉，将其融入思想政治教育过程中，有利于提升大学生道德修养，引导大学生树立正确的道德观念，成为时代所需人才，同时对优秀传统文化的吸收和内化也能够使大学生群体实现对中华优秀传统文化的认识和了解，形成民族归属感，真正为泱泱大国、巍巍华夏的五千年文明史感到自信，为中华民族的未来和前途感到自信。

其次是儒家思想。数千年来儒家道德思想衍生出无数道德行为准则，其中虽然包含传统封建意识的因素，但从儒家思想总体内容来看，儒家思想的仁爱思想、礼乐制度、以和为贵的为人处世之道都不同程度地体现着与我国目前社会主义核心价值观的契合，对大学生价值观体系的发展具有指引作用，同时也对大学生群体文化自信的发展和提升具有重要价值。[1]

儒家思想以仁爱为核心，强调仁者要爱己、遵孝悌、爱他人。以孔子为主导的儒家学派以仁爱思想为基础，提出了修身、齐家、治国、平天下的道德修养和人生境界。由此可见，儒家对仁爱的思想做出了多维的诠释，涵盖人的全面发展、遵守孝道、家国情怀、自我价值和集体价值统一等多领域。

仁爱思想是儒家学派所提出的道德行为准则，而宗教礼法思想则是辅助人成为仁者的行为规范，遵纪守礼要求对自身的行为进行规范和约束，使自身的行为契合道德行为规范。[2]以儒家学派所提出的“君子慎独”“吾日三省吾身”“学而时习之”“温故而知新”等思想为例，此类思想为人的行为和思想提供一定引导，使人形成正确的价值观，辅助人契合社会道德准则，对大学生思想体系的形成和文化自信的培养具有重要的价值。此外，儒家学派还提出“恭而无礼则劳，慎而无礼则葸，勇而无礼则乱，直而无礼则绞”和“尊德性而道问学，致广大而尽精微”等道德要求，这两句话从正反两面强调了礼的重要性，若无礼之规范约束，恭、慎、勇、直的德行也会遭到败坏，若要真正实现宏大的目标，必须遵守德行、把握细微。

最后是爱国主义情怀。爱国主义情怀和文化自信相互渗透、相互带动发展。人民的爱国主义情怀源于人民的文化自信，同时又使文化自信更为笃

[1] 韩西西．新时代高校思想政治理论课大学生主体认同研究 [D]．新乡：新乡医学院，2022.
[2] 孟祥燕，孟昕．培育文化自信提升高校思想政治教育实效的路径探讨 [J]．传播力研究，2020,4(19):162-163.

实，对大学生文化自信的提升具有积极的作用。

我国优秀传统文化的长河中不乏具有爱国主义情怀的文人墨客，其高洁的情操、为国为民的忧思之情铸就了其流芳百世的名篇。

一如盼望收复失地、坚定国家主权的文学作品。例如王翰的《凉州词》、辛弃疾的《破阵子》《水龙吟》、陆游的《示儿》等，借此类文学作品一方面能够培养大学生深厚的知识根基，另一方面能够推动大学生联系古今，借古人爱国主义信念的火苗，点燃大学生心中爱国情怀的火种，以文化素养催生爱国情怀，以爱国情怀和文化素养共同搭建文化自信的高墙。

再如忧国忧民、以天下为己任的世之贤达。戴叔伦《塞上曲》中“愿得此身长报国，何须生入玉门关”的描写，杨继盛《就义诗》中“生平未报国，留作忠魂补”的长叹，范仲淹《岳阳楼记》中“先天下之忧而忧，后天下之乐而乐”的民本思想等都将国民作为自身所担忧的对象，将家国情怀、忧民之思的精神传递给新时代的大学生，借诗人的国民忧思使青年大学生群体在情感上产生共鸣，进而内化为自身的思想情感，使大学生群体主动肩负历史责任、回应时代所需，推动大学生主动向时代发展的新要求和新标准靠拢。

（二）弘扬红色革命文化

回顾党波澜壮阔的历史图景，从嘉兴南湖的风雨跌宕到遵义会议的力挽狂澜，从除旧布新的土地改革到天安门前的红旗飘扬，从革故鼎新的改革开放到蒸蒸日上的全面小康。回溯历史，无数优秀共产党人带领广大人民群众在革命、建设和改革的实践中所付出的心血孕育和浇筑出鲜红色的宝贵精神财富——红色文化。面对来之不易的精神财富，在新时代党继续领导人民群众制定更为宏伟的目标，阔步走在实现共同富裕和伟大复兴中国梦的道路上。为此，要让红色文化在新时代的发展中熠熠生辉。通过将红色文化融入思想政治教育之中，培养时代新人，延续红色文化的精神血脉，这既是我国红色文化传承、保护、利用、发扬的必要途径，也是时代新人在党的领导下继续满足国家、社会和人民发展需求，解决社会主要矛盾，以及对学习实践、工作的有力指导。

针对红色文化在思想政治教育中的融入探究具体而言：一方面，从时代新人的角度剖析来看，红色文化是由党领导人民在长期实践过程中汲取的优秀文化集合体，其中蕴含着无数先烈人物的英勇事迹和崇高信念，承载着先烈们的家国情怀，展露出鲜明的独立自主、艰苦奋斗、不畏牺牲、勇于斗争等一系列积极精神，从而汇聚出伟大的爱国主义意识，引导时代新人在当前多元文化的发展中，找准自我定位、传承先烈之魂、满足人民所需、回答时代所问。红色文化高度凝练中国特色社会主义理论和实践发展所取得的重要成果，高度契合思想政治教育内容，丰富了马克思主义理论教育体系。以红色文化为重要抓手，既能够让时代新人规律性地将马克思主义理论同我国国情相联系，又能够削弱单纯理论内容的枯燥感，使其更具实践意义，促进青年大学生将马克思主义理论内化为自身的理论素养，进而在实践中形成和稳固自我的党性。[1]另一方面，从实现中华民族伟大复兴的中国梦的必然要求角度来看，思想政治教育内容淬炼于对历史理论和实践两个方面的实践经验，而红色文化肇始于血与火的战争岁月，淬炼于奋发图强的建设年代，发展于赶超争先的改革时期，在党的理论基础、执政能力和实践经验不断丰富的过程中，红色文化伴随中国共产党的奋斗历程显露出更为鲜明的底色，成为思想政治教育课程优质的文化资源。红色文化源于党史，也承载着党史，更推动着无数时代新人奋勇争先，构筑共产党人的精神谱系。用新时代的社会实践掸去蒙在红色文化上的历史灰尘，使其在高校思想政治教育中闪耀出新的光彩，对培养时代新人、引领时代新人紧跟时代步伐、坚持党的思想引领、砥砺自身的政治品格具有积极的价值和作用，更益于当代青年着眼于宏观历史发展脉络，认清自身肩上的时代责任，推动中国特色社会主义的发展登上一段崭新的阶梯。红色文化伴随着思想政治教育而在历史长河中得到延续和发展，如此，在代代相传的红色文化脉络中，大学生群体的文化自信将得到提升，新时代对契合国家发展的时代新人的需要也将得到满足。

三、明确思想政治教育的文化目标

党的十九大报告指出："发展中国特色社会主义文化，就是以马克思主

[1] 许晴．文化自信视域中高校思想政治教育路径探析 [J]. 现代交际，2020(12):144-145.

义为指导，坚守中华文化立场，立足当代中国现实，结合当今时代条件，发展面向现代化、面向世界、面向未来的，民族的科学的大众的社会主义文化，推动社会主义精神文明和物质文明协调发展。”中华民族文化从一路坎坷中走来，其间经历文化的产生、各民族文化的融合、外来文化的践踏与摧残和文化的自我革新。[1]经过历史的锤炼和打磨，中华传统文化不仅没有丧失往日的光芒，反而在开放进取、兼容并蓄中不断提升其优越性和科学性，在新时代彰显其稳健的生命力。用历史和发展的眼光来看，中华优秀传统文化之所以能够保持其长期稳健的生命力，在于其通过不断进行“自我否定”以扬弃文化的糟粕，“通过开放进取”以吸收世界优秀文化成果，并通过结合中国实际特点的转化应用使其能够契合社会主义事业的发展要求，转变为中国特色社会主义先进文化，指导社会主义事业的进一步发展。

文化自信视域下，大学生思想政治教育的文化目标就是帮助大学生在坚定文化自信的基础上，正确看待和理解中国特色社会主义先进文化，更好地进行和发展中国特色社会主义先进文化的社会实践。为此，本小节将从中华优秀传统文化到中国特色社会主义先进文化转变的历史脉络中挖掘其特点，从文化发展和大学生发展两个角度出发探讨思想政治教育的文化目标。

（一）文化发展角度

以马克思主义哲学的观点来看待中华优秀传统文化的形成，中华优秀传统文化之所以能够契合时代，贯穿古今，原因在于中华文化的发展伴随着对“新文化”的吸收包容和对“旧文化”的舍弃。

“新文化”的形成需要大众结合时代的发展变化和经济、政治、人民需求不断进行动态调整，倘若文化发展停滞不前，则文化将落后于时代发展，民族不仅会在文化多元化的世界处于劣势，还会丧失其内在的民族精神。文化自信视域下，大学生主导着文化的传承和发展，主导着未来社会的发展和走向。弘扬中华优秀文化的目标之一就在于使大学生群体发挥中华优秀传统文化传承和

[1] 李俊清. 优秀传统文化在大学生思想政治教育中的价值与实现路径 [J]. 长治学院学报 ,2020,37(3):105-108.

弘扬的同时，要求大学生群体产生推动中华优秀传统文化发展的意识。这一文化目标的实现，需要大学生以中华优秀传统文化为根基，扎根中国实际发展状况、结合时代的发展前景从以下两方面促进文化发展。

一是从历史发展的纵向角度来看，指导我国发展的思想理论都是以中华优秀传统文化为根基，发展演变为引领时代发展的先进文化。而先进文化以中华优秀传统文化为根基的优势在于其扎根于坚实的本土文化土壤，并在本国文化生态语境中不断得到淬炼，最终成为维系国家繁荣、振兴和发展的指导力量。先进文化伴随群众所开展的各种社会实践而产生，并指导群众进行社会实践。群众在先进文化的指引下，个体的价值观念、取向和行为方式逐渐统一，并形成相互协调的态势，凝聚民族力量、繁荣民族生命力，最终成为国家的优秀传统和精神支柱。

二是从坚定文化自信的横向角度来看，文化竞争成为各国综合国力竞争的主要内容。对中华优秀传统文化只继承而不发展，那么中华优秀传统文化将不能指导国家的发展、振兴和繁荣。在国与国之间文化软实力的竞争中，中华优秀传统文化将会落入下风。尤其在当前文化渗透和文化入侵日益猖獗的背景下，如若摒弃自身文化的发展特性，外来文化便会逐渐占领中国市场，从而将本土文化边缘化，削弱中华民族自身的风格特色，弱化国家的文化软实力。久而久之，倘若不能正确对待中华优秀传统文化，续保自身的民族风格，那么外来文化便会成为“附骨之疽”，对中华文明的优良传统造成巨大的冲击。

（二）大学生发展角度

大学生作为推动社会发展的新生力量，弘扬社会主义先进文化的内在要求之一就是让大学生引导主流文化的发展，通过对文化的创新和转化，使其适应时代发展需要，指引时代的前进脚步。[1]大学生文化创造能力的形成，需要大学生对中华优秀传统文化形成历史认同感、民族自豪感和历史责任感。

1.历史认同感

历史认同感作为文化自信的基础，大学生思想政治教育的目标首先围绕

[1] 李金凤.思想政治教育视域下的大学生文化自信培育路径探析[J].科技创新与生产力,2020(6):18-20.

历史认同感这一基础核心不断扩展和延伸。就此来看，历史认同感的形成对大学生文化自信的培养具有支撑作用，是文化自信心理形成的“柱石”和“根基”。为此，大学生思想政治教育必须把历史认同感这一目标铺设好、稳固好、实现好。历史文化产生于历史人民群众所进行的伟大实践，历史文化只有与历史实践结合起来，以现代人的眼光综合看待历史文化价值和作用，才能真正理解历史文化的深刻内涵，才能从中感受到历史文化的生命力，才能真正对历史文化产生心理层面的认同感。倘若割裂历史文化与历史实践，只关注历史所流传下来的文化理论，民族精神谱系将会土崩瓦解，从而在心理层面也不会对历史文化产生认同感；而只关注历史而不关注历史文化，将会失去文化根基，在文化多元化的世界，中华民族将会失去其文化自豪感，进而成为文化软实力竞争局面下的牺牲品。[1]为此，高校思想政治教育需要鼓励运用历史实践与历史文化相结合的教育原则，让大学生以历史的眼光看待文化的兴衰、文化与国运的联系，从历史的“寻根之旅”中找寻自身的历史归属感和历史文化认同感。

2.民族自豪感

民族自豪感源于民族文化生态语境的涵养，在历史实践中，民族成员的民族自豪感又反作用于民族文化生态语境的发展。可以说，民族自豪感作为推动民族文化发展的动力，在传统民族文化生态涵养下又能够根据民族文化的特点、底蕴和时代特征为民族文化生态语境的继续向前发展指明发展方向。中华优秀传统文化之所以能够在波谲云诡的时代发展中屹立不倒、披荆斩棘、开放进取、兼容并蓄，最终汇聚为指引民族发展的先进文化力量，其原因在于国民的民族自豪感始终推动中华民族文化的创新发展，并为中华民族文化的发展进行不断的探索。民族自豪感之所以能够成为推动中华民族文化发展的主要力量，其原因主要有以下三点。

首先，民族自豪感产生于民族文化生态语境。中华民族成员在同一民族文化生态语境下同受中华民族文化的涵养，成员与成员之间能够产生彼此之

[1] 吕宁.文化自信融入大学生思想政治教育的路径设计研究[J].当代教育实践与教学研究,2020(11):65-67.

间文化和精神层面的共鸣和认同感，而基于文化的共鸣感和认同感经过历史实践不断得到加强和丰富，由此孕育出的民族自豪感能够产生强大的向心力和凝聚力。民族自豪感不仅能使民族凝聚起来向前发展，还能够指引民族成员的行为，激发民族成员的文化自信心，从而产生服务民族文化、民族文化生态语境的自觉能动力。

其次，民族自豪感是民族成员主观因素和客观因素共同作用的结果。在民族文化的形成过程中，民族自豪感的形成受到本民族精神和观念的制约，由民族成员不自觉地表现出精神认同，虽然因民族成员的经历、文化素养等方面的不同，以及对客观事物的看法存在差异，但因本民族的精神和观念的制约，民族精神会通过一种不以人的意识为转移的民族精神的凝聚力和民族思维等方面的惯性促使民族成员在精神上呈现一致性，从而代表时代的、阶级的和民族的属性。正如瑞士学者荣格所提出的“集体无意识”理论，即使随着时代的发展，各民族之间的差别越来越小，所秉持的观念和精神也在文化的交流中逐渐显现出共性，但民族精神的制约仍会起到重要的作用。为此，在当前文化多元化的世界中，保有民族文化自豪感就是有效对抗国外文化渗透、文化入侵的最佳策略。

最后，民族自豪感对人的发展和成长具有引导和教育作用。民族自豪感的形成源于民族群体所进行的各项社会实践，并在历史长河中不断得到验证，作为民族成员所无意识遵循的道德行为规范和思维结构脉络，有利于对民族成员的个人行为加以约束，使其不自觉契合民族利益要求、民族发展要求，从而实现个人价值与民族价值实现的统一，民族成员在民族自豪感的指引和教育下，不断丰富自身社会实践，通过从实践中汲取经验和获得知识以反馈于民族自豪感，使民族自豪感在实践中得以涵养，使民族自豪感在民族成员的血脉传承中得以永续发展。[1]

3.历史责任感

青年作为推动社会发展的新兴力量，既作为历史使命的承担者，又作为

[1] 彭军林，兰俊才.文化自信视域下大学生思想政治教育效能提升途径[J].改革与开放,2020(10):67-70.

未来社会发展的引领者。历史使命要求青年群体以历史唯物主义的视角看待自身所背负的使命和责任；未来社会发展要求青年群体夯实基础，做好未来社会发展的奠基人。

青年群体的历史责任感是中华民族数千年来的文化传统所决定的，“天行健，君子以自强不息”“忧劳可以兴国，逸豫可以亡身”“青年强则国家强”等古代先贤所流传下来的诗词文章对青年的发展提出要求，经过千百年来的历练和洗礼，这些古诗词仍不失其生命力，仍跳动着充满真理性的雄厚脉搏，向中国青年昭告，青年群体要以国家兴亡为己任，将自身能力转化为推动国家稳步向前发展的动力。

青年群体的历史责任感同时也是推动时代高质量发展的必然要求，青春的朝气作为中国前进的号角，青春的激情作为中国革故鼎新的力量之源，时代赋予青年新的使命，青年须将奋斗不息的精神灌入时代发展的洪流之中。时代的发展和中华民族伟大复兴目标的实现是一场接力长跑，每一位“运动员”都需要接过前人的“接力棒”在赛道上拼搏奋斗、挥洒汗水，创造出无愧于党、无愧于国家和人民的伟大成就。[1]新时代的青年大学生更应在属于自己的赛道上奋勇争先、披荆斩棘，不断推动中华民族发展前行，不断夺取新时代中国特色社会主义的新胜利。

[1] 滕苏苏，王韩雨. 思想政治教育视域下大学生文化自信培育研究 [J]. 哈尔滨职业技术学院学报，2020(3)：52-54+170.

第二节 大学生思想政治教育的新内容

大学生思想政治教育的新内容是促进大学生更好实现其自身价值、更好投身时代前进洪流中争做弄潮儿的先进要求。作为契合时代发展进程和合乎历史对青年大学生群体要求的新内容，其“新”体现在契合时代发展需求的新，体现在作为指导时代发展的先进文化的新。大学生思想政治教育的新内容能够形成推进时代发展的强劲合力，从而在实现中华民族伟大复兴的中国梦的道路上更好地承接历史、启迪未来。

中华民族伟大复兴中国梦的实现需要一代代人接续努力，在披荆斩棘的奋斗进程中，一代代人被赋予的时代使命有所不同，但一代代人都需要承载历史，聚焦本时代的重要任务，为未来辉煌前景开辟道路。翻开党的历史篇章，党在革命、改革和建设的道路中之所以能够正确回答时代之问、世界之问、民族之问、人民之问，其主要原因在于党能准确把握时代特点，认清时代形势，确认时代的重点任务和中心任务。大学生作为新时代推动社会主义事业发展的主力军，针对大学生群体的思想政治教育是党做出的合乎历史潮流及顺应时代发展的关键部署，同时也作为保障党的事业得以持续和接续发展的坚实根基。为此，针对大学生思想政治教育新内容的展开，必须以党的历史理论根基为起点，结合时代发展的新要素，灌输给大学生群体能够认识时代、顺应时代、把握时代、发展时代的新技能。[1]习近平总书记在对青年干部的培训开班仪式中提及，年轻干部接好班，最重要的是接好坚持马克思主义信仰和为共产主义理想与中国特色社会主义共同理想而奋斗的班，“接班”既是青年群体对先辈人物先进思想的传承，同时也是对历史使命和历史责任的背负。新时代的大学生正值青春年华，作为推动中国梦实现的“新鲜血液”和“强劲动力”，对新时代重点任务和目标的实现具有承载作用和推动作用。为此新时代亟需大学生承接历史任务、先辈信念和中华民族共同理

[1] 赵跃，姜甜甜. 全媒体时代文化自信融入高校思想政治教育的路径探究 [J]. 现代交际，2020(9):61-63+60.

想，勇立时代潮头，把握时代新特点、立足民族发展新要求，争做弄潮儿，进而成为推动时代发展的先行者。[1]

本节结合大学生思想政治教育的新内容，从大学生群体的政治观、马克思主义观和人生观三方面入手，依次从基础教育逐渐递进，引导大学生产生历史使命感和责任感，在此基础上传授大学生群体能够应对时代变化和解决各类问题的马克思主义基本原理，最终实现大学生群体人生价值的实现与祖国发展需求的合一，鼓励大学生用青春之火，燃烧和释放奋斗激情，实现自己的人生价值，为党和国家发展作贡献，为实现党的理想和目标而不断奋进。

一、强化大学生政治观教育

“治其本，朝令而夕从；救其末，百世不改也。”这句古语强调我们解决问题要着重抓住重点，而政治观问题在国家发展的进程中永远是最根本、最基础的问题，同时也是新时代大学生思想政治教育的核心问题。

针对大学生思想政治教育政治观建设的要求，实质上就是时代要求我们“培养什么样的人”的问题。自中国共产党成立以来，党组织通过开展政治教育赋予工人阶级和农民阶级先进的科学社会主义理论来打破其思想的桎梏，斩断封建思想的锁链，以此解放工人阶级和农民阶级的思想，使其具有先进的理论支撑和思想觉悟，敢于与封建地主阶级和官僚资本主义抗衡，实现人的全面发展，解决封建主义与人民大众的矛盾，针对经济发展的需要制定一系列国家发展方针和政策，并且为了解决这一矛盾，对人民群众的政治观教育就开始围绕服务经济大局而展开；新时代青年大学生群体与国家发展的联系不可割舍，与民族兴衰的命运不可割舍，新时代青年大学生要坚定政治信仰、稳固未来政治发展局面，在风雨飘摇的时代波涛中，驾驶好中国这艘驶向中华民族伟大复兴目的地的航船。

（一）爱国主义教育

1.爱国主义教育的特点

大学生爱国主义教育作为大学生思想政治教育的题中应有之义，完善大

[1] 崔伟玲.思想政治教育视域下高校大学生文化自信研究[J].法制与社会,2020(13):240-241.

学生的爱国主义教育是党培养时代新人使其能够承载历史使命、实现共产主义理想和中国特色社会主义共同理想的定盘星和压舱石。爱国主义教育之所以具有如此重要的价值，其原因主要包括以下三个方面。

一是历史与现实的合一。爱国主义作为贯穿历史、横亘古今的精神传承，打破了历史和现实的隔阂，如流淌的泉水般生生不息。千百年的历史发展，经历过无数王朝的更迭和衰落，历史的痕迹被时间抹平，成为风中枯骨，而爱国主义精神却在时代的发展中历久弥新，既保留了旧时代的传统特点，又彰显出新时代发展的现代精神内核。其原因在于数千年来的无数仁人志士借助爱国主义精神的传承，形成了庞大的爱国主义精神谱系，凝结成了不可阻挡的强劲力量支撑着时代的发展，奏响了爱国主义的主旋律，代代新人承接先辈的爱国主义情怀，使先辈的爱国主义情怀在传承中成为爱国主义文化的宝贵精神血脉，而精神血脉又不断地影响和锤炼着下一代人的精神品格，使爱国主义精神实现历史与现实的合一。

二是政治与社会的合一。爱国主义精神在代代爱国主义国民的传输中也融合了时代特征和社会特点，作为合时代性和合历史性的统一。爱国主义作为推动国民为时代发展作贡献、为实现自我价值而奋斗的精神源泉，爱国主义精神同其他精神意识一样，会受到物质世界的限制和制约，从而需要结合时代特征而不断探索契合时代发展特点的爱国主义新内容。而党领导人民百年间的奋斗历程也是在印证爱国主义随时代变化这一理论。站在新的时代方位，爱国主义情怀不再是辛弃疾、岳飞、陆游等诗人口中收复失地、一雪前耻的单一精神寄托，爱国主义目前已经融入社会发展的方方面面，从维护国家主权完整到低碳生活出行、从关注国家发展的一举一动再到落实自身工作的兢兢业业，爱国主义已经成为国民整体素质和精神风貌的外在体现，体现着社会生活与政治思想的合一。

三是个人命运与国家命运的合一。国家命运作为民族成员命运的集合体，个人命运如同亿万条溪流汇入祖国命运的大海中。溪流只有融入大海才不会因为烈日和长途跋涉而干涸，个人价值努力朝着国家的发展要求和发展目标靠拢才能够更好、也更容易实现。爱国主义精神正是作为引水的沟渠，推动新时代大学生群体个人发展与国家命运紧密相连，从而成为中国特色社会主义道路的践行者、中华民族伟大复兴的中国梦的实现者。[1]爱国主义教育就是让大学生主动响应时代召唤，将爱国精神外化为实际行动，用以指导社会主义实践，在时代的发展中找准最适合自己和最能够实现自身价值的位置，实现个人命运与祖国命运的合一。

2.爱国主义教育的时代价值

爱国主义的时代价值包括诸多方面，其时代价值的体现不仅表现为集民族成员合力发展社会主义道路，还表现在各民族团结、抵御外来风险和威胁、实现人的全面发展等领域。[2]为此，本小节将结合中国梦的实现、祖国统一和人的全面发展三个方面探讨爱国主义教育的时代价值。

第一，爱国主义教育的时代价值是实现中华民族伟大复兴的中国梦接续发展的必然要求。历史和时代主动赋予中华民族成员使命和任务，中华民族成员要保持在历史长河中的领先地位，实现国家富强就必须认清使命、承担责任，以自身积极的社会实践活动回答历史传承之问、国家发展之问、民族繁荣富强之问。[3]加强大学生群体的爱国主义教育就是要将中国梦的实现作为长远的教育目标，以爱国主义教育为基础，把新时代大学生群体培养成承接党和人民历史任务、适应时代特征、厚植未来发展根基的社会主义接班人。由此可见，加强爱国主义教育是实现中华民族伟大复兴的中国梦接续发展的必然要求。

第二，爱国主义教育的时代价值是维护祖国统一、抵御外来风险的必然要求。加强爱国主义教育是大学生群体众志成城共同抵御外来威胁的必然要求。回顾党史，新文化运动破除封建思维，将民主、科学的观念引入因封建思想束缚而破败不堪的旧中国，推动民族成员的觉醒，打破封建桎梏；五四运动外争国权，内惩国贼，敢于同帝国主义和官僚资本主义的强国相抗衡。

[1] 黄雅娟，杜伟．文化自信融入思想政治教育的路径探析 [J]. 汉字文化，2020(7):141-142.

[2] 王茜．优秀传统文化在大学生思想政治教育中的应用 [J]. 农家参谋，2020(7):268.

[3] 陈欣苗．文化自信视域中高校思想政治队伍建设研究 [J]. 现代交际，2020(6):40+39.

从新文化运动到五四运动，再到新冠疫情中的“逆行者”，从他们的行为中不难发现其具有共同的特点——爱国。以爱国主义为核心的民族精神是党和人民应对时代风险和时代威胁、解决时代难题、战胜一切艰难险阻转危为安的原动力。新时代世界多元化发展的格局，看似和平实际上暗流涌动。近些年来，国外帝国主义、不法分子试图挑唆香港地区和台湾地区分裂，破坏国家主权和领土完整。加强新时代爱国主义教育一方面能够在大学生群体心理层面形成一层有效防护网，使其免受不法分子的蛊惑和挑唆；另一方面大学生通过加强爱国主义教育，将爱国精神转化为实际行动，就能够将维护国家主权和领土完整作为自身应该承担的责任和义务，形成抵御新时代复杂国际形势风云变幻的长效机制。

第三，爱国主义教育的时代价值是实现人的全面发展的必然要求。根据马克思主义观点，实现人的全面发展的唯一途径是教育与生产劳动相结合。教育和劳动作为社会文化实践和社会物质实践受到国家发展状况的制约，提升教育和劳动的层次就需要推动国家繁荣发展，人的全面发展与国家的繁荣昌盛之间相互促进。其中，爱国主义精神贯穿人的全面自由发展和国家繁荣进步两个方面，成为连接国家繁荣进步和个人价值实现的纽带。近代以来，我国实现繁荣发展的目标立足于实现中华民族伟大复兴的中国梦这一支点上，实现个人的全面发展就需要大学生群体以构筑中华民族的“根”和“魂”为基础，发挥爱国主义精神对实践的能动指导，推动国家繁荣发展，进而提升个人的教育和劳动层次，在爱国主义实践中实现国家繁荣富强和个人全面发展。

（二）时代特征教育

1.时代特征的基本概念

时代特征作为一个综合概念，其内在涵盖本时代的基本国情与世界大势的特点，共同形成国家发展的时代主题，对大学生群体认清国际形势和国家发展状况、更好地履行自身所肩负的责任和义务具有重要意义，同时也是文化自信视域下鼓励大学生从实际出发阐释思想政治教育内容的立足点。

一是基本国情。基本国情作为国家总体的发展状况，在上层建筑领域涵盖国家发展规划、国家发展道路和国家发展理论，在经济基础领域涵盖国家文化发展水平、创新动能、资源环境等多方面因素，总体而言就是国家在特定时期所有各领域因素综合表现出来的一种实际状况。[1]为此，基本国情并非静止的概念，而是随着时代发展，各领域因素的不断调整从而呈现为动态的、不断发展的历史概念。我国在时代发展中赋予各领域发展总目标，对基本国情的正确认识，能够清晰地认知国家在整体发展进程中所处的具体阶段，从而立足于具体阶段，契合基本国情的发展状况，提出一系列方针、政策，用理论结合实际解决发展中的突出问题和重点问题，为发展扫平障碍，提供动力和支持。

二是时代特点。我国处于社会主义初级阶段的基本国情能够帮助我国认清国际形势和自身发展现状，从而契合时代发展状况并在此基础上进行一系列符合国情和实际情况的认识和实践。把握基本国情，需要结合两点论和重点论的概念解决社会主义初级阶段的突出问题，重点要抓好基本国情中的“最大国情”，而“最大国情”在我国社会主义发展进程中表现为社会主要矛盾的变化。社会主要矛盾的变化是我们对国家发展政策动态调整的现实依据，国情作为动态概念，而社会主要矛盾作为“最大国情”自然会随着社会发展而变化，把握社会主要矛盾要求我们立足于基本国情，坚持社会主义理论解决矛盾、推动党和人民的各项事业繁荣健康发展。

2.时代特征的价值

从党的光辉历程来看，社会主要矛盾作为党认清国家发展状况、理论结合实践探索社会主义道路发展方向的重要依据。进入新的历史时期，所有成就的取得都与党能够正确把握社会主要矛盾密切相关，为此，能否正确把握社会主要矛盾对推动国家的繁荣发展具有重要的价值和意义。

新民主主义革命时期，党领导人民以解决社会主要矛盾为起点，战胜帝国主义的侵略、消灭封建主义的剥削，在中国大地上建立了党的红色政权。随着时代的发展，社会主要矛盾也相应发生转变，党敏锐地观察到社会主要

[1] 王以雷.学校思想政治教育“以文化人”的实践与反思[J].教学与管理,2020(9):36-38.

矛盾的变化，通过走工业化发展道路，为中国特色社会主义事业的发展积蓄经济基础。此后，党敏锐洞察时代特点，准确把握社会主要矛盾，在探究中国特色社会主义的道路上开创了社会主义市场经济、“三个代表”重要思想、科学发展观等发展方略。新时代，人民日益增长的美好生活需要和不平衡不充分的发展之间的矛盾成为我国社会主要矛盾，以习近平同志为核心的党中央对这一社会主要矛盾的科学论断和基本方略的贯彻落实，不仅在中国大地实现了全面小康，其取得的成就还将引领时代进一步发展，推进国家实现进一步的繁荣富强。精确地把握社会主要矛盾，有针对性地提出解决方略使得党在契合国家发展要求的前提下，大踏步走在时代前列，成为世界多元化发展格局中的引领者，为发展中国家提供了中国智慧和中国方案。新时代的大学生群体要把握国家的基本国情，找准社会主要矛盾，对国家政策的实施进行全面贯彻和准确落实。思想政治教育就是从根本出发让大学生群体认清我国的基本国情、了解我国区别于其他国家的突出要点，进而使大学生能够从国情和社会主要矛盾的变化发展出发，对党的历史事业所取得的成果充满自信，对中国特色社会主义的光明前景充满自信。

二、强化马克思主义教育

（一）马克思主义的时代价值

中华民族伟大复兴的中国梦的实现，一刻也离不开理论思维的指引；认识和改造客观世界，一刻也离不开马克思主义这一强大的思想武器。客观评价马克思主义的时代价值，就需要结合马克思主义的基本概念和实践运用来综合探讨。习近平总书记在纪念马克思200周年诞辰大会上的讲话中指出，马克思主义“犹如壮丽的日出，照亮了人类探索历史规律和寻求自身解放的道路”。[1]为此，本小节将结合人类寻求自身解放和探索规律两个方面探究马克思主义理论的时代价值。

1.人类寻求自身解放方面

马克思主义源于无产阶级反抗资产阶级的理论需要，为广大无产阶级寻

[1] 柴尚金.马克思主义在世界上的广泛传播和深刻影响[EB/OL].(2018-05-14)[2023-08-24] https://news.gmw.cn/2018-05/14/content_28773154.htm.

求发展和解放服务。

19世纪70年代，资本主义社会对无产阶级的剥削越来越残酷，资产阶级与无产阶级之间的矛盾愈发不可调和，广大人民群众对物质文化的发展需要无法得到满足，政治和经济发展的不平衡性最终导致第一次世界大战的爆发，战争的爆发印证了马克思主义对资本主义的猜想，马克思主义的实用性逐渐得到重视。列宁通过对马克思主义的学习和针对资本主义社会发展规律进行认识后，在俄国开展了十月革命，社会主义引导的十月革命解放了俄国境内长期被压迫的工人阶级，打破了资本主义和帝国主义拴在人民脖颈上的铁链，不仅在物质方面，工人阶级获得新的权利，实现“新生”，在思想上，马克思主义同样将工人阶级带到新的思想理论高度，真正实现了解放思想束缚和解放物质束缚两大历史任务。[1]我国汲取俄国十月革命的先进经验，引入了马克思主义理论，李大钊作为马克思主义的积极支持者，在新文化运动中将马克思主义灌输给工人阶级和学生群体，帮助其开解思想束缚，为五四运动、新民主主义革命的成功奠定了基础。马克思主义传入中国的百年间，在思想上，中国的工人阶级、农民阶级和学生一改落后的面貌，驱散了覆盖在人民群众头上的封建思想的乌云。在物质上，人民群众成为国家的主人，不再受封建主义和官僚资本主义的欺压和剥削，马克思主义的到来，使中国人民从此站了起来。

习近平总书记在庆祝中国共产党成立100周年大会上指出：“中国共产党为什么能，中国特色社会主义为什么好，归根到底是因为马克思主义行！”[2]马克思主义之所以能够为社会谋发展、为人民谋解放，与其鲜明特征密切相关。一是在科学性方面，马克思主义是源于历史实践所得出的科学真理，包含辩证唯物主义和历史唯物主义两个主要方面，能够从辩证的角度探索自然、社会和人类思维发展的本质和规律，解救中华民族于水深火热之中，带领中华民族跳出了封建社会人民群众受压迫、受剥削的圈子，在中华

[1] 杨锡山．思想政治教育融入文化自信的路径探析 [J]. 理论观察,2020(3):71–73.

[2] 归根到底是因为马克思主义行：学习贯彻习近平总书记在庆祝中国共产党成立一百周年大会上重要讲话精神之三 [EB/OL].(2021–07–04)[2023–08–24].http://www.qstheory.cn/qshyjx/2021–07/04/c_1127621133.htm.

大地上进行了新民主主义革命和社会主义革命，引导党、团结人民群众在社会主义实践中取得了无数个光辉胜利。[1]二是马克思主义的革命性。从历史发展角度来看，近代中国所开展的洋务运动、百日维新、义和团运动、太平天国运动及辛亥革命之所以不能成功在于其未能形成彻底的革命性，未能站在最广大人民根本利益的立场上进行坚决的革命，纵观百日维新、太平天国运动和辛亥革命，其革命的意识仅停留于反对帝国主义层面，无法从人民群众的角度来调整革命方向，中国共产党之所以能够带领人民群众取得胜利，在于马克思主义指导下的中国共产党始终以最广大人民群众的根本利益为核心，解放人民群众，团结人民群众，得到人民群众的拥护，创造了新的历史。三是马克思主义的实践性。马克思主义理论的优势在于其从实践中来，并能够指导实践，我国在探索社会主义道路的进程中一次次转危为安、迎合时代发展需求、把握时代特点的主要原因在于马克思主义被准确地运用到实践中，帮助党指导社会主义实践，而且以理论和实践相结合的方式丰富马克思主义理论宝库。四是马克思主义的人民性。马克思主义政党的人民立场作为马克思主义最为鲜明的品格，同时也作为其为人民寻求发展解放道路的根本所在，我国在马克思主义理论指导下的实践中始终将人民放在首位，社会主要矛盾就是人民在社会发展中所表现出来的矛盾，社会主义立场就是站在人民的根本立场，人民性的要点就是一切为了人民、一切依靠人民，从人民群众中来，到人民群众中去，为实现人的自由全面发展而不断奋斗。五是马克思主义的发展开放性。马克思主义并非停滞的理论，而是随着时代不断发展的，通过吸收人类历史上一切优秀思想文化成果而不断丰富自己，马克思主义在指导中华民族进行社会主义实践的进程中，立足中国国情，吸收中华优秀传统文化，在中国大地上诞生了毛泽东思想、邓小平理论、“三个代表”重要思想、科学发展观和习近平新时代中国特色社会主义思想，其发展开放性的鲜明特征指引人民群众一步步从必然王国向自由王国飞跃，为人民实现自由和解放开辟了道路。

[1] 谢勇军. 文化自信融入高校思想政治理论课路径研究 [J]. 教育现代化 ,2020,7(15):70–72.

2.探索规律方面

马克思主义哲学之所以能够正确认识和探索事物发展的根本规律，离不开对立统一规律和实事求是两个精髓。

第一，对立统一规律。对立统一规律揭示了事物普遍联系的根本内容和变化发展的内在动力，从根本上回答了事物为什么会发展的问题，为人们认知世界的本原、世界发展的动力提供了理论支撑。对立统一规律同时也是理解事物发展由量变到质变、辩证否定发展等一系列基本原理的“钥匙”，为人民认识马克思主义、坚定马克思主义的真理性奠定了基础。此外，对立统一规律为人们提供了认识世界和改造世界的基本方法——矛盾分析法，通过借助矛盾分析法能够充分认知矛盾的同一性和斗争性的含义，客观评价同一性和斗争性在事物发展中所起到的作用，能够科学合理地推动事物快速发展。我国在探索社会主义现代化道路、实现中华民族伟大复兴的中国梦的进程中通过运用矛盾分析法，根据基本国情和时代特征指出我国社会主要矛盾的变化和具体内容，为我国解决矛盾的重要方面、转变发展思维及提出相关政策以契合国家发展需求提供重要支撑。[1]

第二，实事求是。实事求是人能够正确认识客观规律进而发挥主观能动性的前提，实事求是的思想包含主观能动性和客观规律性的统一。人民群众只有深刻认识和掌握客观规律，才能够达到认识世界和改造世界的目的，而人民群众只有充分发挥主观能动性，才能正确认识和利用客观规律。实事求是这一观点贯穿主观能动性的发挥和客观规律性的认识，将主观能动性和客观规律性联系起来，才能正确掌握物质的决定作用和意识的反作用，才能真正探索世界的规律，达到认识世界和改造世界的最终目的。

实事求是是扭转我国危难形势、寻求适应我国发展道路和发展方向的压舱石。回顾党的革命历程，将马克思主义教条化和将苏联经验神圣化的思想认识并不能领导我们进行社会主义革命实践，由这些思想组合而成的“左”倾盲动主义，阻碍了党的事业发展，其错误的思想根源最终将红色政权推向

[1] 王茜，苏文伟．文化自信视域下大学生思想政治教育有效性提升策略研究 [J]. 黑龙江教师发展学院学报 ,2020,39(2):89-91.

万分危急的风口浪尖，第五次反“围剿”的失败，充分暴露出“左”倾思想的巨大危害性，而党之所以能够在此后的发展道路上披荆斩棘、攻坚克难，离不开实事求是这一思想的指引。实事求是就是一切从实际出发，理论联系实际，坚持在实践中检验真理和发展真理。毛泽东同志所开辟的农村包围城市、武装夺取政权的革命道路挽救了中国共产党的事业，挽救了处于帝国主义和封建主义双重压迫和剥削下的无产阶级人民群众，为新民主主义革命胜利奠定了基础。[1]农村包围城市、武装夺取政权作为毛泽东同志利用马克思主义基本原理结合中国革命道路具体实践而得出的成果，作为马克思列宁主义根据中国具体革命和建设实践的二次结合，开创了马克思主义中国化的发展理论，为此后探索一条适合中国国情的社会主义建设道路提供了宝贵的经验。马克思主义中国化的理论体系借助实践的观点将马克思主义基本原理同中国发展实践有效结合起来，实现了马克思主义的第二次历史飞跃，为实现中华民族伟大复兴的中国梦提供了科学指导。

（二）马克思主义融入高校思想政治教育的意义

中华民族伟大复兴的中国梦的实现需要一代代人才的努力，作为社会最具活力和最具创造力的人才群体，青年大学生群体在社会实践中的行动和发展同祖国的命运和未来息息相关，将马克思主义融入高校思想政治教育能够指导大学生进行社会实践，将自身价值的实现同国家命运紧密地联系在一起，成为社会主义道路的建设者和中华民族伟大复兴的中国梦的实现者。

第一，一方面大学生群体正处于青年时期，充满着青春的朝气和奋斗的活力，作为推动社会发展的新鲜血液，具有无限的希望和无穷的可能性，是国家发展的力量来源。另一方面，大学生群体接受国家的高素质教育，接受、容纳和内化了先进的文化、思想、技术，这能够帮助大学生群体进行科学的社会实践，使大学生群体成为推动社会发展的强劲新生动力。

第二，大学生群体的知识技能素养和文化素养与国家未来发展质量和发展水平密切相关，同时国家发展目标也对大学生群体的整体素养和质量提出了要求。总体而言，国家需要能够实现社会主义事业发展目标并能够引领时

[1] 刘养卉.思想政治教育视阈下新时代大学生文化自信培育路径探索[J].社科纵横,2020,35(2):114-118.

代向前发展的优秀人才，而优秀人才的培养结合我国具体实际情况和时代特点，就是要运用马克思主义理论作为大学生群体的思想武器，以此指导大学生群体知识技能素养和文化素养的提升，并使其主动向国家发展需求靠拢。

第三，大学生通过对马克思主义基本理论的学习，能够把握世界发展运行的基本规律，获得在社会实践中发现规律、认识规律的钥匙，在时代发展中认清世界发展的宏观格局、变化发展的必然规律。总的来说，就是将大学生推向时代前沿，在实践中让大学生群体在政治思想上得到锻炼，使其具有透视风云的眼光和利用规律的能力，实现大学生个体的自由全面发展。

第四，作为指引当代中国发展的精神旗帜，同时也作为指引民族成员发展的精神旗帜，马克思主义能够调动大学生的精神动力，鼓舞大学生在时代的发展中、在祖国命运的号召下、在实现伟大复兴中国梦的道路上自觉能动地进行社会主义实践。鼓励大学生群体在实践中以马克思主义为行动指南，更好地实现自身的价值，完成自身价值的实现与祖国需求的合一。

三、强化大学生人生观教育

党的十九大报告指出："要以培养担当民族复兴大任的时代新人为着眼点"。大学生群体作为推动社会主义事业发展和实现中华民族伟大复兴的中国梦的新兴力量，有责任、有义务迎合国家对时代新人的发展要求。马克思主义指出："人的本质不是单个人所固有的抽象物，在其现实性上，它是一切社会关系的总和。"[1]马克思主义阐释了人的属性、本质与社会的必然联系，人生观的形成源于社会实践活动，人的社会关系的总和由此决定人的本质行为，为此，马克思主义对人生观的科学探讨，要求我们从社会实践和社会关系入手对大学生群体的人生观进行教育。

（一）人生观

结合人生观的社会属性和主要特点，可以将人生观剖析为人生目的、人生态度和人生价值三个主要方面，人生目的、人生态度、人生价值相互作用、相辅相成。

[1] 葛萌．文化自信融入高校思想政治教育的路径探析 [J]. 农家参谋 ,2020(3):250.

一是人生目的。人生目的是人在进行社会实践过程中指引其自身行为发展的根本指向。人生目的作为人在物质世界中所得出的意识综合，同时又反作用于人探索物质世界、进行实践劳动，从而实现自身价值。为此，人生目的对人生道路的选择具有决定性作用，决定了人的社会实践道路和人生轨迹。人在社会实践中以人生目的为核心，选择自身社会实践的道路，形成人生社会实践轨迹，同时人生目的会对人生态度和人生价值选择方面具有决定性影响。[1]在对人生态度的影响方面，不同的人生目的直接决定人生目的实现的难易程度，进而直接决定人在社会实践中奋斗和努力的程度，从而形成不同的心理倾向和精神状态，进而对自身社会实践形成千差万别的人生态度；在人生价值的影响方面，人生目的的最终实现对个人和社会都将产生一定作用和意义。正确认识个人价值和社会价值的关系，用人生目的指导和引领社会实践才能突破人生狭隘利益的局限，转而实现更深层次、更具意义的人生价值和社会价值。

二是人生态度。人生态度是人民群众在进行社会实践过程中针对社会实践过程中所出现的各类矛盾和对各类事物的认知而持有的一种特有的心理结构图示。人生态度作为人生观的核心内容，人民群众的人生态度源于人民群众的社会实践活动的同时，人生态度往往也反作用于人民群众对世界、社会和人生变化发展所持有的看法。换言之，人生态度作为人生观的外在形式，借助其所展现的人生态度能够探究其人生观的本质。

三是人生价值。人生价值与人所进行的社会实践成果密切相关，作为对社会和个人具有作用和意义的总和，人生价值可分为个人价值和社会价值。在人生的个人价值方面，个人价值是社会个体在进行实践活动过程中对其自身生存、发展和接续实践而产生的价值体系，在内容上既包括对个人物质需要的满足，又包含对个人精神需要的满足。因此，不断实现人生价值的过程，也是不断实现人生目的的过程，二者密不可分。在人的社会价值方面，人的社会价值主要是由于人社会实践的社会属性对社会和他人所产生的

[1] 周宇，王倩玉，孙铭烁．文化自信视域下的大学生社会主义核心价值观认同教育路径研究 [J]. 产业与科技论坛，2020,19(3):134–135.

辐射，表现为对他人和社会的自我价值贡献。个人价值和社会价值在内容上既相互区别，又密切联系、相互依存，共同构成人生价值的矛盾统一体。一方面，个人价值的实现作为其在社会实践过程中生存、发展和进步的必要条件，个人价值的实现因社会实践的社会属性能够将价值辐射到社会和他人层面上。为此，个人价值的充分发展能够为社会和他人创造更大的价值。另一方面，个人价值的实现作为社会实践活动，必然会受到物质性条件的制约。社会物质条件作为限制个人价值实现的直接因素，人的社会价值的实现能够推动社会进步和社会发展，为个人价值的实现提供全面自由发展的保障。

（二）大学生人生观教育的价值和意义

中华民族成员在长期的道德实践中，形成了崇高的人生道德标准。大学生人生观教育，即以崇高的人生道德标准的实现为目标，以人生价值的服务和奉献为核心。这一道德观点是以人民群众作为历史发展的推动者，是马克思主义哲学和中华民族传统美德融合而形成的产物，为青年大学生人生目标的选择和人生价值的评价提供了方向和标杆。新时代青年大学生要以国家和集体的发展作为自身人生价值实现的根本方向，在以服务和奉献为核心的社会实践过程中实现人生价值。习近平总书记曾对服务和奉献的人生做出评价，认为服务和奉献作为人生得以成功的必要基础，服务和奉献并不意味着低人一等，而是从思想上折射出个人道德修养的崇高。结合历史唯物主义的观点和习近平总书记对成功人生的论述，指明了青年大学生人生观确立的正确方向。青年大学生群体作为国家的崭新力量，在思想和精神上还处于未成熟阶段，将人生观教育融入思想政治教育课程中，能够将青年大学生群体的力量更有效地快速转化为推动国家和人民事业发展的直接动力。大学生人生观教育能够有效地针对大学生的人生观予以引导，使其形成科学高尚的人生追求，促使青年大学生思想趋于成熟，使其能够通过自身的实践奋斗为实现中华民族伟大复兴的中国梦、推动中国特色社会主义事业的发展奉献自身所能。具体而言，大学生人生观教育的价值和意义有以下几点。

第一，有利于大学生选择正确的人生道路。人生道路具有无限的可能性，充满着人生惊喜的同时又暗藏着荆棘和挫折，大学生在面对各式各样的社会经历时，都需要以正确的世界观、人生观和价值观来对自身的劳动实践和思维发展进行指导。[1]将人生观教育融入大学生思想政治教育课程中，有益于大学生群体树立正确的人生观，在面对各式各样的社会事件的过程中，能够选择并坚定自身的人生道路，使其面对荆棘与挫折时能够始终保持乐观向上、斗志昂扬的精神状态，为实现自身的人生目标和社会发展不断奋勇前行。

人生观对青年大学生的成长发展轨迹具有指引作用，正确科学的人生观能够为大学生思想的发展和实践行为提供行动指南，纠正大学生不恰当的抉择和发展方向。首先，人生观能够帮助大学生群体树立远大的人生目标，人生目标对大学生群体的个体人生道路和发展轨迹具有决定性作用，人生道路和发展轨迹围绕人生目标而进行，人生目标决定着人生道路的最终走向，同时也影响着大学生在面对事物过程中所做出的抉择。大学生群体正处于青年时期，对自身未来的发展道路和发展方向充满迷茫和困惑，通过人生观教育可以帮助大学生形成自身的人生目的，确定未来的人生目标和发展方向，推动自身朝着目标不断奋进。[2]其次，人生观有利于青年大学生群体主动贴合时代发展需求、以先辈人物的发展事迹为榜样，接过先辈肩负的重担，承担新的历史责任和历史使命，开辟新的社会主义发展局面，使其成为能够契合国家发展的时代新人。时代新人是具有坚定的理想信念、高尚的道德品质、以爱国主义为核心的民族精神和以改革创新为核心的时代精神的社会主义建设者和接班人，推动青年大学生群体成为时代新人就必须不断加强大学生的人生观教育，落实高校思想政治教育立德树人根本任务，引导大学生“立大志，明大德，成大才，担大任”，肩负起自身历史使命，坚定建设中国特色社会主义的信心，成为真正的时代新人。最后，在文化多元化的世界格局中，各类社会思潮和思想并非都对大学生群体的健康发展具有积极作用，一些不良事件和不良思想甚至会导致大学生形成错误的人生观或者消极的人生

[1] 马陆毅．将文化自信融入大学生思想政治教育的路径探析 [J]. 现代交际，2020(2):111-112.

[2] 赵云霞．抗疫精神融入大学生思想政治教育研究 [D]. 北京：北方工业大学，2022.

态度，阻碍大学生健康发展。加强青年大学生的思想政治教育能够避免青年大学生产生错误的人生观，进而将错误人生观衍生出不良行为和不良后果。赋予大学生正确人生观这一精神屏障，使其能抵御不良思想的侵害，不受消极人生态度的影响，朝着自身正确人生价值的实现走出自信坚实稳健的步伐。

第二，有利于端正大学生的人生态度。人生态度与人生目的相互影响、相互制约。新时代青年大学生只有树立正确的人生观才能够形成正确的人生态度，进而更好地实现其人生目的。将人生观教育融入大学生思想政治教育课程中，一方面有利于大学生形成正确的人生观，养成积极奋进的人生态度。积极奋进的人生态度能够使大学生保持乐观积极的心态，对人生道路中所面临的各类事件具有心理韧性，既不会因为所取得的成就而丧失继续发展的动力，也不会因为一时的挫折和失意而愧疚和自责，从而始终保持乐观向上的积极心态，达到不以物喜、不以己悲的超脱境界，使青年大学生群体能够在社会实践中不断夺取人生目标的胜利。另一方面有利于大学生摆脱对虚拟、空洞价值的追求，使其从生活实际出发，在面对人生中的各种困难与挑战、挫折与磨砺时保持理性平和的心态，将社会总体需求同自身价值的实现结合起来，在最适合自身创造价值和满足社会需要的位置不断奋发进取、无私奉献，实现自身主观能动性和客观规律性的统一。

第三，有利于大学生树立正确的人生价值观。党的百年奋斗历程用实践告诉我们，只有立足于中国实际的基本国情和发展特点，充分发挥主观能动性，从实际出发，求真务实、志存高远，才能够实现理想、取得胜利的果实。尊德性而道问学，致广大而尽精微，加强新时代青年大学生人生观的思想政治教育，一方面，能够将大学生培育成祖国所需要的人才，贯彻国家立德树人教育目标的总要求；另一方面，人生观的教育能够帮助大学生从自身实际出发，科学正确地进行人生规划，帮助大学生从生活细节入手，从社会实践中积攒经验，勇立时代潮头回答青春之问。

人生观对新时代青年大学生未来的人生道路抉择和人生价值实现具有直接

影响，直接关系到大学生能否正确实现自我人生价值，为国家繁荣、民族复兴和人民幸福做出贡献。[1]要使青年大学生群体产生正确科学的人生观，就需要通过科学有效的思想政治教育方式引导大学生走向正确的人生道路，使其能够跟随科学正确人生观的引导，在实践的道路上不断创造自身的人生价值，实现人生目标，进而突破自身思想的局限性，提高人生境界。

人生观融入高校思想政治教育内容有助于培养大学生的奉献精神。奉献并不意味着对个人价值的放弃，而是将自身价值同祖国发展、民族命运紧密结合起来，自觉承担起历史使命和历史任务，在实现自身价值的路途中，将汗水挥洒在实现中华民族伟大复兴的中国梦的土地上。奉献精神不仅是自古以来中华民族的传统美德，同时也是高尚的道德情操，在文化自信视域下加强大学生人生观教育，既能实现大学生对文化自信的贯彻，还可将这份文化自信运用到实践发展中，真正使奉献精神成为实现自身价值、推动祖国发展和繁荣的精神纽带。

正确科学的人生观既是构成青年大学生文化自信的重要内容，又是推动大学生文化自信得以转化为实践的根本精神动力。建设中国特色社会主义现代化强国、实现中华民族的伟大复兴需要政治立场坚定、知识技能水平扎实、责任意识强烈的时代青年形成正确的人生观。坚定文化自信，既是坚定中国特色社会主义文化、中华民族发展史和党史的出发点，也是鼓励大学生群体勇于承担时代责任、履行社会义务的钥匙。因此，加强对大学生的人生观教育，有利于引导大学生全面看待世界整体局势和中国发展特色，正确认识自身的时代责任，勇于承担历史使命，坚定建设中国特色社会主义的决心，在正确科学人生观确立的过程中提升文化自信，在正确人生观指导下的社会实践中发展文化自信。

[1] 宫翠萍 . 文化自信视域下大学生思想政治教育研究 [J]. 智库时代 ,2020(4):187-188.

第三节 大学生思想政治教育的新目标

思想政治教育归根结底要服务于时代、服务于国家、服务于大学生群体。为此，需要结合时代、国家和大学生三个层面来展开大学生思想政治教育新目标的设立，即契合时代发展、符合国家发展要求、能够促进大学生个体自由而全面地发展，使其能够实现共产主义远大理想和新时代中国特色社会主义共同理想。而大学生思想政治教育并非一蹴而就的，往往需要不断的知识提升和实践积累。为此，本节将结合大学生思想政治教育的本质，将大学生思想政治教育的新目标划分为短期目标、中期目标和长期目标。

文化自信视域下，大学生思想政治教育的最终目的既要契合青年大学生个体价值的实现要求，又要重点体现为国家发展和民族振兴贡献价值，需要高校思想政治教育实现青年大学生群体文化认同、国家认同和大学生群体自由全面发展三个阶段性目标。大学生群体能够自由全面发展首先需要对本民族文化和国家形成认同意识。国家作为民族成员的政治思想共同体，对国家的认同源于民族成员对本民族文化的认同。国家认同的形成，可以通过制度、规范等一系列政策和发展措施形成国家向心力，从而凝聚民族精神，整合民族力量，形成民族文化生态语境，进而对民族成员的精神意识进行涵养，为各民族的繁荣发展提供政治保护、经济支撑和文化归依。由此可见，民族成员文化认同汇流于国家认同，国家认同反作用于民族成员文化、政治、经济等领域，并为其社会实践活动提供保障和支撑。为此，实现国家繁荣富强就需要民族成员形成文化认同、国家认同，为国家的发展提供动力。

文化自信视域下青年大学生的思想政治教育，必须以文化意识为基础，产生国家认同感，从而在大学生思想意识活动中衍生出爱国主义精神和历史责任感等一系列意识思维，指导大学生群体担当历史责任，履行时代义务，从而使国家产生满足个体得以自由全面发展的物质条件，实现人民群众物质财富的丰富和精神境界的提升。无论是文化认同还是国家认同，将认同感转化为推动国家发展和民族复兴的动力，需要青年大学生产生意识自觉、发挥意识的能动作用，而实现青年大学生意识能动作用的最大限度发挥，一方面依靠对文化认同的深度积累，另一方面依靠大学生群体对国家和文化产生归属感。文化的直接深度积累刺激文化归属感的形成。为此，文化自信视域下划分青年大学生的思想政治教育的新目标必须以大学生对文化的认同为短期目标、以对国家的认同为中期目标、以实现大学生自由全面的发展为长期目标。

一、短期目标

文化认同作为新时代青年大学生群体思想政治教育的基础，也是大学生产生国家认同和实现个体自由全面发展的根基，对大学生的文化认同培育是文化自信视域下实现大学生思想政治教育的短期目标。

中华优秀文化只有得到认同、理解、传承和发展，才能够作用于民族成员的实际行动，推动和鼓励新时代青年大学生进行正确科学的社会主义实践。中华优秀文化扎根于民族成员实践的文化土壤中，对民族成员的精神具有约束、指导和凝聚作用，能够帮助民族成员适应中华民族这块文化生态区域，成为文化发展的推动者和贡献者。[1]而中华优秀文化之所以能够对民族成员行为产生正确的指导，其原因在于中华优秀文化历经数千年的发展，其真理性在社会实践中不断得到检验。中华优秀文化的思想内核契合本民族成员的精神意识的发展需求和时代的发展要求，以爱国精神、天人合一的道家思想、自强不息的奋斗精神、经世致用的务实精神等共同构成的中华优秀文化体系，已然成为维系民族发展和指导民族成员发展的文化纽带。新时代青年大学生借助中华优秀文化体系这一文化纽带，不仅能够帮助其个人价值更好地实现，而且能契合民族发展要求，还可以通过丰富中华优秀文化的实践案例，丰富中华文化体系，进一步提升中华民族的凝聚力和民族成员对其产生的归属感。

第一，中华优秀文化作为青年大学生群体进行社会实践的理论综合，包

[1] 王建明.思想政治理论课中强化文化自信教育的探索[J].新西部,2020(2):150-151.

含大学生的道德修养、文化素养、理想信念、人生态度等多领域内容。为此，中华优秀文化并非单纯作为理论的观点，其价值和意义还能够直接或间接体现在其实践性上。中华优秀文化在引导大学生突破自身的局限，追求更高质量的物质生活条件和心理需求方面具有核心作用。中华优秀文化从实践中来，接受实践检验，其实践意义具有真理性，能够帮助大学生群体契合时代发展特点、顺应发展特点，把握时代发展方向，从而取得物质和精神方面的成就。

第二，文化认同能够培育大学生积极承担时代责任、民族责任。[1]我国作为中国共产党领导下的社会主义国家，当今时代中国的发展一切围绕着实现社会主义现代化强国、实现中华民族伟大复兴的中国梦而服务。大学生群体作为推动国家和新时代中国特色社会主义道路发展的生力军，作为党和国家发展所需要的人才，提升大学生的文化认同感是培养新时代大学生思想政治品格的应有之义。尤其在当前文化多元化的社会格局中，部分大学生受到外来社会思潮和文化渗透的影响颇深，对国家的发展和时代的召唤置之不理，难以形成自身的社会责任感，同时也难以契合国家发展实际情况进而实现自身的人生价值。而文化认同能够让大学生在波谲云诡的文化多元格局下坚守本心，正确地形成民族文化的归属感，积极承担时代责任，实现其人生价值。

第三，文化认同的实现，需要大学生立足于中国文化生态语境中，明确自身作为中华民族的一分子，产生对中华民族的归属感，在此基础上，不断吸取中华优秀文化和知识。借助高校思想政治教育氤氲而成的文化氛围，可带动大学生群体提升其自身文化素养，指导和鼓励大学生进行丰富多样的文化生活。大学生文化认同的实现既需要教育，也需要实践。实践能够丰富大学生群体对文化的深层次认知，在民族归属感和民族自豪感的共同作用下，催生大学生的文化自信；而教育则为大学生文化认同的产生提供窗口，通过向大学生传输中华优秀文化，帮助大学生将知识内化为自身精神和思想，用以指导大学生进行社会文化实践。大学生思想政治教育以“四史”为主要教

[1] 张金灵. 文化自信：新时代高校思政教育发展的必然选择 [J]. 青岛职业技术学院学报 ,2020,33(1):22-26.

育内容，能够推动大学生掌握历史发展的客观规律性，厘清时代发展脉络，摆正自身处于新时代中国特色社会主义事业发展中的位置，以理论、实践、历史经验和历史案例结合的方式，在潜移默化中传输给大学生群体，使大学生在对中华优秀传统文化产生归属感和自豪感的同时，实现对中华文化的认同，增强自身的民族文化自信心。

二、中期目标

新时代中国特色社会主义的育人观念中“培养什么样的人”直接对大学生群体提出要求，习近平总书记在北京大学师生座谈会上的讲话中提及：“‘国势之强由于人，人材之成出于学。’培养社会主义建设者和接班人，是我们党的教育方针，是我国各级各类学校的共同使命。”[1]为此，文化自信语境下大学生的思想政治教育的中期目标就是要将青年大学生群体培养成社会主义的建设者和接班人。

中期目标的实现需要青年大学生群体坚定政治方向、坚定理想信念、对时代责任有所担当。

一是新时代青年大学生群体要坚定政治方向。青年大学生坚定正确的政治方向能够推动大学生在时代发展中勇立潮头，自觉抵御西方文化侵蚀、坚定立场。在面对各项事物的过程中，能够透过事物的现象，看清事物的本质，在重大原则问题上划分真理与谬误之间的区别，能够在纷繁杂乱的文化多元化世界中保持个人立场和清醒的头脑，做社会主义道路的坚守者。[2]近年来，国外势力和邪恶组织意图通过文化侵略、不良思想灌输的方式侵害我国主权安全和领土完整，在我国培养和组织情报间谍、刺探我国军事力量部署状况，甚至在台湾、香港等地区策划暴乱，而这种种现象发生的原因，都在于我国思想政治教育尚未搭建起思想政治防卫的屏障，不足以使人民群众坚定其政治方向，在不良思想的侵害下，人们薄弱的政治防线被逐渐攻破，不仅不能为国家的发展贡献自身的价值，甚至会对祖国的发展“倒戈一

[1] 习近平在北京大学师生座谈会上的讲话 [N]. 光明日报，2018-05-04(1).
[2] 于娟 . 文化自信融入高校思想政治教育的路径探究 [J]. 文化创新比较研究 ,2020,4(2):171-172.

击”，对国家产生不可估量的严重后果。因此，在当前文化软实力在国际竞争方面的作用越来越显著的背景下，要将青年大学生群体培养成坚定正确的政治方向的新时代接班人作为衔接大学生文化认同的中期目标，通过培养大学生群体的理想信念教育，教育引导学生绷紧政治这根弦，牢固自身的红色信仰根基，与祖国共命运、与时代共发展。

二是坚定理想信念补足精神之钙。理想信念作为指引人类进步的精神意识，源于人民群众的实践劳动，理想信念与个体的人生观具有不可拆分的紧密联系，理想信念是个体人生观在社会实践过程中的显著标志，理想信念蕴含着个体人生观全部内容的综合。习近平总书记在优秀青年代表座谈会上强调理想信念的重要性，指出广大青年必须坚定理想信念，并要求将理想信念的树立确定到坚定走中国特色社会主义道路和实现中华民族伟大复兴的中国梦上来。新时代青年大学生要响应时代和党的号召，积极服从党对青年大学生群体所提出的要求，严格实现高校所进行的思想政治教育目标，在履行国家发展任务、满足国家发展要求的进程中实现自身的价值。社会主义国家的发展要求是人民民主的发展要求，作为符合最广大人民群众利益的发展要求，作为必然的、不可阻挡的历史潮流发展方向，新时代的大学生实现自身的价值就必须迎合这股时代潮流，成为时代潮流的发展动力，汇流于社会主义国家总体发展目标。[1]这一愿景的实现，必须借助大学生思想政治教育使大学生的理想在实践中产生、随时代发展并超越现实，因此，大学生应主动向世界昭示为中国特色社会主义共同理想而努力奋斗的人生目标，担当历史使命，为社会发展实践提供前进动力，进而推进精神境界的突破，为实现共产主义远大理想做出实质、深刻的努力。

三是对时代责任有所担当。习近平总书记在同各界优秀青年代表座谈时的讲话中谈到：青年一代有理想、有担当，国家就有前途，民族就有希望，实现我们的发展目标就有源源不断的强大力量。青年时期作为人生中最具创造力的阶段，回首新文化运动和五四运动，革命青年学生在国家危难时期，

[1] 周全凯，程云艳．文化自信视域下高校青年思想政治教育模式的探讨 [J]. 北京青年研究，2020,29(1):96–102.

扛起民族复兴的旗帜，积极探索适合中国的发展道路，敢于同帝国主义和封建主义抗争，推动民族思想解放；在新民主主义革命时期，广大青年怀揣着国家富强、民族振兴、人民幸福的理想信念，积极投身革命事业，拯斯民于水火，扶大厦之将倾，用自身的血肉之躯铺成一条社会主义的发展道路；在国家改革和建设时期，青年群体积极响应党的号召，投身工业、农业发展一线，向祖国最需要的地方进发；在改革开放的当下，无论是航空航天领域、工业制造领域还是农业生产领域都活跃着青年学生的身影。由此可见，青年对推动时代发展具有不可估量的积极意义。新时代要求大学生群体敢于担当历史使命，在大学思想政治教育的基础上，形成崇高的理想信念，树立共产主义远大理想，坚定中国特色社会主义信念和实现中华民族伟大复兴中国梦的信心，并将自己的个人理想同时代要求相结合，发扬五四精神，自觉投身于中国特色社会主义伟大事业当中。

三、长期目标

马克思主义认为实现人的自由全面发展受到人所生活的物质世界的制约，人实现自由全面发展必须有与之相对高度的物质条件契合，才能够保障人的精神和物质方面都富足，才能够确保人的自由全面发展。而推动人自由全面发展需要两个必要条件：一是进行社会实践劳动，二是受教育。新时代青年大学生的思想政治教育作为实现人自由全面发展教育的重要组成部分，能够从人的基本认识入手，提升其思想性、文化性并将其运用到实践中，以人为核心，充分调动人的内在能动性、积极性和创造性，努力提高人的自身素质，为促进人的自由全面发展提供重要保证。同时，促进人的自由全面发展的实现也是高校思想政治教育的总目标。

文化自信视域下的高校思想政治教育工作的总目标就是实现人的自由全面发展，这一论断集时代性、国家性和社会发展、民族复兴、人民幸福于一体。实现人的自由全面发展贯穿高校思想政治教育始终，引导思想政治教育进行政策方针调整，满足青年大学生实现自由全面发展需要。

新时代我国面临社会主要矛盾的变化、时代的风起云涌和国际社会的政治更迭，国民所需要肩负的历史责任前所未有，国家对国民思想和实践能力的发展要求也前所未有。[1]新时代大学生作为社会发展的生力军，在崭新的历史格局和社会发展潮流中占据“中军”地位，新时代大学生需要结合高校思想政治教育来迎接时代挑战，回答时代之问、青春之问。马克思主义关于人的自由全面发展的学说作为解决社会存在深层次矛盾的钥匙，而高校思想政治教育作为搭建这一“钥匙”的重要一环，对新时代青年大学生的自由全面发展具有引导和推进作用。大学生居于推动国家发展的第二梯队，在其转变为第一梯队的过程中，国家需求对大学生的理论素养和实践能力提出要求。而大学生群体作为最具活力、最具创造力的青年群体对直接参与国家建设、实现自身的价值具有自主驱动性，能够主动回应国家需求，希望自身能够在社会实践中得到多方面发展，这说明大学生渴望自由全面发展并且也具备了自由全面发展的基本素质。

高校思想政治教育对未来社会人的自由全面发展、文化思想发展产生了积极的影响，高校思想政治教育能够通过培育新时代青年大学生的文化认同、国家认同感和历史使命感来推动新时代青年大学生在社会实践中形成崇高的理想信念，用以指导青年大学生的各项社会实践，从而提高人的文化素养和道德修养，推动大学生精神思想领域的进一步发展。崇高的理想信念能够推动大学生主动契合时代发展，改造物质世界，使其成为能够承载人的自由全面发展的物质土壤，进而满足人自由全面发展的精神需求和物质需求，推动人的自由全面进步，最终实现人的自由全面发展的总目标。

长期目标要达到的效果和思想政治教育的最终目的应该是一致的，思想政治教育的最终目的就是促进人自由而全面发展。实现人的自由全面发展是马克思主义追求的最高理想和目标。[2]从马克思主义对人民群众的科学论断来看，人民群众作为历史的创造者，对历史社会的发展具有主导作用，而历史社会物质内容的变化和实践所获得的精神思想和知识文化的累积使人民群众在创造历史的过程中也实现了自身的提升。总体来看，人民群众推动历史

[1] 席志刚，袁欢欢．论大学生文化自信教育融入高校思政课的途径 [J]. 科技风 ,2019(36):52+84.
[2] 唐鹤轩．文化自信融入高校思想政治教育的路径研究 [J]. 才智 ,2019(36):10−11.

发展的过程也是其不断探究自由全面发展的过程。当今时代，结合我国社会发展的方向和目标来看，实现新时代中国特色社会主义共同理想和共产主义远大理想作为人民群众历史实践的根本方向，而得以快速推进共同理想和远大理想的实践，一方面需要崇高理想信念的指引，另一方面需要借助现有物质条件和文化条件来“武装”人民群众，以此来满足社会发展所需要的人才要求，同时也能够使自身在推动历史进程中更好地实现人生价值。新时代青年大学生的思想政治教育工作就是借助现有知识理论体系培育时代新人，通过提高青年大学生的文化修养、道德素质、社会责任使其契合国家发展需求、认识事物发展的客观规律的同时充分调动和发挥其主观能动性，使其积极主动地为社会和自身的发展创造物质条件和精神条件。

虽然思想政治教育在不同的历史时期、不同的具体环境下有不同的具体目标和任务，但追求和促进人的全面发展是它永恒的现实出发点和终极价值目标与归宿。实现人的自由全面发展并非动态的概念，纵使时代发展中会受到各种经济文化影响或各类阻碍社会发展的拦路虎和绊脚石，但促进人的自由全面发展作为终极目标，终将引领新时代青年大学生拨开迷雾、跨过障碍，向着实现人的自由全面发展目标而不断迈进。

第六章　文化自信视域下大学生思想政治教育发展的有效策略

第一节　文化自信视域下大学生思想政治教育发展应遵循的基本原则

大学生思想政治教育要在文化自信视域下实现新的突破，寻求新的发展，就需要了解我国优秀传统文化中对大学生思想政治教育相关的表达和思考，从源远流长的历史沉淀中汲取养分来满足新时代大学生思想政治教育发展的需要。从优秀传统文化中寻找为大学生思想政治教育工作所需要、为大学生思想政治教育工作者所理解、为大学生所接受的内容，从而搭建大学生思想政治教育在优秀传统文化基石之上的高台。我国优秀传统文化不胜枚举，在将这些优秀传统文化应用到大学生思想政治教育的过程中，需要遵循一定的原则来选择性使用。这样既有助于树立大学生文化自信的意识，又可以提升思想政治教育的效果，进而推动大学生思想政治教育的整体发展。大学生思想政治教育工作的重要性体现在它既具有管理的属性，又承担着学生的思想政治课程内容教学，肩负着对学生管理和教育的双重使命。[1]因此，文化自信视域下的大学生思想政治教育工作，不仅要确保优秀的传统文化在思想政治教育的实践过程中得到重视和传承，还要保障国家和我们党的各项教育方针、教育政策得以贯彻落实，坚定社会主义办学的重要方向。这就要求将优秀的传统文化融入大学生思想政治教育过程中，树立学生的文化自信时需要坚持政治性原则、实践性原则和融合性原则。

一、政治性原则

在文化自信视域下，大学生思想政治教育同样必须坚持政治性原则。在对大学生进行思想政治教育的过程中，思想政治教育目标要有政治性，思想

[1] 陈小琴．文化自信融入高校思想政治教育中的途径研究 [J]. 汉字文化 ,2019(24):130-131.

政治教育内容的选择要讲政治性，思想政治教育教师工作队伍的培养也要有政治性。

思想政治教育的目标要有政治性。[1]中国高等教育的目的是为党和国家培养人才，思想政治学科本身就具有一定的政治倾向，这是由思想政治教育课程自身的要求决定的。从马克思、恩格斯到列宁，从宣传工作到政治工作、政治教育工作，再到中国共产党成立后使用过的“政治工作”“思想政治工作”“思想政治教育”等诸多概念，我们可以发现思想政治教育概念的产生和发展伴随着无产阶级政党活动的影子。作为中国共产党领导下的中国高等教育的课程内容，思想政治教育的教育目标一定是培养为社会主义服务的人才，因此思想政治教育的教育目标必须坚持一定的政治性原则。

从文化自信的角度来讨论思想政治教育的目标为什么要有一定的政治性原则，原因有两点：一是思想政治教育的内容包含优秀传统文化与中国特色社会主义思想等一系列先进文化，大学生思想政治教育的具体实施需要用政治性原则予以约束；二是大学生思想政治教育要发展符合中国实际的先进文化，先进文化是具有时代性和前瞻性的内容。

发展文化和学生的思想政治教育最终都是为人民服务，为党和国家服务，为社会主义服务，这就要求大学生思想政治教育的发展需要坚持政治性原则。过硬的政治原则是大学生思想政治教育工作用来塑造自己的武器，是用来支撑自己开展思想政治教育工作的法宝。思想政治教育工作不仅是一门专业性的教学工作，也是一门综合性的教育工作。

任何国家、任何时期，政治原则对所有人而言都是一个根本性的问题。政治原则是一个人在生活和工作的过程中，观察和处理政治问题时的态度和方向，它从根本上反映了一个人想要代表的阶级利益，是政治方面处理事务的基本出发点。对从事思想政治教育工作的人来讲，一个坚定不移、无比鲜明的政治原则，是保证个人在政治层面做一个明白人的重要前提，不论是对社会问题的观察和处理，还是在校园事务、学生事务的解决上，都必须自始至终无条件地站在人民群众的一侧，与无产阶级同行。要中国特色社会主义

[1] 廖永贤. 文化自信融入高校思想政治教育的实践机制研究 [J]. 智库时代 ,2019(51):263-264.

事业的前进方向不改变，对中国特色社会主义文化的学习和传承不改变，将自己的行动与思想和党保持高度一致。

在新时代，保持正确的政治原则就需要坚持习近平新时代中国特色社会主义思想，用马克思主义与中国实际相结合的最新成果武装自己，从根本上落实高校的思想政治教育工作。坚持正确的政治原则，同时也需要思想政治教育工作者在工作和生活的过程中，对自己严格要求，恪守工作操守，经得起外界的干扰，抵御得了来自各方面的诱惑。面对社会和校园里各种错误的政治事件和思想观点，要敢于指正，敢于批评。

不以规矩，不成方圆。每个团队都离不开组织性和纪律性，每项伟大事业的成功，都需要用规则和秩序来保证行动力和协调性。政治原则对大学生思想政治教育工作的发展而言，是最基本、最底层、最重要、最关键的纪律要求。对政治原则的严格遵守是高校思想政治教育工作者严格要求自己、提升自己、发挥自身作用的重要基础，也是对社会主义先进文化进行传输的基本要求，在思想政治教育工作中，必须用严明的政治原则来要求自己。不论是工作中还是生活中，都保持高度的觉悟约束自己，不仅是把政治原则当作在工作中才需要遵守的纪律，更应该在生活中与国家保持统一战线，自觉地维护党和国家的正确领导，将正确的、优秀的、先进的社会主义文化教给学生，如此才能真正树立学生的文化自信。

在思想政治教育过程中，加强大学生政治教育的原则，自始至终地重视对大学生人生理想、生活本领、责任担当的培养，保持对大学生青年群体的重视、信任和关怀，真正将其培养成为中国共产党和中国特色社会主义事业蓬勃发展的中坚力量。

高等院校的思想政治教育是培育新时代的青年奉献自我、为社会主义事业努力拼搏、全心全意为人民服务的重要阵地。[1]时值中国共产党开启第二个百年征程的重要节点，在大学生思想政治教育中秉持坚定不移的政治性原则，将有力地发挥思想政治教育对大学生心智与灵魂的铸造和培养作用。

[1] 刘冀玉．抗疫精神融入大学生思想政治教育有效路径研究 [D]. 长春：长春工业大学 ,2022.

二、实践性原则

大学生思想政治教育还需要遵循实践性原则。从教育的角度讲，教育的目的在于培养有用的人才。从古代读书人“修身，齐家，治国，平天下”到现在我国“培养德智体美劳全面发展的社会主义建设者和接班人”，教育的形式可谓多种多样，但最终都会要求将教育的成果和受教育者投入实际的社会生产中来，将理论转化为实际成果。从文化的角度讲，大学生思想政治教育的先进文化内容经历了我国几千年历史的沉淀，经历了党和新中国在过去的百年时间内的真实实践，经历了不断的探索和反思，是被实践证明了的优秀文化成果。大学生思想政治教育对先进文化的教育要紧紧联系社会实际，紧密结合教育者和受教育者，紧紧围绕先进文化的内涵开展。

在教育过程中培养大学生对客观事物运行规律的认识，树立大学生正确的世界观、人生观、价值观，然后将所授内容内化于学生的内心，外化于学生的行为去接受实践的检验，进一步由理论层面的感性认知转变为经过实践考验的理性认识。这就要求大学生思想政治教育工作做到对大学生青年群体理想信念的正确把握，通过对大学生科学理论、基础知识的教育，引导他们在接受教育的过程中和结束理论学习之后，去实践中进行思考、验证。大学生思想政治教育不仅有着丰富的知识属性，也有着非常明确的实践导向性。从文化的角度加强大学生思想政治教育的实践性原则，对大学生群体厘清中国先进文化的理论特色、发展历史和实践成果都有着良好的基础作用，是大学生群体树立文化自信、提升文化自信心的重要途径。大学生思想政治教育中加强对中国先进文化的教育将进一步推动大学生群体拓展对先进文化的认知广度和理解深度，也将进一步诠释和感知中国先进文化蓬勃的生命力。中国先进文化内容的传授对大学生的思想政治教育工作所用到的能力和方法也会提出更高的考核标准，这将反向促进大学生思想政治教育工作不断向更高标准前进。中国先进文化的发展史本身就是一部实践史，做好大学生思想政治教育工作实践，对引导大学生以实践学知识、以实践引行动、以实践筑信念、以实践坚定文化自信和实现人生价值有着无可比拟的重要作用。

不论是从教学的专业性和即时性还是教育的综合性和长久性，都需要思想政治教育工作者具备完善的理论知识。思想政治教育工作者没有丰富的理论知识储备，不具备卓越的理论素质，工作就很难开展，也难以保证取得良好的教学效果，也难以胜任国家和学校赋予的教书育人的重要任务。特别是在现在知识经济蓬勃发展的时期，在我国文化事业的大发展时期，新的知识和新的理论层出不穷，知识更新速度越来越快，突出的理论素质显得尤为重要。虽然说实践是检验真理的唯一标准，但实践付诸行动之前需要用理论来照亮前进的路，不然只能如无头苍蝇般胡乱碰撞。习近平总书记也曾指出："理论上清醒，政治上才能坚定。"[1]高校的思想政治教育工作和先进文化的传播需要面对的工作对象是个人思想开始逐步成熟的大学生群体，因此，无法同之前的教育阶段一样，以单纯的灌输方式展开工作，在此阶段的思想政治教育工作是复杂的，对学生整体的思想认知体系也是极其重要的，需要思想政治教育工作者用综合的方式开展工作。这就需要高校的思想政治教育工作者掌握丰富而有深刻理解的知识结构，不但要以前文提到的马克思主义理论构筑自身理论储备的坚实基础，还要以各种自然科学和社会科学的知识来为自己的知识大厦添砖加瓦，然后结合各种思想政治教育工作的专业知识，去面向大学生开展教育工作。此外，还需要教育工作者掌握包括以下两方面的知识，以便更好地开展大学生思想政治教育工作。

（一）丰富的社会科学知识和自然科学知识

自然科学知识和社会科学知识是大学生思想政治教育工作者所需要的重要知识。作为思想政治教育工作者，对马克思主义理论的牢固掌握可以奠定工作基础，但自然科学知识和社会科学知识是大学生思想政治教育工作者引导学生树立正确的世界观、人生观和价值观的助力。大学生思想政治教育工作者需要多样的自然科学知识和社会科学知识作为保障和补充。要讲思想政治，就不能只讲思想政治，自然科学的存在可以成为我们思想政治教育的载体，社会科学知识可以作为思想政治理论的补充，也可以让思想政治教育工作变得简单而高效。例如，心理学、文化学、管理学等学科的理论和方法都

[1] 习近平在庆祝中国共产党成立95周年大会上的讲话[N]. 人民日报，2016-07-02（3）.

可以借鉴运用到思想政治教育的工作中来，将“深奥”“抽象”的思想政治知识变得“接地气”，简单易懂，使学生从心理上更容易接受。[1]

（二）专业的思想政治教育知识

思想政治教育工作的开展是将正确的思想和观念传达给学生的过程，在达成这个目标的过程中，势必会借助各种理论和工具。大学生思想政治教育所涉及的专业知识和方法主要包含教育学、政治学、管理学及各种方法论。这些专业性的知识是大学生思想政治教育得以实施的重要基础，也是思想政治教育工作者的重要知识储备。大学生的思想政治教育内容是具有相当程度的专业性的，大学生思想政治教育工作者有必要对最新的学科发展成果进行学习和掌握，及时跟进思想政治教育的发展方向和研究动态，如此才能促进个人工作能力的不断提升，才能持续地丰富自身的专业知识，才能对学生思想政治课程的学习形成专业性和有效性的保障，才能使自身在学科不断向前发展的过程中，永远保持胜任思想政治教育工作的能力。

三、融合性原则

文化自信视域下大学生思想政治教育工作的融合性原则，不仅是指简单地对先进文化理论知识的融合。鉴于大学生思想政治教育工作的特殊性，此处的融合性应当分为两大部分，其中第一部分是思想政治教育工作队伍的融合。[2]思想政治教育不能仅靠思想政治理论课教师和辅导员来进行，学校内的所有任课教师、职工都要有对学生进行思想政治教育的意识。

目前常见的高校大学生思想政治教育队伍组成结构为思想政治专业课和其他社会科学课任课教师、党政工团干部及班主任、辅导员。因此对大学生思想政治教育队伍的融合建设，归根到底就是对以上这三支队伍的能力和素质的融合建设。

（一）加强思想政治专业课和其他社会科学课任课教师队伍的融合建设

思想政治专业课和其他社会科学课程的教师在所有的教师类别中，是一支特殊的教师队伍。其特殊性体现在两方面：一是他们的教育对象具有普遍

[1] 段玉柳，江涛．文化自信视域下传统文化融入高校思想政治教育研究 [J]. 智库时代，2019(51):74–75.
[2] 张开菊．文化自信融入高校思想政治教育的实践机制研究 [J]. 北极光，2019(12):70–71.

性，是面向高校所有专业的学生；二是他们自身的存在对学生的课程体系极其重要，对学校的自身发展和融合建设极其重要。思想政治专业课和其他社会科学课任课教师组成的队伍，针对学生的所有工作都在于培养他们的理论能力、人文道德素养和人生理想信念。因此加强对这支队伍的融合建设，关键就在于对这支队伍的理论能力、人文道德素养和教学实施能力的融合建设，以上各方面融合建设工作取得良好效果后，就能通过他们的大学生思想政治教育工作保证学生学习先进文化效果的下限。

加强对这支队伍的融合建设首先要提高思想政治专业课和其他社会科学课教师的理论素质。与大学生思想政治教育队伍中其他类别成员最大的不同之处在于，思想政治专业课和其他社会科学课的教师对大学生思想政治教育的课程任务直接负责，因此理论素质对思想政治专业课和其他社会科学课教师来讲极为重要。马克思也曾强调过理论的重要性，他指出彻底抓住事物的理论，只要抓住了事物的本质就可以说服所有人；而要想掌握群众，就要用理论说服人。因此，思想政治教育专业课和其他社会科学课的教师应当首先在理论层面让学生对思想政治教育课程有一定的认知和认同，让学生明白他们所学的思想政治课程的内容是科学的，是经得起实践检验的真理。为了让学生去相信，去理解，去认同，任课教师首先应该对授课内容绝对熟悉和掌握，这就要求任课教师自身的理论素质必须过硬，要做到对马克思主义理论精髓和本质的彻底掌握。如果自身理论素质不达标，就不可能讲好课，上课质量更是无从保证。因此，加强对思想政治专业课和其他社会科学课的教师理论素质的融合建设是完成大学生思想政治教育使命的重要保证。

加强对这支队伍的融合建设，其次要加强对思想政治专业课和其他社会科学课教师的教学方式方法的培养。在目前的思想政治课程实际上课情况中，授课过程中采用“满堂灌”“PPT逐字念”等错误的上课方式的教师大有人在，这就使原本因理论性较强，内容容易让学生产生厌倦的课程效果大打折扣。[1]因此加强任课教师队伍的融合建设就要求思想政治专业课和其他社会科学课的教师必须对学生负责，对所授课程有责任心，不能抱着混日子

[1] 赵枢娱．文化自信融入高校思政学习的路径探讨 [J]. 湖北农机化 ,2019(23):40.

的心态得过且过。

思想政治专业课和其他社会科学课教师必须探索新的教学方式和方法，要勇于开拓，不断创新，摒弃“照本宣科”“满堂灌”等陈旧教学模式，坚持以学生为本，从学生的思想实际出发，探索有效的教学模式，创新教学方法，充分运用现代多媒体技术，帮助学生开展探究性学习，提高课程教学的效果。教师可以借鉴学习其他学科现在很流行的“产学研”结合的模式，在实际的教学中将理论性较强的思想政治课与社会中的实际应用结合起来，加强课堂教学和学科研究的互动程度，把学科发展过程中最新的科研成果适当加入到教学内容中来，提升思想政治课程课堂内容的丰富度和学生的新鲜感，争取将思想政治专业课和其他社会科学课的教师队伍培养成教育教学和科学研究齐头并进的新时代高校教育工作者。

（二）加强学校党政工团干部队伍的融合建设

高校的党政工团队伍中的领导干部对大学生思想政治教育工作者而言是决策者和领导者，在学校思想政治学科建设和思想政治教育人才培养、思想政治工作的整体开展上发挥主导作用。因此，加强高校党政工团干部队伍的思想政治融合建设，使队伍成员向着具有优秀领导能力、决策能力、管理能力，向着德才兼备的方向发展，是高校整个大学生思想政治教育工作向前发展的重要举措。[1]这支队伍对一所高校而言影响的是一所学校的思想政治教育的发展，对我国整体思想政治教育事业而言，这支队伍决定的就是我国思想政治教育这门学科的未来发展，决定的是我国思想政治教育工作未来的发展趋势。因此，融合建设一支强有力的、有着高瞻远瞩的领导意识，有着高效协调的党政工团思想政治教育工作干部队伍，使其对大学生思想政治教育工作重视起来，对大学生思想政治教育工作开展落到实处、实现突破有着重要意义。

（三）加强班主任和辅导员队伍的融合建设

作为思想政治教育队伍结构中的基层成员，与学生沟通最多、联系频率最高的是辅导员和班主任。事无巨细，除了上课时间课堂学习外，学生所有

[1] 汪金英，于明明．文化自信融入大学生思想政治教育的路径探析 [J]. 湖南科技学院学报 ,2019,40(12):44−45.

的问题基本上靠二者来进行解决处理。换句话说，辅导员和班主任是学生学习生活中绕不开的存在。对辅导员和班主任队伍的融合建设，对准确地了解掌握学生的思想状态、及时跟进学生的思想变动、保持与学生的紧密联系有着独特的优势。培育一支业务水平强、定位明确、个人能力突出的辅导员队伍，建立对辅导员的培养和保障机制，解决辅导员的顾虑，使其能全身心地投入工作中发挥思想政治教育功能。

目前的大学生思想政治教育工作辅导员队伍建设存在很大的漏洞。辅导员兼具干部和教师两个角色，但在实际情况中，辅导员从事的往往是繁杂、常规性的行政任务，做得最多的是学生的日常事务管理，这些工作占据了辅导员大量的时间，严重弱化了辅导员思想政治教育的功能。另外，重要的一点是目前高等院校对辅导员专业化的培养力度不够，导致部分辅导员在处理学生的思想政治教育问题上显得心有余而力不足。针对以上不足，要打造一支在思想政治教育上真正发挥作用的辅导员队伍，需要从实际工作中进行认真考虑，高校在安排辅导员的工作任务时，要给予其开展思想政治工作的合理时间安排；对于其职业发展和业务能力的培养，也应当建立合理的培养机制和保障体系，确保其有能力有信心去开展思想政治教育工作。

第一，构建辅导员和班主任沟通融合的纽带。首先教育部对高校辅导员和班主任的人员配备问题做出了明确的规定：高等院校需要健全学生班级人数控制，杜绝人数上出现“超级班”的存在，然后为各班级配备专职或兼职班主任。班主任人选需要具备优秀的综合素质，从理论知识、道德品质、工作态度及处事作风等多方面进行综合考察，考察对象为政治素质过硬、综合业务能力较强的机关干部。班主任的主要任务是用自身的高尚品德和卓越的人格魅力给学生树立榜样；辅导员则负责解决学生细化的思想情感问题，比如交友、学习、择业等方面的困惑和注意事项等。辅导员和班主任的有效结合，可以各自发挥作用，二者的工作作用到同一群体时，就可以实现优势互补，提升学生思想政治教育工作的最终效果。

第二，打造辅导员、班主任队伍与专业教师特别是思想政治专业课教师融合的立交桥。学校要牢固树立教书育人的思想，大力在专业教师中培养和选拔辅导员与班主任。由于专业教师与学生接触相对较多，学生往往会以教师作为自己奋斗的榜样。要在思想政治素质高、业务能力强、专业功底扎实、人格魅力强、善于解决问题、切近学生的教师中选拔辅导员、班主任队伍，给这支队伍注入活力。[1]同时要提供轮岗机会，让专业课老师体验辅导员和班主任的工作，消除对辅导员和班主任工作的误会，增进了解；一方面使这些教师能深入学生之中，了解学生所思所想，确定自己讲课的定位；另一方面思想政治课教师理论水平高，对国内外信息十分了解，这将有助于扩大学生的视野，帮助学生提高分析问题和解决问题的能力，这对思想政治理论课教师来说也是学习、实践的良好机会，有利于自身提高，也有利于促进与辅导员、班主任的交流。

第三，筑造辅导员、班主任队伍与行政管理队伍融合的立交桥。管理干部在高校起着重要作用，是环境育人、服务育人的主体。服务育人的观念至关重要，校园管理中后勤保障服务学校建设的各个方面，是高校育人的后盾。辅导员、班主任面对的是大学生，主要在思想行为、目标上进行教育，但离不开后勤保障的大环境。缺少后者，再好的思想政治教育也只能是纸上谈兵。二者要相互交融、相互支撑。行政管理人员的服务水平和校园环境的优化一定程度上决定着学生思想教育的成败，只有二者形成互动才能使思想政治教育收到实效。

文化自信视域下大学生思想政治教育工作的融合性原则第二部分是指思想政治教育课程内容要与其他课程内容相融合。[2]一方面是积极地将思想政治教育融入其他课程的教学内容当中，从而借助其他课程的内容实现协同教育的目的。在与其他课程内容能够保持同行的基础上，借助其原有的课程发展历史和实践成果，从侧翼给予思想政治教育源源不断的助力。每一门独立学科的发展过程都是一个扬长避短的验证历程，其他学科从产生到发展至今，也经历了长时间的实践和完善，将思想政治教育的实践性原则融入其

[1] 张健，王现石．文化自信在高校思想政治教育中的应用探究 [J]. 现代交际，2019(22):11–12.

[2] 王燕．新时代高校思想政治教育与文化自信教育融合的理论逻辑和实践路径 [J]. 教育现代化，2019,6(92):295–296.

中，也很好地体现了马克思主义的观点。另一方面是将其他学科融入大学生思想政治教育中来，通过对其他学科相关的理论知识和教学方法的学习借鉴和实践应用，可以进一步丰富思想政治教育的理论储备，对进一步拓宽思想政治教育的发展思路和教学科研工作也有着重要作用，对更深层次地激发思想政治教育对大学生群体中先进文化的教育功能也有着深远影响。目前的思想政治教育教材和课程中，已经有相当一部分学者与教师注意到了这一点并将其付诸实践，将教育学、心理学和管理学等诸多学科的相关知识，运用到了教材的编写、课堂的设计和教学活动的开展之中。

在文化视域下的思想政治教育工作的开展，应当特别注意将心理学和历史学两门学科的相关知识与方法融入其中。

一方面是心理学。从管理的角度来讲，不论计划的制订还是内容的确定及管理实施的形式和过程都是基于对管理对象的认识和理解，所以高校学生思想政治教育工作的开展，首先根植于对学生本身和学生发展过程中的各种规律的深度认识。现代心理学体系中，有效自我控制对单独的个体来讲是从不成熟、对外界过分依赖走向自我成熟、实现自我独立的表现。自制能力不仅是个人参与社会生活的重要组成部分，也是个人塑造和发展善良人格的必要条件和有力保证，是当代高素质人员的必备素质，同时也对个体能否积极参与社会生活，对社会中其他个体是否存在危害，对整个社会整体是否有不良影响都有较大的影响。在现代心理学的研究中，如何对自身欲望进行控制，不为欲望所累，不做超出自己应该做的事，心理学家对此展开了众多的分析与试验，并提出众多理论来供人们对自己行为的控制进行指导。社会认知心理学观点认为：自我控制是个人自我约束，并将其与个人价值观和社会期望相统一的能力。自我控制可以诱发或停止某些举动，包括以下五个方面：①控制自己的想法来达到抑制冲动行为的目的；②控制自己的欲望来抵制诱惑；③延迟满足；④制订计划并付诸行动；⑤控制自己的行动使之可以适应于社会状况或特定的场景。

每个大学生都是独立的，但与此同时他们都生活在整个人类社会这个大群体之中，谁也无法主动或者被动脱离群体单独存在。将心理学的理论和方法融入大学生思想政治教育工作，有助于思想政治教育工作者更好地针对不同学生个体和同一学生群体下不同的问题进行把握和处理，也有助于思想政治教育工作者更准确地、更有效地开展思想政治教育工作。

另一方面是历史学。从文化的角度来讲，所有优秀文化和先进文化都需要经过历史和实践的检验。中华上下五千年的优秀文化无法脱离历史的根基，世界先进文化也都有其各自的历史基础。要想树立学生对我国优秀传统文化和新时代先进文化的认同感和责任感，就必须让学生通过历史去学习，去了解这些文化的形成与发展历程。[1]文化自信视域下的思想政治教育要求加强对学生的优秀传统文化与新时代先进文化的教育，进一步加强培育学生的文化自信。但只有让学生通过历史了解这些文化产生的社会环境和发展历程，学生才可以对这些文化产生准确而全面的认识，才能让学生正确分辨优秀传统文化和新时代先进文化与其他落后的、腐朽的、被社会淘汰的糟粕文化的区别，才能够让学生对优秀传统文化和先进文化有主动的、深刻的理解，才能引导学生树立真正的文化自信。

历史学是用科学的方法对过去的事件进行研究的一门学问。思想政治教育借用历史学对事件的研究方法能够更好地揭示人类的思想形成和发展的规律，给予该规律以事实支撑；同时，思想政治教育对历史学研究方法的应用，也会丰富马克思主义历史学的相关理论。虽然强调思想政治教育与其他学科之间的融合，但是每一门学科都有其自身的特点，只能融合，不能取代；只能借鉴，不能照搬。要在学科的融合中丰富学科的理论基础，在学科的借鉴中促进学科的发展。

人们在基础物质的生产和获取上，产生了各种各样的生产关系，这些生产关系加起来就构成了人们的物质生活。我国不同时期，生产力发展的不同阶段形成了与当时相符合的生产模式，这些不同的生产模式催生了不同的所有权形式和分配制度，形成了不一样的政治生活、文化生活和经济生活，这

[1] 杨落娃．文化自信：高校思想政治教育的底气 [J]. 红旗文稿，2019(21):30-31.

些都对大学生管理体系的产生和发展起到了决定性的作用。[1]中华人民共和国成立至今，我国完成了生产资料公有制的社会主义改造，新型的社会主义市场经济模式代替了原来半殖民地半封建社会的经济模式，原有的高等教育管理制度已经无法满足时代的需求，同样需要不断地进行变革和发展。在市场经济开始强调公平正义和法治的同时，各类市场主体在生产模式中具有平等的地位，生产管理同时向以人为本转变，高等教育也由过去的精英教育向大众教育转变，且普及程度越来越高。

作为我国不同时期主要的建设力量后备军，高等院校年轻的学生群体在不同的时代背景和复杂的外部环境的影响之下，会呈现出不同的群体表征，这些外在表征就是大学生思想政治教育工作开展需要考虑的重要因素，也是大学生思想政治教育发展建设和变革的重要依据。中华人民共和国成立初期，整个国家整个社会都强调奉献意识，每个人集体意识强烈，所以当时的高校学生对国家建设充满动力、热情高涨，有着强烈的集体荣誉感和使命感；但当时的大学生思想政治教育对学生的个人发展和个性化培养不够重视，典型代表是统一分配的就业制度。后来随着改革开放的不断推进，高校学生思想进一步解放，新的时代氛围产生的影响开始逐渐体现，学生思想独立化、开放化、多样化和差异化开始日渐明显，部分学生的思想开始出现波动，理想和信念变得模糊，团结意识和社会责任感开始薄弱。为了应对新背景下学生群体的变化问题，我国也不断地出台相关制度，强化学生的思想教育，确保学生管理工作与学生思想同步协调，引导学生思想健康发展。

[1] 李之团．文化自信视域下高校社团的思想政治教育功能 [J]. 教育观察，2019,8(35):33-35.

第二节　文化自信视域下大学生思想政治教育发展的有效策略

一、弘扬中华优秀传统文化，增强思想政治教育有效性

有效地传承和弘扬中华优秀传统文化，是增强大学生优秀传统文化自信的有效途径，是实现中华民族伟大复兴、推动中国梦变为现实的内在要求，也是增强大学生思想政治教育有效性的重要策略。

高校要通过对学生优秀传统文化学习的正确引导，激发大学生对优秀传统文化的兴趣和创新能力，为大学生优秀传统文化的学习创造良好的客观环境，通过构建多元化的培养方式和支撑体系，引导学生做到对优秀传统文化的自觉践行，进而实现以优秀传统文化为载体，培养大学生的文化自信，增强大学生思想政治教育的有效性。

伴随人民日益增长的文化需求，中华优秀传统文化中的优秀思想和宝贵精神不断被挖掘，在新时代人民群众的文化生活中，重新散发出蓬勃的活力。中国共产党和中国政府对优秀传统文化在新时代的文化价值高度重视，同时十分赞成将优秀传统文化进行合理的研判后应用到大学生思想政治教育工作中来，在新时期马克思主义的指导下，让中华优秀传统文化的文化教育功能真正发挥作用，实现优秀传统文化对大学生的教化和培育功能。

高校要进一步提高大学生对优秀传统文化的自信，可以选择通过对大学生群体文化自觉和文化自强意识的提高来实现，使大学生群体经历高校的思想政治教育后真正成长为中华优秀文化的继承者和弘扬者。

一方面需要增强对大学生的文化自觉意识的培养。文化自觉的概念为对本土文化的产生、发展历程、独特内涵及未来的发展趋势的理性认识和理解。要提高大学生群体对中华优秀传统文化自觉的意识水平，需要从对文化的思考深度、对世界文化认识视野的广度及处理文化冲突时持有的思维的高

度等方面进行培养，要让大学生群体对中华优秀传统文化和世界上其他国家和地区文化的优劣有辩证分析的能力，能准确地把握对待外来文化应该采取的态度和方法，保持应对文化入侵的忧患意识，勇敢承担将中华优秀文化继承和发扬光大的社会责任和历史使命。[1]这就需要大学生思想政治教育工作者在教育大学生全面完整地对中华优秀传统文化进行学习和认识的基础上，教育和引导大学生将所学应用到实际生活中去，不断提升自己的文化自觉。部分具备开展思想政治教育工作优秀客观条件的高校，还可以通过增设相关校级课程，为学生提供更多接触和了解文化自信的机会；也可以积极地与社会资源进行接洽，将学校不具备或者不需要进行常备性的文化资源引入学校中来，满足大学生思想政治教育特定内容的教学实践活动。例如，可以将剪纸、口技、武术等项目的民间艺术传承者和爱好者请到大学生思想政治教育课堂，为大学生展示我国优秀传统文化的同时，还可以促进大学生思想政治教育工作者与他们进行合作交流，对高校大学生思想政治教育队伍的能力培养和素质提升也有很大的帮助，也有利于大学生思想政治教育工作者对教学活动进行大胆创新和改革，使大学生思想政治教育工作精益求精，整体水平更上一层楼。

另一方面就是通过大学生群体文化自强意识的培养来提升其文化自信。作为一个拥有五千年文明发展历程的文化大国，一个拥有十四亿多人口的文化大国，一个取得社会主义文化建设诸多优秀成果的文化大国，一个坚持合作共赢、互帮互助的文化大国，高校的思想政治教育工作者需要传递给学生立足于中华优秀传统文化的实际，坚持走中华民族自己的文化发展道路，用中华优秀传统文化经久不衰的生命力、与时俱进的创造力和处于世界先进水平的竞争力去创造文化强国的理想和自信。[2]要教育学生立足于中华优秀传统文化的根基，坚持用“以我为本，兼收并用，面向未来”的原则去推动新时期中华文化事业向前发展。大学生思想政治教育工作者要注重培养大学生

[1] 王春颖．文化自信视域下的大学生思想政治教育研究：兼评《多元文化视角下大学生思想政治教育研究》[J]. 高教探索，2019(11):131.

[2] 吉菲．文化自信融入大学生思政教育的路径研究 [J]. 农家参谋，2019(20):247–248.

群体对中华优秀传统文化的信心，坚信中华优秀传统文化可以为中国社会主义的文化事业提供丰富的文化价值和精神价值。

将优秀传统文化应用于大学生思想政治教育工作中，还需要注意以下几个问题：第一，对优秀传统文化和马克思主义的关系要有充分的正确认识，要坚持以马克思主义为指导，结合目前中国高校大学生思想政治教育开展的现状进行应用。第二，对传统文化的精华与糟粕，要进行认真的分辨，确保让大学生继承的是传统文化的优秀之处。第三，对优秀的传统文化加以应用选择时还需注意到新的时代背景，要坚持古为今用的原则。在新时期、新背景下，对原有的优秀文化要进行合理改善和创新，使之更契合目前的大学生思想政治教育工作的需要。第四，坚持以学生为主体。在将优秀传统文化融入大学生思想政治教育工作的过程中，要做到关注大学生的全面发展，将优秀传统理论知识和优秀传统文化精神一同教给学生，避免学生徒有其形，不得其神。第五，在将优秀传统文化应用到大学生思想政治教育的过程中，还要注重对其进行时代性的转化，通过与时俱进的创新，赋予其新的民族文化内涵的同时，不断为优秀传统文化增添新的生命力。第六，在将优秀传统文化带入大学生思想政治教育的过程中，需要将课堂教育与家庭教育和社会教育构成一个协同教育的整体。学校课堂内对优秀传统文化的教育是有限的，家庭生活中学生对优秀传统文化的接触才是基础，社会教育将在整个过程中起着延伸、深化理解的重要作用。除此之外，将优秀传统文化应用到大学生思想政治教育工作中来，还需要与世界各国的文化进行各种交流，这有助于大学生辨别能力的培养，也有助于培养大学生的文化自信。

（一）激发大学生群体对优秀传统文化的兴趣

要培养大学生对传统优秀文化的信任，进而通过优秀传统文化来增强大学生思想政治教育的有效性，前提是激发大学生群体对优秀传统文化的兴趣。[1]激发大学生群体对优秀传统文化的学习兴趣可以为大学生群体对优秀传统文化产生认同和树立自信打下基础。高校可以充分发挥思想政治教育课程的作用，通过增设中华优秀传统文化的相关课程，激发大学生群体对优秀

[1] 李奕萍.文化自信视域下高职院校学生思想政治教育探究[J].佳木斯职业学院学报,2019(10):1–3.

传统文化的兴趣。

（二）充分发挥大学生思想政治教育的作用

大学生思想政治教育课程体系中原本就含有关于中华优秀传统文化的教育内容，就肩负着向大学生群体传播优秀传统文化的教育任务。在大学生的课程体系中，思想政治教育课程仍然是优秀传统文化被学生了解和接受的主要途径，思想政治教育课程对加强大学生群体的优秀传统文化教育有着积极的推动作用。基于此，针对要充分发挥思想政治教育课程对优秀传统文化的促进作用，提出以下两个需要注意的方面：第一，进一步完善大学生思想政治教育课程内容中有关优秀传统文化的教育内容。大学生思想政治教育过程中应当进一步完善思想政治教育课程中有关优秀传统文化的内容，为思想政治教育工作者和学生提供更为丰富的知识资源和学习机会。第二，对高校中优秀传统文化的课程设置应当采取鼓励和开放的态度。作为实现中华民族伟大复兴历程中不可或缺的精神力量源泉，中华优秀传统文化是培育大学生群体民族自豪感的有力武器，是增强大学生群体对中华文明的归属感和使命感的载体，也是中华民族提升文化软实力的坚实基础。因此，发挥大学生思想政治教育课程的作用，对鼓励高校增设有关中华优秀传统文化的课程、更好地对中华优秀传统文化进行传承和弘扬有着重要作用。

（三）加大高校对中华优秀传统文化的引导力度

高校不仅承担着大学生群体优秀传统文化的教育功能，更肩负着对大学生群体优秀传统文化的引导责任。增强对大学生群体优秀传统文化的学习引导，不仅作用于增强大学生群体对优秀传统文化的学习，更重要的是提升大学生群体正确分辨外来文化的优劣，做到用辩证的思维来分析如何取舍。提高大学生群体的安全意识，需要高校加强对优秀传统文化的文化自信培养。只有让学生意识到优秀传统文化的特别之处，才能让大学生群体在面临各种外来文化的冲击时，内心有一个进行比较和分析的标杆，才能做到以理性的思维去择优而学、取良而用。如果没有这个标杆，或者大学生群体对这个标杆的认识处于一种模糊的状态，一旦某种外来文化进入大学生群体的视野，大学生很有可能因为新鲜感和从众心理，无法做出理性的判断。因此，高校思想政治教育工作者需要在思想政治教育课和学校日常的宣传工作、教学活动中，结合学生思想特点和学校教育资源，采取多元化的方式积极发挥对大学生优秀传统文化学习的引导作用，使学生秉持对优秀传统文化的信任去理性看待和借鉴外来文化。

（四）深挖优秀传统文化的时代价值

高校思想政治教育工作者需要将对优秀传统文化的时代价值的挖掘重视程度摆在重要位置。

在大学生群体的学习生活中，家庭教育扮演了最早的老师角色，从幼儿园到大学各阶段的职业教师在理论知识和方式方法方面的学习发挥了重要的引导作用，但课堂外的生活环境确实是对学生教育效果最好的“老师”。[1]

第一，发挥家庭教育的优秀传统文化自信功能。家庭教育在大学生思想政治教育工作中扮演着重要的角色。在大学生长期的生活过程中，除了学校的思想政治教育，家庭对学生思想政治方面的影响是最重要的。原生家庭的文化氛围对学生具有潜移默化的影响，因此家庭教育对学生优秀传统文化自信功能的发挥有着重要意义。[2]具体可以分两部分来阐述：一方面，家庭教育需要培养学生对优秀传统文化的学习兴趣。家长可以通过在日常生活中融入各种优秀传统文化元素来激发学生的兴趣，也可以对学生进行合适的优秀传统文化项目的培养。比如可以在房屋装饰中引入传统文化元素，在外出实践时与学生探讨路途中所闻所见的优秀传统文化，重视参与中华民族的传统节日活动，学习中国传统技艺等，也可以培养学生在琴棋书画诗茶等方面的兴趣，引导学生对传统文化积累的优秀成果加以重视，让学生在日常生活中参与到优秀传统文化中来，增强优秀传统文化在学生现实生活中的存在感。另一方面，父母可以通过自身对优秀传统文化的言传身教来培养学生优秀传统文化自信。在大学生的成长过程中，从小到大父母都是最好的教育榜样。家庭成员的价值观念和行为方式一定会被子女去模仿和学习。[3]家庭成员自

[1] 刘茜．文化自信融入思想政治教育的践行路径探析 [J]. 广西教育学院学报 ,2019(5):88−91.
[2] 辛世俊，刘艳芳．文化自信语境下大学生思想政治教育研究 [J]. 高校辅导员 ,2019(5):17−21.
[3] 牟文静．论文化自信融入高校思想政治课程的重要性 [J]. 学理论 ,2019(10):148−150.

身的言行，对学生的思想政治教育来说就像是黑夜中的一盏明灯，不论大学生身处何地，都会对其产生影响。因此，父母要注意通过自己的日常行为去培养孩子的优秀传统文化自信，用爱国守法、勤俭持家、与人为善、团结友邻、热心互助等良好品质去提升学生的道德素质，教育学生在为人处世的过程中懂得宽容与理解，懂得感恩他人的给予，懂得明辨是非，持有仁义之心，让学生能够从家庭生活中感知中华优秀传统文化的魅力。

第二，高校方面要营造大学生优秀传统文化自信的环境氛围。高校可以从校风建设、学风建设、教风建设等方面创设文化环境：首先，以校训的落实来抓校风建设。一所学校的校训和校风，承载着传播优秀传统文化的功能。比如，清华大学的校训“自强不息，厚德载物”就承载着丰富的优秀传统文化内涵。督促承载优秀传统文化校训的贯彻落实，引导大学生在校期间和毕业后身体力行校训，并以校训的落实来抓校风建设，有利于大学生优秀传统文化自信的培养。其次，抓好学风建设。学风是学生学习的风格与态度，是培养人才的重要条件，对大学生的成才有积极作用。优良的学风一定承载着中华优秀传统文化的内容。因此，高校要加强良好学风的建设，引导大学生在学习过程中养成良好的学风，并通过良好的学风来培养大学生优秀传统文化自信。最后，抓好教风建设。教风是教师在日常教学实践活动中形成的教学的特点、作风和风格，是其道德品质、教育理论、文化知识水平、技能等素质的具体表现。良好的教风，可使大学生从教育工作者身上学到中华优秀传统文化的内容，看到中华优秀传统文化的践行。为此，学校要加强对全体教师进行中华优秀传统文化教育的培训。教师要有强烈的事业心和责任感，要具备言行一致、表里如一的品德，热爱本职工作、忠于职守，以高度的工作热情面对大学生群体。增强社会的文化自信感染力一方面要增强社会对大学生的文化自信的感染力，需要充分发挥公共文化场所的作用；另一方面要充分发挥图书馆、博物馆、音乐厅、纪念馆、名胜古迹、故居旧址等各类公共文化场所的教育优势，大力开展一系列的优秀传统文化宣传教育活动，多途径丰富大学生的精神文化生活。

第三，增强社会对大学生优秀传统文化自信的教育功能。具体可以从以下四个方面提高社会对大学生的文化自信和感染力的培养：一是需要相关公共部门加强政策支持，组织重大公共文化活动，打造具有公益性的中华优秀传统文化活动标签，推动相关雕塑遗址自由开放，为大学生了解优秀传统文化提供更多机会，同时降低大学生从社会上获取文化自信的经济门槛。二是学校可以充分利用博物馆、纪念馆、音乐厅、风景古迹、文化遗产等具有中华优秀传统文化的特色资源，组织大学生进行实地考察和现场教育，提高大学生学习中国传统技艺（如中国功夫、针灸、剪影戏、剪纸等）的兴趣，使大学生在社会现实生活中感受到中华优秀传统文化的魅力，增强学生对优秀传统文化的信心。三是要与广播电视等部门合作，创作一批优秀的传统文化作品，用于大学生的宣传教育，并利用这些优秀作品培养大学生对优秀传统文化的自豪感。四是鼓励大学生消费具有优秀传统文化的产品。[1]鼓励大学生利用闲暇时间去电影院、剧院、风景区、音乐厅和有文化属性的建筑遗址，引导他们提升文化审美，提高对中华优秀传统文化的文化消费信心。

影响大学生优秀传统文化自信建立的因素是复杂多元的，增强对优秀传统文化的全方位的支撑，是目前大学生优秀传统文化自信建立需要关注的问题。影响大学生优秀传统文化自信培养的因素包括校园、家庭和社会环境。[2]高校对大学生进行中华优秀传统文化教育时，需要以立德树人为根本任务，以弘扬爱国主义为核心、以培育民族精神为主线，引导大学生用发展的眼光看待中华优秀传统文化，在加强自身文化自觉和文化自信的基础上，提高大学生的文化自强意识。

思想政治教育工作者通过挖掘优秀传统文化中所蕴含的时代价值，然后将其创新应用到现在的思想政治教育工作中，可以有效地缩短大学生群体对优秀传统文化的时空距离感，将优秀传统文化与学生的现实生活结合起来，使学生通过生活更深层次地领悟优秀传统文化的魅力所在。挖掘优秀传统文

[1] 许倪倪，刘利华．文化自信视域下地方优秀传统文化融入高校思想政治教育的思考 [J]. 江西电力职业技术学院学报，2019,32(9):79−80+82.

[2] 李论．高校思想政治教育中文化自信的建构维度与策略：基于跨文化视野 [J]. 学理论，2019(10):166−167.

化的时代价值，使之在大学生思想政治教育工作中更好地发挥作用，需要从以下几个方面着手：首先，对家国情怀从历史和现实两个角度加强教育。中华民族上下五千年的历史之中，不乏各种爱国人士和爱国事迹，大学生可能在之前有过接触或者浅层次学习，思想政治教育工作者可以对这些爱国人士和爱国事迹进行深度挖掘，对内容进行二次加工与创新，与现实结合起来，从不同的角度对这些资源进行分析和应用，在原有基础上加深学生对这些爱国人士和爱国事迹的理解和认识，引导学生树立家国情怀，自觉地去践行爱国精神。同时教育大学生像这些杰出人物和优秀事迹所展示的精神一样，将个人的荣辱与国家的兴衰紧密联系在一起，将个人的人生理想与国家和民族命运联系起来，引导学生发挥自身作用，积极投身到社会主义事业的建设中来。[1]其次，完善思想政治理论课的教学内容与创新教学方法。要充分发挥思想政治理论课的重要作用，教师需要在教学中促进思想政治教育与中华优秀传统文化的紧密结合。在教学中加大介绍中华优秀传统文化的教学内容。教师在教学中，要以爱国主义教育为主线，充分利用中华优秀传统文化中蕴含的教育资源，进一步丰富思想政治理论课的教学内容。这样不仅可以避免纯粹的理论说教，而且能够丰富大学生的学习内容，提高大学生对中华优秀传统文化的学习兴趣。最后，要不断创新教学方法和手段。在教学过程中，教师要积极探索播放优秀传统文化的教学短片、介绍名言警句背景、讲故事、评价网上新闻等多种方法和手段，用大学生易于接受的形式向其介绍中华优秀传统文化，增强大学生优秀传统文化自信。要调动大学生学习的主动性和积极性。在课堂上，教师要鼓励大学生积极参与教学过程，鼓励大学生讲故事、提问题、谈体会、相互讨论等，充分调动大学生的积极性和主动参与意识。在课外，要鼓励大学生自觉践行优良传统；请名家开办专题讲座，为大学生开设优秀传统文化的精品课程，开展有关优秀传统文化的知识竞赛、文艺汇演、校园文化节等活动，拓宽大学生了解中华优秀传统文化的渠道。同时，学校也可通过校园板报、学生社团活动、网络传播等方式，加强对中华优秀传统文化的宣传，提升大学生对中华优秀传统文化的自信心。

[1] 盛洁．抗疫背景下大学生思想政治教育亲和力提升研究 [D]. 扬州：扬州大学，2022.

第四，积极鼓励大学生走出课堂，去校内、校外参与优秀传统文化的实践。高校思想政治教育课堂单独的力量是有限的，大学生思想政治教育工作中开展的优秀传统文化教育工作的常规模式也是群体性的，无法兼顾每位同学的独特见解和独特需求。高校应该充分发挥自身号召力，一方面寻找尽可能多的优秀传统文化资源供学生学习，另一方面也应该鼓励学生走出学校，发挥自己的主观能动性，积极参与社会上有关优秀传统文化的活动，毕竟社会层面涉及的优秀传统文化涵盖范围更广，学生挑选自己感兴趣、适合自己的项目和内容也拥有更大的灵活性和自主权。学生自主参加社会上的优秀传统文化教育活动，能极大地激发学生的学习兴趣，能更好地发挥学生的主观能动性，也能让优秀传统文化对学生的教育效果更进一步。学生的自主选择，还有一个优点是可以避免强制性组织的群体活动中的形式主义，使优秀传统文化的教育作用能够真正地发挥到学生个体身上。大学生在校内校外宣传、教育和文化活动的自主选择权不仅可以让学生在学习和实践中增强中华优秀传统文化的参与感和主动性，还可以提升学生对中华传统文化的理解和自豪感。具体而言，我们需要关注两个方面：一是鼓励学生参与中华优秀传统文化的教育活动；二是树立崇高理想和正确的价值观，积极参与建设中国特色社会主义事业，实现人生目标。要重视培养学生的共享意识和人际交往能力，鼓励学生积极参与课堂集体活动，培养学生的集体观念，在学习和生活中与他人沟通。[1]另外，培育大学生的团队协作意识，让他们正确理解竞争与合作之间的关系，并利用公平竞争之间的关系；培养学生的生态文明意识，使他们尊重和保护环境。

（五）培育学生自我教育意识，发挥学生主观能动性

要培养大学生的文化自信，还可以探索创新教育角度，鼓励大学生进行自我教育，让大学生由原来的受教育者向既是老师又是学生的模式大胆创新，在自我教育的过程中逐步树立文化自信。

大学生开展自我教育需要注意以下两个方面：一是培养大学生优秀传统

[1] 胡冰．思想政治教育与文化自信逻辑互动视域下培育当代大学生文化自信研究 [J]. 卫生职业教育，2019,37(18):39−41.

文化自主学习的兴趣。在自我教育的过程中，由于大学生自己就扮演了教育过程的所有角色，因此需要大学生对自己的学习行为进行规范，对学习过程进行自我监督。[1]在这一过程中，大学生既可以将优秀传统文化作为学习的内容，也可以将优秀传统文化用作监督自己、激励自己、规范自己的榜样。当大学生对优秀传统文化的自我学习形成习惯之后，就能做到在日常的学习生活中用优秀传统文化来要求自己。二是引导大学生在面对不同文化时能够进行自我教育。在引导大学生面对不同文化时进行自我教育方面，优秀传统文化的价值较为突出。中华优秀传统文化中有关如何处理冲突、如何求同存异、如何合作共赢都有相当多的理论研究和经典实例。大学生自我教育过程中对这些优秀文化的学习本身就是对优秀传统文化进行传承的过程，学习之后学生又可以将其应用到现实生活中，如不同文化之间发生冲突时如何去解决冲突，如何寻找共同之处，如何进行正确的舍弃，这是一个意义重大的良性循环。

（六）发挥传统伦理观教育作用，增强思想政治教育效果

高校大学生思想政治教育工作可以借助优秀传统文化中的伦理观来进一步增强大学生思想政治教育的效果，促进大学生形成高尚的人格修养。高校可以借助传统文化中的以下两种理论进行：一是用“仁爱观”来引导学生加强对自己人格修养的培养。“仁爱观”强调与人相处时应当互帮互助，以仁爱之心摆脱以自我为中心的自私自利，学会站在他人的位置考虑问题。简言之，就是要做到“己所不欲，勿施于人”。二是用“义利观”来塑造大学生正确的道德品质。通过对传统文化中“义”与“利”的辩证知识学习，学生能够真正提升自己的道德水平，在现实中出现义利冲突时，学生能够做到先义后利，舍利取义，日常生活中能够踏踏实实做事，老老实实做人，自觉践行诚实守信的道德要求。

长期以来，思想政治理论课的开设和校园文化活动的开展，对培养大学生良好的思想道德、行为习惯起到了重要作用。但是，在培养学生对优秀传统文化的文化自信方面还存在一些问题，时代的发展要求进一步增强学生的

[1] 周鹏．文化自信融入高校思想政治教育的实践机制研究 [J]. 现代商贸工业 ,2019,40(29):134-135.

自信心。培养学生对优秀传统文化的自信心，必须激发学生学习优秀传统文化的兴趣，充分发挥思想理论鼓励学生自觉地实践优秀传统文化，营造良好的大学生文化自信培养环境，充分发挥社会、校园、家庭文化自信培养的作用。培养大学生对优秀传统文化的自信是一个循序渐进的过程，也是一个不断探索的过程。如何将文化自信与思想政治教育有机地结合起来，从大学生的主体性和实践性出发，为思想政治教育研究增添新的思路，是一个值得重视探讨的问题。

二、积极传承革命文化，突出思想政治教育针对性

在中国共产党成立至今的百年历史中，前赴后继的中国共产党人在党的发展和国家的建设中，用不变的初心和历久弥新的责任担当，塑造了坚定不移的、可歌可泣的、永远闪烁着亮丽光芒和生命活力的革命文化。革命文化经过了历史的见证，也经过了实践的验证，是无数的革命前辈在过去的峥嵘岁月里，在之前的艰难环境中用行动铸就的文化，是百年时间中的艰难困苦和险境磨难打磨出来的优秀精神。从文化的角度而言，革命文化是中华民族优秀文化的重要组成部分；对于新时代大学生思想政治教育工作而言，革命文化是进行思想政治教育，树立优秀理想，坚定大学生青年群体理想信念的宝贵资源。

改革开放以来，经过几十年的发展，我国在世界上的地位越来越重要，但我们也要理性地认识到，世界对我国的牵制也越来越明显。不论是经济全球化还是文化全球化，都是一把“双刃剑”。近年来西方国家对我国屡屡采取的经济制裁、高新技术封锁等政策就是警钟。对于大学生思想政治教育而言，同样面临着一个很重要的困境需要解决：在知识经济和信息时代的大环境下，文化多样性的蓬勃发展和多元文化格局的快速形成，对大学生群体正在形成一种潜移默化的理想信念危机。[1]

目前我国高校中已经有少部分的大学生出现了缺乏奋斗激情，浪费大好青春，选择“躺平”的现象，再难以看到百年来无数革命前辈不怕苦难、勇于拼搏的影子。因此对于大学生思想政治教育工作来讲，让学生学习革命文

[1] 廖骏 . 文化自信融入思想政治教育的路径 [J]. 智库时代 ,2019(39):71–72.

化，用革命文化去熏陶、去感染缺乏青春活力和奋斗激情的学生，使他们树立起正确的理想信念，散发出新时代中国青年该有的活力，是一个亟待解决的教育难题。通过对革命文化的传播和传承途径与机制的有效探索，使用革命文化去培养学生对个人人生目标的确立和社会历史使命责任的担当，用革命文化去塑造大学生群体的政治觉悟和政治品质，也是新时期大学生思想政治教育工作发挥文化功能、树立学生文化自信应该考虑的有效方式。通过对革命文化的重视，对革命文化中教育资源的深度挖掘，将革命文化丰富的教育价值和深刻的教育内涵展示给大学生群体，实现对革命文化的有效传承，对大学生群体政治素质的有效提升，对大学生思想政治教育的积极促进，是推进大学生树立崇高理想、推动大学生思想政治教育学科发展、传承革命文化相嵌合的一举三得的有力举措，具有高度的政治意义和教育意义。

确定革命文化对大学生思想政治教育工作的重要意义后，我们需要首先认清革命文化在融入大学生思想政治教育工作的过程中，需要面对的现实情况，对存在的有利条件和困难情况都要有清晰的认识，这样才能更好地做到对革命文化的有效利用。

（一）思想政治教育传承革命文化存在的问题

将革命文化融入大学生思想政治教育工作，目前面临的一些困难，主要有以下三点。

第一，缺乏深刻亲身感知，时空隔阂巨大。革命文化对新时期的大学生青年群体而言，在时空感受上有一定的距离感。仅从时间属性上进行分析的话，我们不难发现革命文化产生和发展的时间距离现在已经有几十年的时间，其主要沉淀于中国共产党在20世纪领导全国各族人民进行新民主主义革命时期，是在土地革命中推翻地主阶级，抗日战争中驱逐帝国主义，解放战争中消除官僚资本主义的过程中沉淀下来的优秀文化。对目前已经以“00后”为主要组成成员的大学生群体而言，革命文化的恢宏气势和慷慨激昂的革命历史目前仅仅在教科书、文学作品和影视作品之中才会呈现。与此同时，除教科书外，文学作品和影视作品受制于创作者个人思想情感、作品商业价值及艺术作品中艺术成分的渲染，对革命精神很难有真实的表达，甚至部分“神作”“神剧”对革命真实性进行了严重的扭曲和误读，忽略当时的实际情况，以目前的社会环境进行创作，难以还原革命时期真实的艰难困苦。这种时间较远、年代感较强的现状很难让学生感同身受。从空间角度进行分析，学生对距离感的感受更直接，也更真实。全国各地其实都有非常丰富的革命文化资源供学生去学习，但受地理位置、时间充裕程度和经济实力的限制，高校大学生对革命资源承载的革命文化很难有机会去现场感受。以经济较发达的江苏省为例，仅南京市就有雨花台，南京工运纪念馆，中共南京市第一次、第二次代表大会遗址等众多革命文化地点，但很少有高校能真正将这些革命资源运用到思想政治教育中来。高校本身不具备让全体学生实地参观感受革命文化的客观条件，学生个体即便想去也会受制于上课时间和经济条件的现实能力，只能被迫放弃。

第二，革命文化资源浪费，缺乏开发和利用。高校对革命文化资源的开发和利用形式较为单一，对学生教育效果不深刻。革命文化作为一种集经济发展、政治教育和弘扬文化等多种属性于一体的综合性、独特性的教育资源，在我国高校利用率极低，而且在本来就很少利用的局面下，利用方式也仅仅是组织学生实地参观或者观看影视资料，这远远达不到对革命文化进行传承和弘扬，对革命文化进行创造转化和延续新的生命活力的要求，更满足不了对革命文化的创新性发展。在对待革命文化的开发应用上没有一套完整成熟的运作机制，发展社会主义先进文化就有了缺失，就无法真正培育学生的文化自信，就给把我国建设成为社会主义文化强国增添了阻力。

第三，革命文化的构成具有复杂性和多样性。不同于其他纯粹的理论知识，革命文化诞生于革命先烈在革命活动的实践中，因此与革命活动多样性相伴相生的是革命文化资源的极其复杂性，在革命文化载体呈现的形态上也多种多样。有为纪念著名革命人士塑造的雕像，有发生重大革命事件的地点，有革命队伍战斗生活的地理区域，有记录革命实况的图片影像资料，也有革命成功后后续修建的专门的纪念馆、博物馆等，这些全部加起来构成了承载革命文化的物质实体。[1]除此之外，革命文化资源还包含文化层面的革命文化资源，如长征精神、井冈山精神、西柏坡精神等。这些都是非常优秀且特点鲜明的革命文化资源。革命物质资源和文化资源共同组成了革命文化的资源结构。

（二）思想政治教育传承革命文化的具体路径

针对革命文化融入大学生思想政治教育中面临的困难，下面提出将革命文化有效运用到大学生思想政治教育工作中的有效途径。

1.提高高校思想政治教育管理部门对革命文化的管理理念

首先，以高校党委为中心的领导层和决策层，要对革命文化在大学生思想政治教育工作中的作用有充分的认识，将全校思想政治教育工作者对革命文化重要性的认识作为全校工作人员队伍建设和思想政治教育工作发展的重点。[2]相当一部分高校管理者对革命文化的不重视、不表态，使得高校的思想政治教育工作对革命文化的融合应用在客观条件下面临很大的困境。一是因为他们对革命文化在大学生思想政治教育工作中的作用认识不充分，认为革命文化对大学生的思想政治教育培养目标的实现意义不大，在思想政治教育工作上对革命文化投入过多的精力和资源与得到的可视化的成绩不匹配。[3]这就造成了领导者对目前高校大学生思想政治教育工作面临的困难和挑战及可以利用的教育资源没有一个全面准确的认识。二是因为部分高校的管理者对革命文化在大学生思想政治教育工作中的定位是错误的，简单地认为革命文化只是大学生思想政治教育内容中的一小部分，是具体到某位任课教师、某位辅导员身上的工作，使得整个学校在思想政治教育工作开展上，对革命文化在大学生思想政治教育中的部署没有形成统筹安排、团结协作，导致革命文化在学校的思想政治教育工作中被极大浪费，革命文化在思想政治教育中没有呈现该有的效果。

因此，要引起高校的思想政治教育工作管理者对革命文化的重视，从人

[1] 张雪凤．文化自信视域下高校思想政治教育路径探析 [J]. 科教文汇（上旬刊）,2019(9):38−39.

[2] 马妍．文化自信视域下大学生思想政治教育的基本路径 [J]. 决策探索（下）,2019(8):59.

[3] 林小倩，蔡春玲．文化自信视域下增强青年思想政治教育实效性的思考 [J]. 改革与开放 ,2019(16):84−86.

的方面对革命文化在大学生思想政治教育工作中的运用给予高水准的保障，高校的领导者需要转变观念，提高在大学生思想政治教育工作中对革命文化应用现状的了解程度；在全校工作的开展上，确保全员参与革命文化在大学生思想政治教育中发挥作用的建设，全程关注思想政治教育工作中革命文化的建设，全方位地进行思想政治教育工作中革命文化的建设，真正地落实思想政治教育队伍的革命文化建设工作。高校的领导者和决策者要清醒地认识到革命文化对大学生思想政治教育工作的重要性，这对克服新时期高校思想政治教育工作面临的困难和挑战具有重要意义。革命文化在大学生思想政治教育工作中的应用建设影响的不仅是革命文化自身，还对高校学生思想政治教育和弘扬革命文化的长远发展有着深远的影响。

其次，高校的领导者和决策者应该从全局性和自觉性方面进行有效部署，以确保革命文化的应用在全校思想政治教育工作中的顺利开展。从党委领导到党政工团，再到各部门各院系，建立统一指挥、共同参与、统筹协调的革命文化学习、工作联动机制。在全校各级领导、各部门的共同努力下，在对革命文化在大学生思想政治教育工作上的应用足够重视的基础上从上而下齐心协力，集中力量将革命文化应用到大学生思想政治教育工作的开展落到实处。

最后，建立和完善高校革命文化学习组织领导机制，这是提升高校思想政治教育融合应用革命文化的关键环节。针对高校领导机制中有关革命文化在高校思想政治教育工作中的薄弱环节，采取相应的措施，使高校思想政治教育者对革命文化的认知提升能够落到实处。对于高校领导对革命文化在大学生思想政治教育工作中重视不够的问题，应该采取有效措施，在思想素质方面定期开展培训，强化理论学习。通过学习，弥补有关革命文化在大学生思想政治教育工作中应用开展的薄弱环节，从而使高校思想政治教育对革命文化的利用得到有效提升。

2.创新革命文化教育方式，实现思想政治教育效果提升

在过去长期的思想政治课程教学过程中，因为教学方式的陈旧和老套，

加上可供思想政治教育课程教师选择的授课方式有限，所以思想政治课程很容易让学生产生课程枯燥无味的感受。[1]目前大学生思想政治教育课程存在的不足主要有以下几点：

第一，思想政治教育课程设计墨守成规，课堂氛围沉闷乏味。因为大学生思想政治教育队伍缺乏对教学内容全面的、深刻的认识，所以很难对原有教学设计进行突破和创新，很容易形成教学手段单一的弊病。这就无法对学生的学习兴趣产生有效的刺激，学生一旦没有学习的兴趣，就不愿意思考，不愿意去深度理解和接受学习内容，更不可能从他们心中枯燥的课堂中得到启发，发现问题并解决问题。[2]因此，对学生的思维能力和政治素养的培养也就成了空话。

第二，教学课堂完全不用课件或多媒体应用过度。目前的大学生思想政治教育课堂有一种现象就是，有的老师要么不用多媒体，全程照本宣科，要么全程通过多媒体课件的播放让学生自主学习。从教育心理学的角度讲，学生保持高度注意力的时长是有限的，这两种极端的教学行为，都很容易让学生产生学习疲劳。将多媒体课件引入课堂，可以有效刺激学生的感官，一定程度上可以对教学效果产生促进作用；但一堂课中长时间地播放多媒体课件，会使教育者在课堂中的主导作用被大大削弱，会使上课过程缺乏对内容的解读和研讨，学生掌握不了课程重点，就无法理解课程的目的，整个教学过程也就失去了意义。

第三，学生对课堂内容缺乏主观情感认同。传统的教学方式以老师为主体，但教育教学包含“教”和“学”两部分，是一个双向感知的系统。高等教育教学改革要将学生作为教育的主体，教育者起到课程的主导作用。原有的思想政治教育教学方式大多以课堂上的理论教学为主，学生没有机会去真实地感受老师所讲的内容。[3]这就很容易让学生对课堂内容被动接受，造成思维活跃度降低，没有调动主观能动性。单一形式接受的知识除非通过不断

[1] 袁孝芝，黄成拓．文化自信视角下高校思想政治教育研究[J]. 文化创新比较研究，2019,3(24):15-16.
[2] 刘小嘉，李国俊．浅谈文化自信视阈下的高校思想政治教育[J]. 大庆社会科学，2019(4):76-78.
[3] 李春英．文化自信视域下高校思想政治教育面临的困境及破解路径研究[J]. 河南教育(高教)，2019(8):3-6.

重复来进行强化记忆，否则很容易快速遗忘，但显然现在的高等教育思想政治教育内容不允许也不需要以这样的方式来达到教育效果。学生对他们身上的责任感和使命感没有深刻的理解，包括无法培养浓厚的爱国主义情感，很大程度上是因为他们缺乏亲身经历，缺乏主观上的情感认同。

（三）革命文化融入高校思想政治教育工作的有效方法

以上问题的存在也为大学生思想政治教育工作队伍的建设指明了具体的方向。思想政治教育工作者开展具体的思想政治教育课程内容时，要注重方式方法，发挥自己的创造性和创新能力。目前高校获取教育资源的机会是很多的，能争取的教育资源是无比丰富的，只要思想政治教育工作者用心去实施，就能找到方法使革命文化在思想政治的教育过程具备良好的教育效果。这是开展大学生思想政治教育的方法，也是推动高校思想政治教育学科发展的方法。

1.立足高校区域优势，深挖革命文化资源

每个地区都有其独特的革命文化，高校在大学生思想政治教育的过程中，要充分研究本地区革命文化的特点，讲好本地革命故事，用好身边革命资源，选择恰当的教学方式将本地革命文化与新时代大学生思想政治教育工作紧密结合，切实把本地革命文化资源作为履行好大学生思想政治教育工作的有力武器，利用好本地红色遗址，通过实地访问、英雄访谈、图文影音资料研学等多种形式结合的教学方式，让革命文化走进学生内心深处。

2.紧抓专业课程背景，发挥学科独特优势

针对学生对革命事迹时空上的陌生感，利用思想政治教育课程的独特性，通过创新课程的教学方式，建立起学生接触革命文化和学习弘扬革命文化的新途径。思想政治教育课程的特点是中心思想明确，具体实施过程选择多样化。例如，通过某一革命活动的主题摄影展、绘画展，某位革命英雄的采访纪录片，某项革命思想的辩论赛等形式，都可以改变学生对原有思想政治教育课程的刻板印象，加深学生对革命文化的接触印象和学习效果等。

3.创建优秀校本课程，线上线下相结合

革命文化走进大学生思想政治教育课堂，是提升思想政治教育有效性的

好方式。在信息化教学方式日益普遍的今天，学生对网络的喜爱度和依赖度日益加深。通过各种线上平台获取革命文化资源也更为便捷，思想政治教育工作者通过线上平台获取革命资源后，以线上线下相结合的方式，发挥主观能动性，对获取的资源进行再加工，在教学的过程中传递给学生，把学生的注意力从网络其他方面引到革命文化的学习上，让革命文化走进思想政治教育课堂，走进学生内心。

大学生思想政治教育是高校实现对大学生培养目标的课程体系中非常重要的一环，是确保我国社会主义制度保持牢固、实现我国社会主义伟大事业的重要路径。[1]将革命文化充分融入大学生思想政治教育工作中，有助于突破大学生思想政治教育目前面临的困境，有助于实现为社会主义建设事业培养优秀人才的教学任务。将革命文化融入思想政治教育中，正确发挥革命文化的力量，将极大地增强教育者把学生培养成为合格的社会主义接班人的信心。

三、实践社会主义先进文化，彰显思想政治教育时代性

中国特色社会主义文化，扎根于中华民族五千年文明发展的深厚土壤之中，是时间和历史所孕育的优秀传统文化，是百年来人民亲眼见证的优秀文化，是中国共产党在数次革命中创造的、在社会建设中所总结的、在不断改革中所探索的革命文化，是社会主义在中国土地上扎根的社会主义先进文化，它离不开中国人民对中国特色社会主义的伟大实践。这是中国社会主义先进文化构成的昭示，也是中华民族文化自信在新时期对世界做出的最好的展示。新时期的文化自信，拥有基础更扎实、内容更丰富、内涵更深厚的自信。中华民族五千多年来对伟大精神的持之以恒的追求，都沉淀在了五千多年来中华民族的优秀传统文化中，都依存于党和人民历史上伟大斗争中创造的革命文化和社会主义先进文化中，是中华民族个性鲜明而又精神独特的标志。对于文化自信而言，历史悠久的优秀传统文化是新时期中华民族文化自信的底气；英勇卓绝、慷慨激昂的革命文化是中华民族文化自信的中流砥

[1] 王巧珍. 大学生思想政治教育协同育人路径研究 [D]. 吉林：东北电力大学 ,2022.

柱；党和人民最新的奋斗成果、无比先进的社会主义先进文化则是中华民族文化自信的灵魂所在。[1]中华优秀传统文化、革命文化和社会主义先进文化，共同组成了中华民族文化自信的辉煌大厦。这是中华民族延绵至今，是中国共产党领导全国人民奋斗至今的真情流露，也是中华民族实现伟大复兴的征程中，革故鼎新、重铸辉煌的时代强音。

（一）社会主义先进文化与社会生产力携手齐行

中华民族的文化自信与中华人民共和国的经济建设一同经历了曲折坎坷的发展历程。某一历史阶段内社会文化的发展与社会生产力的发展是同步的。社会主义与资本主义相比较，有一个非常鲜明的优势在于社会主义在根本上有利于解放和发展人的生产力，从而推动社会进步和人的进步。因此，社会主义先进文化是当今世界范围内先进文化的代表。我国社会主义先进文化的发展起点是中华人民共和国的建立，从文化自信的角度分析，依次经历了初步形成、曲折前进、高速发展与真正自信四个阶段。

1.社会主义先进文化初步形成阶段

社会主义先进文化初步形成阶段主要指1949年中华人民共和国成立后至1956年完成“三大改造”这一时期。1949年中华人民共和国成立后，中国共产党领导全国人民进入社会主义文化建设的开局阶段。此阶段内，包括国家主席毛泽东同志在内的众多人士都觉得当时经济建设工作的开展，很快会迎来高水准的文化建设浪潮，以便适应经济建设的发展水平。中国人民的文化素质将得到很大提升，中华民族也将以一个全新的、高度文明的形象重新出现在世界各族人民的视野之内。这一时期的经济建设在短时间内取得了许多举世瞩目的成就。与之相对应的是，在文化建设方面的成果也颇丰：第一，在性质上对我国的文化事业做出了明确的规定，确立了社会主义文化建设在当时全国各项事业建设中的重要地位；第二，对文化建设需要采取的原则和方针也有了明确的规定；第三，采取了一系列的制度措施来促进文化事业的建设和发展，采取了从个体到学校，从教育领域的扫盲运动到高校的院系调

[1] 费青梅. 文化自信视域下大学生思想政治教育的创新路径 [J]. 湖北开放职业学院学报,2019,32(15):11-12.

整等一系列措施；第四，开展了各种各样的文化运动来推进社会主义初期的文化建设。从这一时期内的文化建设的诸多动作，我们可以看出，在中华人民共和国成立之后到完成社会主义“三大改造”这段时期，我国文化建设动作频频，以毛泽东同志为核心的领导人怀揣激情对文化建设事业进行了大胆的、广泛的建设探索，展示了这一时期共产党人和人民群众对社会主义先进文化建设的良好风貌和高涨信心。

2.社会主义先进文化曲折前进阶段

社会主义先进文化曲折前进阶段主要指1957年至1978年，由于受到“左”的错误思想的影响，中华民族和中华人民共和国的文化自信遭受挫折，文化建设开始曲折探索的过程。从最开始的“反右”扩大化，到后来的“反修正主义”，到后来长达十年的文化大革命，社会主义文化建设在此阶段内的发展前进异常艰难。从文化自信的角度来讲，这一时期的大多数文化建设措施对社会主义文化建设和发展并没有起到任何作用，甚至在一定程度上起到了相反的作用，抑制了文化建设发展的脚步，说得更严重点甚至导致了一定程度的文化倒退。[1]这一时期所犯的错误，使上一阶段取得的文化自信遭受破坏。尤其是在文化大革命十年间存在的各种错误思想和极端主义，造成了极大的恶劣影响。这一时期内的文化建设整体上进步不明显，但仍然产生了很多有代表性的时代精神。这一时期，中华人民共和国突破了西方列强的封锁，恢复了在联合国的合法席位，取得了国际地位的跨越式发展，展现了不畏强权的大无畏精神。这一时期同样也涌现出了一大批个人英雄的典型代表，铁人精神、雷锋精神、“两弹一星”精神等优秀的代表精神，为困难时期人民群众提供了宝贵的英雄事迹和精神瑰宝，这些文化资源为后来的社会主义文化建设，为中华民族的文化自信在跌倒后再次站起来，塑造了永久的精神力量。

3.社会主义先进文化高速发展阶段

1978年改革开放至20世纪末，从结束20多年社会主义先进文化的曲折发展到世纪之交，此阶段，伴随改革开放的成功探索和深化实施，中国特色

[1] 袁阳．文化自信融入高校思想政治教育的价值培育 [J]. 教育现代化 ,2019,6(63):162-164.

社会主义文化建设也开启了以“改革、开放、发展、创新、融合”为特点的新篇章，社会主义文化建设开始迎来了真正的春天。中华民族的文化自信在这一时期与经济建设水平一样，开始了复苏。这一阶段中国特色社会主义文化建设主要包含三大部分的内容：一是对社会主义初级阶段的文化纲领进行了确立，并对社会主义科学理论体系发表了指导意见；二是江泽民“三个代表”重要思想在这一时期趋于完善和成熟，对先进文化的概念首次进行了正式的阐述；三是社会主义精神文明理论在这一时期得以创立，对人民群众的精神文明生活产生了重大影响。[1]这三大部分的内容为这一时期中华民族的文化自信的重新构建打下了牢固的基础，也做了充分的理论准备。随着香港和澳门的相继回归，中华民族在这一时期的民族自豪感和自信心较前两个阶段的增长可谓突飞猛进，由此引发了一时的“国学热”“文化热”。

4.社会主义先进文化不断壮大真正自信阶段

进入21世纪以来，“先进文化”概念被提出，“三个代表”重要思想得到系统阐述，科学发展观应运而生，“中国梦”“四个全面”战略完成布局。中华人民共和国在国际上加入了越来越多的国际组织，国际地位进一步提升，国际关系进一步得到发展，随之而来的是中国特色社会主义文化建设事业的蓬勃发展。文化事业的欣欣向荣反映的是中国人民对文化需求的日益增长，也反映了中华民族的文化自信开始真正地展示出来。从2008年北京奥运会，到2010年上海世博会，再到北京2022年冬奥会，中国敢于承办各个行业各项世界重要大赛和活动的底气，来源于真正的文化自信，来源于社会主义先进文化所展现出的先进性和生命活力。我们能够得出的结论是中华人民共和国成立至今，社会主义文化建设的过程就是新时代中华民族文化自信的变迁历程。从最开始的政治意识形态先进性的自信开始转变为社会文化、科教文化、政治文化和经济文化的全面自信；由最开始客观条件恶劣时期的“艰苦奋斗、自力更生”的自信转变为“兼容并蓄，合作互利”的自信；由最开始的少数精英知识分子所代表的理论文化自信转变为全民族文化水平和文化素质整体进步的自信；由单一倾向于无产阶级革命斗争文化的自信转变为集中华优秀传

[1] 王志芳 . 文化自信视角下大学生思想政治教育路径探究 [J]. 法制与社会 ,2019(21):245−246.

统文化、革命文化和社会主义先进文化于一体的民族文化自信。

（二）社会主义先进文化自信的根基：传承、转换与吸纳

通过对中华优秀传统文化的继承，对新民主主义革命在新时期创造性地进行转换应用，以及对西方文化的主动吸纳，社会主义先进文化集各方之所长，成为中华民族文化自信的灵魂所在。

对中华优秀传统文化和新民主主义革命文化的传承和转换吸收前面已经做了阐述说明，此部分重点说明社会主义先进文化对西方文化的吸纳问题。

首先是文化价值理念的吸纳。文化是人类社会特定种群在一定时期内所积累形成的活动形式和思维方法，常规意义上可以将其分为文化模式和文化精神两大部分。蕴含种族价值观理念的文化精神决定了文化模式的前进方向。因此，在社会主义先进文化对西方文化的吸纳过程中，如何有效地化解二者文化精神的冲突，成为关键。西方学者提出的文明冲突理论，就点明了世界不同国家和地区之间冲突的本源在于文化方面的区别，而不是之前的意识形态的不同。因此对于西方文化与社会主义文化之间的冲突，我国通过积极地加入各种国际组织，通过这样的“集体”，采用间接对话的方式，避免直接文化冲突。通过在各种组织中的实际行动，向世界表达中国同世界各族人民一起构筑人类命运共同体的意愿。[1]中国用实际行动实现了与西方文化不同思想观念的突破，展示了中华民族在21世纪文化自信的新面貌。

其次是文化传播方式的吸纳。随着全球化进程的推进，尽管少数西方国家在某些领域采取了封锁或抵制措施，但中华人民共和国同世界各国交流越来越频繁、联系越来越密切的趋势无法阻挡。世界范围内的强势文化依托其强大的军事实力、经济水平开始了急剧扩张。从弱势文化的角度来讲，强势文化的入侵扩张是无法完全避免的，弱势文化的存在并不会对强势文化的传播构成大的影响，但强势文化却对弱势文化有着足以致命的潜在威胁。因此，弱势文化需要对强势文化的传播采取吸纳的态度，接受对方有限度的扩张，然后努力使自身在得以生存的基础上进一步发展。中国政府采取海外共建孔子学院的模式就是一种吸纳西方文化的方式，这是以西方同样的方式对

[1] 刘端芳. 文化自信融入大学生思想政治教育的路径探究 [J]. 现代交际 ,2019(13):129-130.

中国文化在西方世界进行传播做出的一次大胆的尝试。

最后是文化差异包容方面的吸纳。中国文化事业的现代化过程是融入中国经济全球化的进程当中的。在对外部文化采取开放的态度后，国内不可避免地涌入了大量的意识形态各异的思想文化。要发挥社会主义先进文化对人民群众的引导作用，就必须对这些涌入的异质文化进行合理的包容和接纳。[1]先进文化的重要特质即对异质文化的尊重和包容。“山不让尘乃成其高，海不辞盈方有其阔。”通过对异质文化不断地吸纳和同化，既化解了文化冲突，也为先进文化本身的丰富充实提供了有效方法。

从历史实践的真实情况来分析，不同民族和意识形态下的文化差异、文化冲突及文化交流和文化融合，是推动各种文化向前发展和自我蜕变的根本动力，正是这些不同形式的文化碰撞使人类社会在发展过程中彼此影响，逐步完成从野蛮向文明的蜕变。[2]

在全球化进程中，文化的差异性意味着文明的多样性。承认并尊重不同民族的文化差异的存在，实际上就是对其他民族存在的合理性的承认。在这个意义上，只有尊重文化差异性，才能化解不同民族文化间的冲突，才能从根源上消解文明的冲突。“和谐”理念强调“和而平等”，强调不同文化的平等地位。只有平等才能保证不同文化的独立性，才能保证不同文化公平生存的合理性，也才能保证不同文化发展的共赢。中国文化传统中的“和”“天人合一”等理念，为我们今天处理文化差异包容对接提供了理论借鉴。从我国的现实情况看，文化差异包容对接也是社会主义先进文化建设的客观选择。从文化对接的实践层面看，我们在2005年联合国成立60周年首脑会议上提出了“努力建设持久和平、共同繁荣的和谐世界”的倡议；在2008年北京奥运会提出“同一个世界，同一个梦想”的口号；在2015年第70届联合国大会上倡议“打造人类命运共同体”；在2015年联合国气候变化巴黎大会上提出“包容互鉴……合作共赢”的倡议，我们这些倡议得到国际社会广泛认同和赞赏。

[1] 齐梅．论文化自信视域下学校思想政治教育路径 [J]. 中国教育学刊 ,2019(S1):234-236.
[2] 张尹．文化自信与高校思想政治教育的逻辑关系构建 [J]. 改革与开放 ,2018(1):133-134.

在党的十九大上，习近平总书记进一步全面系统地提出了“推动构建人类命运共同体”的理念，这些文化价值理念对接的实践有力地促进了世界的文化和谐，提升了认同，化解了文化冲突，为全球文化融合做出了中国贡献，展现了文化大国的风采。

（三）社会主义先进文化对大学生文化自信培养的重要性

社会主义先进文化对大学生文化自信的培养是至关重要的，其重要性体现在对中华文化的文化理念、文化实力、文化潜力和文化包容上的自信，这些进一步使其成为中华民族文化自信的灵魂，成为大学生文化自信培养过程中不可或缺的重要内容。

首先，社会主义先进文化为思想政治教育中文化自信的内容，在理论上提供了重要的文化基础——价值理念认同。要培养大学生群体的文化自信，首先要注意的是解决大学生对中华民族文化理念的自信问题。文化理念自信的根源在于价值观念的认同感。在不同的异质文化的交流过程中，认同的过程就是求同存异的过程，就是对不同文化之间价值观念的认同。社会主义先进文化在发展潮流上适应了社会生产力发展的需要，始终站在广大人民群众的立场上来满足人民群众的文化生活需求，采取的方式也是多种多样的，以日常的对话交往、专题的宣传教育、特色的文化实践等形式，引导和培养了广大人民群众树立社会主义核心价值，实践中国梦，从而赢得人民群众的文化自信和价值观念认同，对大学生而言同样如此。

其次，文化自信的实现需要以一定的文化实力为基础。同经济社会自信来源于经济实力一样，文化自信同样需要强有力的文化实力在背后支撑。[1]中华民族文化实力的自信目前主要来源于我国蒸蒸日上的文化生产力。在前文中我们已经分析了中华人民共和国成立后不同阶段我国文化自信的具体表现，由此可以得出在目前阶段，中华民族的文化自信是真正的文化自信。从文化产业的蓬勃发展到国际地位的位居前列，从各个领域文化的自信到全体人民群众文化水平和文化素质的提升，社会主义先进文化在参与世界文化活动、制定文化相关规则和参与不同文化之间的竞争时，都展现出了强劲的文

[1] 徐文勇．将坚持文化自信融入高校思想政治教育全过程的思考 [J]. 教育现代化 ,2018,5(11):107-108.

化实力，这对促进中华民族文化建设的自豪感和信心都有显著的作用。

再次，文化自信需要激发文化潜力。任何一种文化的潜力都是巨大的，是永远无法挖掘到底的。社会主义先进文化的先进性在于它具备了其他文化不具备的原始创新的能力。这种自身内部的创新能力，决定了社会主义先进文化可以通过不断挖掘自身潜力实现中华民族的文化创新，而且这种创新的出发点是多种多样的，可以是简单的文化内容的创新、文化传播方法的创新，也可以是深层次的文化理念的突破和文化体制的更迭。在所有类型的文化创新中，文化理念的突破是最具有指导性的创新，也是难度最大的创新。它难就难在要打破原有的理念束缚，发散思维，解放思想，跳出现有的思想壁垒，实现从无到有的突破。社会主义先进文化的先进性还体现在它是以马克思主义为理论指导的，这就确保了其进行理论创新时方法选择的科学性，即所谓的“科学支撑理论”。[1]理论的创新有了科学性的保证，就能在创新过程中始终保持站在人民利益的角度，就能保持在文化理论创新过程中不断赋予其新的时代特征而不犯错，就能不断激发中华文化的潜力。

最后，社会主义先进文化展示了文化包容的自信。要了解一种文化在文化包容上的自信，可以从文化领导权、文化创造者、文化差异三个方面进行分析。

文化领导权的包容指的是对人民群众进行文化领导的过程中所采取的领导形式的包容性。从新民主主义革命时期到党的十九大召开以后，从毛泽东同志到习近平同志，中国共产党历代领导人都非常重视文化领导权的问题，一贯强调在文化领导权发挥作用的过程中要拒绝“暴力性”，坚持“非强制性”；要通过正确的政策引导和宣传教育，将意识形态工作的领导权握在党的手中，不要喊口号，面对人民群众也不要有居高临下、盛气凌人的“统治者”作风，要在实际工作中用合适的方法使人民群众自愿接受文化领导者的建议。

文化创造者的包容体现在社会主义先进文化创造主体的多样性上。社会主义先进文化的生命力根植于不断出现的创新发展之中。在这些创新过程

[1] 杨月．浅谈思想政治教育中的文化自信问题 [J]. 延边教育学院学报 ,2019,33(3):130−132.

中，人民群众发挥了重要作用。不仅由人民群众创造了丰富的物质财富，而且由人民群众担任了利用社会主义先进文化进行创造和创新的中坚力量。中国共产党在社会主义先进文化的创新实践中，坚持以人民群众为创新主体，尊重各行各业的文化创造者表现出的创造精神、创作意愿和创新成果，充分肯定人民群众在文化创新领域所发挥的重要作用，通过向人民群众学习，汲取人民群众的创造智慧，推动社会主义先进文化不断向前发展。

文化差异的包容体现在对民族文化和外来文化传承与发展所采取的态度和措施上。文化全球化浪潮的推动使世界范围内的各种文化产生了多元共存、和平交流中夹杂激烈碰撞的局面。中国特色社会主义先进文化在面对古今中外的各种文化时，并没有采取“一刀切”的态度，没有像秦始皇“焚书坑儒”，也没有像清廷“闭关锁国”，而是采取了一种开放包容的态度，对古代传统文化扬优弃弊，剔除杂质，继承精华。对待外国文化时，保持以我为本，取长补短。面对进入国内的外国优秀文化，既不颔首自卑，也不全盘接受，一切按照从实际出发，与中国实际情况相结合，兼容并蓄，保持本土文化主体不动摇。在让国内优秀文化走出去，面向世界的过程中，也不恃优自傲，做到对当地文化差异性充分的尊重。中国一贯秉持的合作共赢交流态度，在国际社会得到了广泛认同，也彰显了中国共产党和中国人民目前所具有的文化包容的自信。

大学生是中国特色社会主义事业建设的主要后备力量，大学生思想政治教育是高校提升思想政治教育工作水平、推动思想政治教育学科发展的重要组成。文化自信是当下所面临的文化全球化背景之下需要重点关注的议题。新时期的大学生思想政治教育应当在坚持政治性原则、实践性原则和融合性原则的基础上，充分利用中华优秀传统文化、革命文化和社会主义先进文化所蕴含的文化资源，助力培养大学生的文化自信，使大学生思想政治教育发挥更好的作用，取得更好的成果，推动大学生思想政治教育不断向前发展。

参考文献

[1] 陈媛媛 . 思想政治教育维度下的新时代大学生文化自信培养路径研究 [J]. 产业与科技论坛 ,2022,21(15):160−162.

[2] 张颖春 , 刘淼 . 基于思想政治理论课的大学生文化自信提升路径研究 [J]. 江苏第二师范学院学报 ,2022,38(3):79−83.

[3] 贺兰英 . 思想政治教育中文化自信的三重呈现 [J]. 未来与发展 ,2022,46(6):97−102.

[4] 张玉康 . 文化自信融入大学生思想政治教育的路径探究 [J]. 科学咨询 (科技·管理),2022(6):155−157.

[5] 陈功力 , 李贞 . 思想政治教育与学生文化自信培育 [J]. 中学政治教学参考 ,2022(20):103.

[6] 包华军 . 文化自信视域下高校思想政治理论课改革创新的路径 [J]. 西部素质教育 ,2022,8(9):47−50..

[7] 丁天全 , 于丹 . 思想政治教育视域中高校大学生文化自信培育研究：以广西中医药大学为例 [J]. 科教文汇 ,2022(7):41−44.

[8] 郑何 . 高校思想政治理论课教师文化自信的意义及构建 [J]. 黑河学院学报, 2022, 13(2):97−98+115.

[9] 王承庆 . 中国特色社会主义文化自信融入大学生思想政治教育的实施路径 [J]. 海南广播电视大学学报 ,2021,22(4):22−27.

[10] 李迪 . 文化自信引领大学生思想政治教育的路径选择 [J]. 山西经济管理干部学院学报 ,2021,29(4):71−74.

[11] 康卉 . 文化自信维度下大学生思想政治教育实践思考 [J]. 淮南职业技术学院学报 ,2021,21(6):30−31+42.

[12] 柴艳萍 . 新时代中华优秀传统文化融入大学生思想政治教育路径：评《传统文化视域下大学生文化自信探究》[J]. 科技管理研究 ,2021,41(23):239.

[13] 娄嘉琪 . 文化自信融入高校思想政治教育路径研究 [J]. 赤峰学院学报 (汉文哲学社会科学版),2021,42(11):88−90.

[14] 黄宝玉 . 思想政治教育提升大学生文化自信的路径研究 [J]. 开封文化艺术职业学院学报 ,2021,41(11):71−73.

[15] 孙超 , 张娜 . 大学生思想政治教育中文化自信培育分析：评《中华优秀传统文化与新时代高校青年学生文化自信》[J]. 科技管理研究 ,2021,41(22):255.

[16] 许畅，欧阳婧，肖迎．大学生思想政治教育文化属性视角下文化自信的诠释与构建 [J]. 公关世界,2021(20):117–118.

[17] 喻莉姣．思想政治理论课培育大学生文化自信路径研究 [J]. 湖北文理学院学报,2021,42(10):49–54.

[18] 刘丽，于海琳，邢烨．文化自信视角下的思想政治教学改革探讨 [J]. 中学政治教学参考,2021(36):105.

[19] 李兰晶，秦洁．大学生文化自信融入思政教育体系策略的探究 [J]. 高校后勤研究,2021(9):64–66.

[20] 徐雯婷，郑敬斌．文化自信培育融入高校思想政治教育的三重逻辑探微 [J]. 大庆师范学院学报,2021,41(5):113–119.

[21] 王春晖．文化自信视域下高职思想政治教育话语体系创新思考 [J]. 太原城市职业技术学院学报,2021(8):172–174.

[22] 兰虹．高校思想政治教育对文化自信的建设功能及对策 [J]. 金融理论与教学,2021(4):105–107+113.

[23] 叶小晨．以文化自信融入大学生思想政治教育研究 [J]. 大众文艺,2021(15):159–160.

[24] 杨晓红．文化自信视域下红色文化运用于高校思想政治教育探析 [J]. 佳木斯职业学院学报,2021,37(8):10–11.

[25] 费白露，倪松根，王琴．文化自信视域下中华优秀传统文化与高校思想政治教育融合研究 [J]. 洛阳师范学院学报,2021,40(7):68–72.

[26] 金亚哲．文化自信融入思想政治教育的路径探析 [J]. 辽宁高职学报,2021,23(7):14–17.

[27] 钟天娥．新时代大学生文化自信培育探析 [J]. 高教论坛,2021(7):4–7.

[28] 孙云霞，辛英男，周晓杰．基于坚定的文化自信视域下高校思想政治教育研究 [J]. 黑龙江教育(理论与实践),2021(7):22–24.

[29] 朱海嘉，冉鹏．文化自信视域下高校思想政治教育的内在意蕴与实践进路 [J]. 黔南民族师范学院学报,2021,41(3):6–12.

[30] 魏荣，肖李伟．基于思想政治教育的大学生文化自信提升研究 [J]. 学校党建与思想教育,2021(12):40–42.

[31] 谷炜江，李欣宸，李雪娟，等．文化自信：中国特色社会主义高校的鲜亮底色 [J]. 边疆经济与文化,2021(6):85–87.

[32] 刘彦，刘荣华．文化自信融入高校思想政治教育的路径探究 [J]. 长春师范大学学报,2021,40(5):4–6.

[33] 林飞燕．文化自信视域下优秀传统文化融入高校思想政治教育的路径探究 [J]. 现代商贸工业,2021,42(16):139–140.

[34] 汪峻峰．大学生思想政治教育中文化自信的培养 [J]. 决策探索(中),2021(5):43–44.

[35] 张超然．基于文化自信的高校思想政治教育[J]. 文化产业,2021(13):161–162.

[36] 张伟．基于培养文化自信的大学生思想政治教育路径探究[J]. 文化创新比较研究,2021,5(13):46–49.

[37] 王美娜．新时代文化自信与高校思想政治教育融合的有效性分析[J]. 湖北开放职业学院学报,2021,34(8):72–73+82.

[38] 张志明．基于文化自信的高校思想政治教育改革创新[J]. 财富时代,2021(4):71–72.

[39] 吕德才,许俊伟．文化自信的时代审思：与高校思政教育融合探赜[J]. 成都中医药大学学报(教育科学版),2021,23(1):103–106.

[40] 韦冬雪,闵雪．思想政治教育文化价值的实践逻辑[J]. 中学政治教学参考,2021(11):65–67.

[41] 任莎莎．文化自信融入农村大学生思想政治教育研究：评《传统文化精神与大学生思政教育》[J]. 热带作物学报,2021,42(2):643.

[42] 柴静．将文化自信融入高校思想政治教育的路径探析[J]. 品位·经典,2021(4):82–84.

[43] 余靖．文化自信在高校思想政治教育中的应用[J]. 哈尔滨学院学报,2021,42(2):126–129.

[44] 柯力．基于文化自信的高校思政课堂红色文化教育守正创新策略[J]. 辽宁经济职业技术学院．辽宁经济管理干部学院学报,2021(1):97–99+118.

[45] 张福有．新时代大学生红色文化自信培育研究[J]. 广西教育学院学报,2021(1):89–93.

[46] 朱峰．思想政治教育话语体系建设下的文化自信[J]. 文化产业,2021(3):135–136.

[47] 葛伟阳．文化自信融入高校思想政治教育的现实境遇及路径研究[J]. 改革与开放,2021(1):58–61+67.

[48] 李玲．基于文化自信视角的新时代大学生思想政治教育创新探析[J]. 大学,2021(4):23–24.

[49] 宫敏．高校思想政治教育培养大学生文化自信的实践探讨[J]. 大学,2021(4):91–92.

[50] 张莹．文化自信融入高校思想政治教育的方法探微[J]. 公关世界,2020(24):120–121.

[51] 姜彦杨．高校思想政治教育培育文化自信的内涵、意义及路径[J]. 经济与社会发展,2020,18(6):87–92.

[52] 任学鹏．文化自信：新时代高校思想政治教育的重要维度[J]. 开封文化艺术职业学院学报,2020,40(12):180–183.

[53] 田媛媛．文化自信视野下高校思想政治教育模式研究[J]. 辽宁经济职业技术学院．辽宁经济管理干部学院学报,2020(6):53–55.

[54] 郑强伟,马国荣．基于文化自信的地方优秀传统文化融入高校思想政治教育路径研究[J]. 湖北开放职业学院学报,2020,33(23):80–81.

[55] 刘宏芳,王利明．文化自信视域下革命文化融入思想政治教育的思考[J]. 潍坊工程职业学院学报,2020,33(06):28–32+95.

[56] 马军红．文化自信融入大学生思想政治教育工作研究：评《高校思想政治教育中的文化自信培

育研究》[J]. 领导科学 ,2020(22):129.
[57] 程逸芸 . 新时代优秀传统文化融入大学生思想政治教育路径研究 [J]. 大连民族大学学报 ,2020,22(6):574–576.
[58] 吴春香 . 论文化自信在大学生思政教育中的重要作用 [J]. 湖北开放职业学院学报 ,2020,33(21):74–75.
[59] 储杨 . 基于新时期的文化自信融入思想政治教育的方法策略研究 [J]. 中国多媒体与网络教学学报 (中旬刊),2020(11):190–192.
[60] 蔡秋旋 . 思想政治理论课培养大学生文化自信的三维理路 [J]. 辽宁省交通高等专科学校学报 ,2020,22(5):77–80.
[61] 刘芳丽 . 文化自信融入高校思想政治教育的路径 [J]. 高校辅导员 ,2020(5):65–68.
[62] 黄少花 . 文化自信视域下的思想政治教育创新 [J]. 中学政治教学参考 ,2020(29):1+4.
[63] 任春娇 . 文化自信视阈下经典阅读融入思想政治教育的路径探析 [J]. 长春师范大学学报 ,2020,39(9):17–18.
[64] 赵金怀 . 文化自信融入高校思想政治教育的实践措施 [J]. 教育观察 ,2020,9(33):47–48+83.
[65] 陈璐 . 思想政治教育视域中艺术院校大学生文化自信教育 [J]. 理论观察 ,2020(8):83–85.
[66] 滕培秀 . 文化自信融入大学生网络思想政治教育的价值及进路 [J]. 高校辅导员 ,2020(4):70–73.
[67] 张锅红 . 大学生文化自信培育与思想政治教育融合共生的路径研究 [J]. 高教探索 ,2020(8):101–105.
[68] 杨玉 , 张彦 . 文化自信与国学传承融入大学生思想政治教育的路径探讨 [J]. 教育教学论坛 ,2020(29):45–46.
[69] 李俊 . 文化自信对于高校思想政治工作的效用分析 [J]. 产业与科技论坛 ,2020,19(14):96–97.
[70] 李博 . 高校思想政治教育与大学生文化自信培育的融合探究 [J]. 当代教育实践与教学研究 ,2020(13):59–60.
[71] 浦艳秋 . 高校思想政治教育培育文化自信路径探析 [J]. 中外企业文化 ,2020(7):166–167.
[72] 孟祥燕 , 孟昕 . 培育文化自信提升高校思想政治教育实效的路径探讨 [J]. 传播力研究 ,2020,4(19):162–163.
[73] 许晴 . 文化自信视域中高校思想政治教育路径探析 [J]. 现代交际 ,2020(12):144–145.
[74] 李俊清 . 优秀传统文化在大学生思想政治教育中的价值与实现路径 [J]. 长治学院学报 ,2020,37(3):105–108.
[75] 李金凤 . 思想政治教育视域下的大学生文化自信培育路径探析 [J]. 科技创新与生产力 ,2020(6):18–20.
[76] 吕宁 . 文化自信融入大学生思想政治教育的路径设计研究 [J]. 当代教育实践与教学研究 ,2020(11):65–67.

[77] 彭军林，兰俊才．文化自信视域下大学生思想政治教育效能提升途径[J]．改革与开放，2020(10):67-70.

[78] 滕苏苏，王韩雨．思想政治教育视域下大学生文化自信培育研究[J]．哈尔滨职业技术学院学报，2020(3):52-54+170.

[79] 赵跃，姜甜甜．全媒体时代文化自信融入高校思想政治教育的路径探究[J]．现代交际，2020(9):61-63+60.

[80] 崔伟玲．思想政治教育视域下高校大学生文化自信研究[J]．法制与社会，2020(13):240-241.

[81] 黄雅娟，杜伟．文化自信融入思想政治教育的路径探析[J]．汉字文化，2020(7):141-142.

[82] 王茜．优秀传统文化在大学生思想政治教育中的应用[J]．农家参谋，2020(7):268.

[83] 陈欣苗．文化自信视域中高校思想政治队伍建设研究[J]．现代交际，2020(6):40+39.

[84] 王以雷．学校思想政治教育"以文化人"的实践与反思[J]．教学与管理，2020(9):36-38.

[85] 杨锡山．思想政治教育融入文化自信的路径探析[J]．理论观察，2020(3):71-73.

[86] 于彩玲．文化自信融入大学生思想政治教育研究[D]．锦州：渤海大学，2021.

[87] 肖李伟．基于思想政治教育的大学生文化自信培育研究[D]．合肥：合肥工业大学，2021.

[88] 雷莉．文化自信融入大学生思想政治教育研究[D]．西安：西安理工大学，2020.

[89] 刘怡宁．大学生思想政治教育中文化自信的培育研究[D]．济南：济南大学，2020.

[90] 石梅梅．高校思想政治理论课培育大学生文化自信研究[D]．昆明：昆明理工大学，2020.

[91] 王阳．文化自信视域下新时代大学生思想政治教育研究[D]．哈尔滨：哈尔滨工程大学，2020.

[92] 李程骅．文化自信[M]．南京：江苏人民出版社，2018.

[93] 葛晨虹．伦理学与当代中国文化建设[M]．杭州：浙江工商大学出版社，2018.

[94] 林坚．文化治理与文化创新[M]．北京：中国人民大学出版社，2018.

[95] 刘建军．寻找思想政治教育的独特视角[M]．北京：中国人民大学出版社，2016.

[96] 杨建义．大学生思想政治教育路径研究[M]．北京：社会科学文献出版社，2009.

[97] 刘建军，曹一建．思想理论教育原理新探[M]．北京：高等教育出版社，2006.

后　记

随着我国实力的不断增强，中国在全球治理和发展中，拥有了更多的话语权和号召力。随着我国社会主义市场经济的不断深入发展，对外开放的格局逐步扩大，世界范围内各国的经济、政治、文化交流交往日益频繁与深入，理想信念、文化自信等对大学生的教育显得尤为重要。受中国教育制度的影响，在中学阶段，学校教育更注重学生的课业成绩，面对升学压力，中学生把更多的时间和精力用在课程学习和补习班上，对思想政治教育知之甚少。在大学阶段，大部分大学生将要面临就业，更多地参与社会生产实践活动，少部分大学生会选择继续深造。因此，在大学阶段需要用更正确的价值追求来指导大学生的行为选择；用更科学的理论和方法来指导大学生的生活实践，使之用更系统缜密的逻辑思维来认识和应对现在或者将来发生的事情。

中国拥有五千多年的悠久历史，华夏民族曾经受到世界很多国家的朝奉，中国派遣使者游历各国，并与他国建立友好的邦交，各国也向中国派遣使者，学习中国先进的科学技术与文化艺术。当时中国不论是在经济、文化、科技，还是在医学、建筑等方面都处于世界领先地位。却因近代以来丧权辱国的历史，中国人民的民族自信心与自豪感受到了严重的打击。自中国共产党成立以来，在党的带领下，全国各族人民紧紧地团结在一起，艰苦奋斗、不怕牺牲，积极创造、大胆创新，让我国取得了举世瞩目的成就，中华民族重新崛起，并屹立于世界民族之林。此时此刻，我们应该比历史上任何时候都更有信心，相信我们的国家、民族会更强大，人民的生活会变得更美好。

如何将文化自信与大学生思想政治教育科学地结合起来，取得“1+1 > 2”的效果，这是本书研究的重点和难点。本书在研究的过程中以马克思关于人的全面发展理论、习近平总书记关于社会主义文化建设的重要论述、思想政治教育主客体理论、思想政治教育内容理论及马斯洛需求层次理论、塞利格曼的积极心理学理论等为理论基础，结合思想政治教育的原理与方法，提出文化自信融入大学生思想政治教育的路径选择。

本书主要从大力弘扬中华优秀传统文化、积极传承革命文化、深入实践社会主义先进文化等方面提出具体的措施，希望能够为大学生思想政治教育提供新的思路，这便是本书最大的研究价值。